传统艺术中心是新加坡国家艺术理事会
(2014-2017) 种子补助金计划的受益团体

传统与现代

2015 "狮城国际戏曲学术研讨会" 论文集

蔡碧霞／主编

文化艺术出版社
Culture and Art Publishing House

图书在版编目（CIP）数据

传统与现代：2015"狮城国际戏曲学术研讨会"论文集/蔡碧霞主编.—北京：文化艺术出版社，2017.3

ISBN 978-7-5039-6289-9

Ⅰ.①传… Ⅱ.①蔡… Ⅲ.①戏曲—中国—国际学术会议—文集 Ⅳ.①J82-53

中国版本图书馆CIP数据核字（2017）第072650号

传统与现代

2015"狮城国际戏曲学术研讨会"论文集

主　　编	蔡碧霞
责任编辑	周进生　毛　忠　陈散吟
书籍设计	赵　蠡
出版发行	文化藝術出版社
地　　址	北京市东城区东四八条52号　（100700）
网　　址	www.whyscbs.com
电子邮箱	whysbooks@263.net
电　　话	（010）84057666（总编室）　84057667（办公室） （010）84057691—84057699（发行部）
传　　真	（010）84057660（总编室）　84057670（办公室） （010）84057690（发行部）
经　　销	新华书店
印　　刷	国英印务有限公司
版　　次	2017年3月第1版
印　　次	2017年3月第1次印刷
开　　本	710毫米×1000毫米　1/16
印　　张	17.5
字　　数	300千字
书　　号	ISBN 978-7-5039-6289-9
定　　价	58.00元

版权所有，侵权必究。如有印装错误，随时调换。

目　　录

传承民族文化，弘扬传统艺术
　　——2015年"狮城国际戏曲学术研讨会"综述 …………… 沈有珠 / 1

第一编　民间戏曲与祭祀

中国传统戏剧的分类与层次新论 ………………………………… 麻国钧 / 13
民间戏曲与祭祀论 ………………………………………………… 刘　祯 / 24
祭祀·祈祷·娱乐
　　——中国江西省南丰县石邮村傩戏调查 ………………… 朱恒夫 / 31

第二编　传统戏曲的改编与演出

台湾戏剧改编《聊斋志异·恒娘》的"文化展演"景观
　　………………………………………………（中国台湾）蔡欣欣 / 47
本真性与戏剧性之平衡及补偿
　　——《西厢记》舞台本创作札记 ………………… ［新加坡］胡　静 / 71
中国戏曲表演节奏探魅 …………………………………………… 刘作玉 / 82
点金成铁改《西厢》 ………………………………… ［新加坡］沈广仁 / 93
戏剧语境下的舞蹈创作 …………………………………………… 王绍军 / 102

鼓声、鼓语、鼓情、鼓韵
　　——商洛花鼓戏《月亮河》导演艺术谈片 ············· 吴彦秋 / 118
瓦格纳"音乐戏剧"艺术理想的成功结晶：
　　20世纪中国"样板戏"舞台实验的美学意义 ······ ［新加坡］俞唯洁 / 126

第三编　传统戏曲的传承与发展

舞台与银幕之间
　　——20世纪五六十年代闽粤地方戏曲电影研究 ············ 海　霞 / 133
关注中国21世纪主流戏剧的健康发展
　　——戏曲导演在其中应做的思考和作为 ················· 裴福林 / 143
民族特色VS普世价值：
中国戏曲可能在世界各地可持续发展吗？ ················· 孙惠柱 / 152
人类传统戏剧文化遗产保护的中国模式 ··················· 谢柏梁 / 165
传统戏曲在现代社会中的发展
　　——以闽剧的发展现状为例 ························· 周　虹 / 174
"非遗"传承及其人才培养的规律性 ······················ 周　龙 / 183
戏曲传统与革新的平衡 ··························· ［新加坡］朱振邦 / 191

第四编　传统戏曲的海外传播

从戏曲的舞台空间所见的中、日审美意识的比较
　　——关于方正、圆顺、自我相似以及对统一感的热衷
　　··································· ［日本］加藤彻（KATO Toru）/ 199
新加坡华语戏曲的本土化
　　——以新加坡黄梅戏为例 ··························· 康海玲 / 214
粤剧承传之路 ································· （中国香港）李奇峰 / 228

戏曲艺术对外传播与教学实践中的体悟 …………………………… 吕锁森／252
晚清民国时期粤剧在旧金山的演出与传播 …………………………… 沈有珠／256

后　记 ………………………………………………………………………… 270

传承民族文化，弘扬传统艺术

——2015年"狮城国际戏曲学术研讨会"综述[*]

沈有珠

2015年11月7日，第二届"狮城国际戏曲学术研讨会"在新加坡国家图书馆顺利召开，会议由新加坡传统艺术中心主办，得到新加坡国家艺术理事会、新加坡福州会馆、新加坡济阳蔡氏公会、艺术基金、李氏基金、新加坡琼州天后宫、凤山宫、马林百列商联会及社会贤达的财力赞助与祝贺。来自中国大陆、中国香港、中国台湾、美国、加拿大、韩国、日本、新加坡等高校、研究所、艺术团体的教授、专家，以及新加坡本地各艺术团体代表共五十余人出席了戏曲年会。开幕会上，新加坡总理公署兼人力部政务部部长陈振泉先生致欢迎词，希望"通过这种相互交流、学习和了解，拉近不同种族的距离，成就一个更包容、更充满文化活力的新加坡"。轻松幽默的致辞获得了与会代表的阵阵掌声，会后陈部长与参会专家一一亲切握手。新加坡传统艺术中心创办人兼艺术总监蔡碧霞女士、中国戏曲学院副院长周龙教授分别为大会开幕致辞，中国艺术研究院梅兰芳纪念馆副馆长刘祯教授作大会总结。大会收到19篇论文，分别围绕民间戏曲与祭祀、传承与发展、改编与演出、传统戏曲的海外传播等几个方面进行了深入的探讨，每组还有两位专家对发言人的论文进行了逐一点评以及现场提问，取得了比较丰富的学术成果，对

---

[*] 本文为教育部人文社会科学研究规划基金项目"近现代粤剧海外传播研究"的阶段性成果，项目编号：14YJA760025。

促进中国传统戏曲传承与发展、海内外传统戏曲工作者的学术交流起到了重要的作用。

一、民间戏曲与祭祀

"戏曲"经常与诗、词、乐府等并列，而被列入文学范畴；抑或将之指向文本，是剧作的别称。再后来，"戏曲"一词涵盖了全部传统戏剧。中国幅员辽阔、民族众多，语言与方言丰富，诸多原因造成民族戏剧、地方戏琳琅满目。怎样分类各种不同形态的戏剧？如何对大体上相同或相似的戏剧形态加以分别，以清晰面对而不致混乱？中央戏剧学院博士生导师麻国钧教授《中国传统戏剧的分类与层次新论》认为：厘清千余年间层出不穷的戏剧种类，正确地认知现当代数百种不同形态戏剧，毫无疑问是必要的。麻教授提出传统戏剧重新分类以及戏曲剧种层次的设想，以明晰多种传统戏剧形态的类别与差异，他将全部传统戏剧演出形态分为：一，戏曲（上层妙品与下层具品）；二，祭祀仪式剧（1.目连戏；2.傩戏：开口傩、闭口傩；3.赛社戏）；三，民族民间歌舞戏（藏戏、白剧、壮剧、苗剧、彝剧等）；四，傀儡戏（包括木偶戏与皮影戏）。麻教授认为戏曲剧种需要分工，昆曲、京剧等"妙品"剧种以恪守传统为主旨，以传统剧目及新编历史剧为方针。麻教授举例说：日本的"能"，之所以在世界剧坛享有比戏曲更高的声誉，原因之一与其恪守传统相关。而"具品"剧种在保持传统的前提下，可以大胆创新，在演出形式上创新，也在演出剧目上创新，轻松地肩负起戏曲艺术改革的重任。

麻国钧教授认为包括傩戏在内的祭祀仪式剧不是戏曲，中国艺术研究院研究员、博士生导师刘祯教授的论文《民间戏曲与祭祀论》却有不同的看法，刘教授认为：祭祀某种程度也是人类原初的一种精神、思想和信仰。祭祀性的忽略与缺失，是戏曲发展走向狭隘、脱离大众，愈加走入象牙塔的主要原因，祭祀功能与民间演出休戚与共。当代不断走向精致化的戏曲，与民俗文化已渐行渐远，祭祀仪式的边缘化势在必行，随着人类对自然、对社会、对自身认识的不断提高，祭祀的权威消解，祭祀中的一些内容蒙昧的部分被视为迷信和不科学，祭祀的功能、作用和地位日渐衰落，但不意味人们不需要精神信仰，不需要追荐祖先英雄，不需要祭祀仪式，不需要宗教情怀，所以，即便进入21世纪，科学技术突飞猛进，艺术发展多元多样，但祭祀文化依然是戏曲尤其是民间戏曲所赖以生存和繁荣的土壤，维系其与观众紧密联系的纽带，不能完全以迷信视之、排斥之，祭祀与戏曲的内在关系能够告诉我们戏曲兴衰之道。

因故未能成行的上海师范大学博士生导师朱恒夫教授提交了论文《祭祀·祈祷·娱乐——中国江西省南丰县石邮村傩戏调查》，他自2005年起几次到石邮村做田野调查，观看村民的演出。江西省南丰县石邮村的傩戏庙为该村的吴氏宗族所建，始建于明代宣德年间，六百年来未曾中断过行傩，基本上保持古制，整个行傩的程序为：下殿—起傩—演傩—搜傩—圆傩—安座，时间为旧年的除夕到正月十五日前后。石邮村傩戏的功能有：一是能够驱鬼逐疫，保地方平安；二是祈祷先祖与神灵保佑，使其人丁兴旺，生活美满。三是丰富乡民的文化生活，获得审美的愉悦。朱教授认为，石邮村的傩戏是现存最古老的傩戏种类之一，它的目的就是借助中国古代的神灵来驱邪逐祟，是一扇了解旧时乡民宗教观、社会观、宗法观以及娱乐活动的存世极少的窗口。

二、传统戏曲的改编与演出

《西厢记》是中国戏曲史上的巅峰之作，新加坡国立大学英文系沈广仁教授的论文《点金成铁改西厢》，以王实甫《西厢记》问世后影响较大的五种改编本：明代陆采重写的《南西厢》；崔时佩、李日华改写的《南西厢》；1953年苏雪安的越剧《西厢》；1958年田汉的京剧《西厢》；1982年马少波的昆剧《西厢》为研究对象，文本证据和剧场实验显示"王西厢"之不可逾越，而改编本似乎每况愈下。持同样观点的有耶鲁国大文学院的胡静教授，她的论文《本真性与戏剧性之平衡及补偿》，是她在为耶鲁—新加坡国大（Yale – NUS College）准备《西厢记》舞台本时的创作札记，她说："维护'王西厢'的本真性成为其工作的指导原则。"同时，导演希望尽量重现《西厢记》在元代激发的剧场观感。《西厢记》当行本色，元代观众即听即解，然而现代观众对剧中之俗语俚语可能不知所云。该论文探讨如何在舞台实践中取得本真性和即听即解的戏剧性之间的微妙平衡，并进一步探索无法取得平衡时，如何技术性地补偿这一缺陷。

来自中国台湾"国立"政治大学台湾文学研究所、中国文学系的蔡欣欣教授宣讲了她的论文《台湾戏剧改编〈聊斋志异·恒娘〉的"文化展演"景观》。论文以台湾"皇民化剧"《恒娘》与歌仔戏《驯夫记》为研究主体，探究其所反映投射的"文化展演"景观。蔡教授认为当今时尚流行的"小三"议题，正是清代蒲松龄《聊斋志异·恒娘》的故事内核，狐女恒娘运用"变旧为新""易妻为妾"的谋略，成功地解决了邻妇朱氏的婚姻危机。1940年由吕诉上编撰的"皇民化剧"《恒娘》，以及2011年"'国家'文化艺术基金会"第六届"2011年好戏开锣·百年疯歌仔"专案制作，由杨杏枝改编的歌仔戏《驯夫记》。这两出演出时空相差七十余载的戏出，虽取材相同，却呈现迥异的历史语境、社会图像、文化内涵、表演样式以及演出目的。美国人类学家米尔顿·辛格（Milton Singer）曾指出戏剧为有计划的文化事件，"封装"着可被关注的文化信息，值得让我们去解读其中所蕴含的观念内容。

福建京剧院原院长刘作玉老师的论文《中国戏曲表演节奏探魅》认为：戏曲表演节奏，是戏曲表演艺术中的一个重要元素，或者说是戏曲表演体系中的子系统。与其他表演艺术如歌舞、歌舞剧、话剧、杂技等相比较，戏曲表演节奏有极其鲜明的特点和独特的艺术规律。她将戏曲表演节奏作为一个专门课题，从它的产生依据、构成要素、运动形态及特点三个方面进行探寻探讨，从中追寻戏曲表演节奏在戏曲审美活动中的作用、功能与规律。

中国戏曲学院表演系主任、硕士研究生导师王绍军教授的论文《戏剧语境下的舞蹈创作》，认为在当今的戏剧发展中，舞蹈已经成为重要的艺术形式，无论是西方的音乐剧还是中国的戏曲，都出现了越来越多的舞蹈化语汇。戏剧舞蹈的编创是一个广阔的领域，是一个在当下中国艺术舞台上亟待开发的一个舞蹈创作的新天地，因此当下似乎也越来越需要戏剧舞蹈的编导人才。但是，戏剧与舞蹈的结合点在哪里？其创作规律是什么？都是有待深入研究的课题。王绍军教授总结了戏剧舞蹈的八个功能和六个属性，从而帮助人们深入地了解戏剧舞蹈的艺术功能和编创规律。王绍军教授呼吁，希望有更多的舞蹈编导加入戏剧舞蹈的编创中，创作出更多更好的戏剧舞蹈。

新加坡南洋艺术学院俞唯洁教授的论文《瓦格纳"音乐戏剧"艺术理想的成功结晶：20世纪中国"样板戏"舞台实验的美学意义》，对"样板戏"产生的时代背景及其发展历程作了理性梳理，并从德国戏剧及舞台革新艺术家理查德·瓦格纳（1813—1883）在19世纪所从事的"歌剧革命"试验进而所取得的"音乐戏剧"（Music Drama）硕果及其美学论述来尝试对"样板戏"现象进行探索讨论。他认为，长期以来，20世纪中后期中国戏剧舞台上出现的"样板戏"，从其总体艺术文化现象及具体作品的内容与形式，在政界、民间、学界及文化界官方解读褒贬不一，因此，摒弃政治文化意识形态领域的各类"形而上"论述，也暂时搁置当年政治语境下的个人遭难境遇，纯然从艺术及美学的角度来对"样板戏"现象从创作实践到舞台呈现进行全方位的考察，方能窥见中国几代戏剧工作者当年所从事的"样板戏"舞台实验的艺术成就及其相当现代意义的美学语境。将中国"现代京剧样板戏"的舞台现象放在世界戏剧革新发展的宏观视野中来考察，更能发掘其非凡的历史和审美意义。国外学者从艺术角度对"样板戏"的解读可谓振聋发聩。

加拿大康克迪亚大学助理教授宋淼博士的论文《ISS 无限空间交互媒体系统在舞台的应用实例——中国古代舞〈激楚〉的分析》，让学者们领略科技与艺术结合的创新，激起了学者们极大的兴趣。该论文介绍了无限空间系统（ISS）通过对人体体感技术，可以处理实时的影像，同时能对人的手势和姿势进行分析及运算，包括人体的骨骼及关节信息等。也有语音识别功能，即人可以用声音来控制实时的影像。ISS 也包括互动投影技术，达到了混合现实的效果，即人们在操控虚拟影像的同时也把真实环境融入影像，从而增强了视觉及感官性。在国际上，互动媒体系统应用在传统艺术形式如戏剧舞台目前是不多的，该论文以互动媒体无限空间系统（ISS – Illimitable Space System）在 2014 年加拿大蒙特利尔华人中国春节联欢晚会演出的中国古典舞蹈《激楚》中的应用为实例，总结了用传感器 Kinect 进行实时动作捕捉及舞台背景效果合成中的特点及出现的问题。

宽松的学术讨论时间保证了学者们畅所欲言的学术争鸣，其中周龙副院长与麻国钧先生热烈讨论戏曲人才培养问题；周龙副院长与海震教授、孙惠柱教授深入探讨"言传身教"与"言传心教"的学术之争可追溯到二十年前；刘作玉老师讲解戏曲的节奏问题，情不自禁地走下讲坛到稍宽阔的场下表演，获得了与会学者的阵阵掌声。

三、传统戏曲的传承与发展

非物质文化遗产是个热点，也是个难点，对于这些承载了民族记忆的传统文化形式，如何传承，特别是后继人才如何培养？尊重"非遗"自身的规律，对其进行动态的传承，科学推进"非遗"后继人才的培养确实是无法绕开的话题。中国戏曲学院副院长周龙教授的论文《"非遗"传承及其人才培养的规律性》表达了他的深思，他认为以戏曲艺术为代表的表演艺术口头非物质文化遗产的传承更是人对人的传承。周龙教授从四个方面谈"非遗"中戏曲表演人才的培养问题：一、戏曲表演人才培养的瓶颈问题。二、戏曲表演人才培养的入口问题。选材的质量可以影响决定着戏曲表演艺术的生命力。三、戏曲表演人才培养的途径问题。周龙教授举例说日本的歌舞伎、日本舞、能乐、狂言真正能走上舞台的演员，都是在专门的研习所学习或某艺术流派的家庭世袭，这一多元的"非遗"传承人才培养的做法值得我们研究和思考。四、戏曲表演人才培养的出口问题。"出人出戏"是对戏曲教育几十年在戏曲人才培养上的要求。如何最大限度地保持传统教育形式和模式，发挥其独特的人才培养作用，又借鉴现代教育和管理的理念，是口头"非遗"传统艺术人才培养所面临的共同课题。

上海戏剧学院孙惠柱教授的论文《民族特色 VS 普世价值》，提出了"中国戏曲可能在世界各地可持续发展吗"这一问题，他以1930年梅兰芳访美与2015年9月中国戏曲学院的张火丁访美演出作对比，在《纽约时报》记者的眼里，中国戏曲海外发展的前景不但没有变得更加光明，反而黯淡了太多。孙教授还将当年的梅兰芳剧团与俄国大师斯坦尼斯拉夫斯基剧团相比较，梅兰芳访美演出令人惊艳无比然而人走茶凉，斯坦尼剧团的演剧方法却在美国大地上生根、发芽，长成了参天大树。孙教授认为，只要找到把传统审美特色和现代精神结合起来的方法，戏曲可以成为中国文化走向世界的一条捷径，中国戏曲演绎西方故事和古装新戏都可以，关键是形式必须尊重戏曲，内容不忘面向现代。要向世界传播戏曲，像梅兰芳和张火丁这样的超级明星出国演经典不是唯一的办法，更重要的是，要用戏曲独有的动作纷呈、色彩斑斓的表现形式来演绎好具有普世价值又新颖动人的故事，不但要让人看得有味道，还要人看了想学、想演，教外国人演中国的戏。

在日新月异的现代社会里，随着娱乐方式的多元化、审美心理的变化等多方面因素的影响，传统戏曲受到严重冲击。福建省实验闽剧院周虹院长的论文《传统戏曲在现代社会中的发展》，以闽剧的发展现状为例，探讨了戏曲该如何面对现代社会，如何面对现代社会的观众？她认为戏曲在发展的过程中一直在面临着"现代化"的问题。今天的文化遗产，都是前人创造的文化成果，而戏曲作为一种依靠人来传承的"活态"艺术，对它的保护不能像对待博物馆中的文物一样。在继承的基础上不断地发展，才是对这份遗产最好的保护。

中国戏曲学院海震教授的论文《舞台与银幕之间——20世纪五六十年代闽粤地方戏曲电影研究》认为，20世纪五六十年代，中国共拍摄108部戏曲电影。虽然闽粤地区共有10部戏被拍成电影，但与同一时期香港一地曾先后拍摄过八百多部粤剧电影和近百部潮剧相比，差距甚大，海震教授的论文认为是受戏曲改革等社会政治因素的影响。五六十年代根据新编戏曲舞台剧拍摄的中国戏曲电影的最重要的价值，恐怕还是它记录了当时那段戏曲舞台艺术相对比较繁荣的时期一批优秀戏曲演员的出色表演，例如，粤剧电影《搜书院》《关汉卿》等。戏曲电影作为物质文化电影与非物质文化戏曲的结合，不但有其重要的艺术价值，还有其以往未被充分注意的史料价值及在戏曲传承中的作用。

有的放矢，本次研讨会与会专家有执教于海外多所高校，同时又是著名戏曲导演的孙惠柱、沈广仁、蔡欣欣、俞唯洁等教授；有演员出身成长为著名学者的周龙与王绍军教授；也有演员出身成长为福建京剧院院长刘作玉与福建闽剧院院长周虹两位著名演员，他们的论文并不是赵括式的"纸上谈兵"，长期执教、执导与从事中国传统戏曲演艺工作，他们深知传承戏曲的艰难苦恨与任重道远，所带来的问题非坐而论道，具有很强的实践意义。对于"非遗"，一方面需要保护，另一方面也需要动态的传承；简单拷贝式的、复印式的保护继承是不足以被承传的。传统戏曲的继承，是要继承它符合现代文明理念的部分，挖掘其中仍然有活力的、有再生能力的文化基因，而不是毫无选择的感情寄生。

四、传统戏曲的海外传播

传统戏曲在中国是属于非物质文化遗产的保护对象，其现状令人堪忧，其在海外传播状况如何？令人非常欣慰的是"2015年狮城国际戏曲学术研讨会"上，中国戏曲的海外传播的学术讨论是个热点。中国艺术研究院康海玲博士的《新加坡华语戏曲的本土化——以新加坡黄梅戏为例》认为：作为一种艺术样式，中华戏曲流传到新加坡，在异质文化土壤里求生存，必然受到所在国的政治、经济、教育、文化等因素的影响。为了适应新加坡的现实之需，寻求夹缝中生存的路径，戏曲在新加坡漫长的传承与发展过程中，一方面必须保留其"中华性"的艺术本质，另一方面不可避免地逐渐新加坡化，只有这样才不至于湮没在新加坡多元的艺术长河里。很多因素考验着华语戏曲的包容性和灵活性。

肇庆学院沈有珠副教授的论文《晚清民国时期粤剧在旧金山的演出与传播》认为，19世纪50年代初，粤剧随着粤籍华工的脚步来到美国，并逐渐形成了以旧金山为中心辐射到北美各地的演出格局。到20世纪40年代末，粤剧在北美的传播经历了初兴、发展、繁荣、衰落等四个发展阶段。粤剧艺人一向以赴旧金山演出为荣，有些艺人回国以后还将自己的艺名冠以"金山某"以示荣耀，许多粤剧演员成名于旧金山，马师曾、白驹荣等在此舞台上改革粤剧。粤剧是最早参与中美戏剧文化交流的中国元素，近现代粤剧在以旧金山为中心的北美大地的传播，正是早期中国戏曲海外传播的一个缩影。

88岁高龄的粤剧老艺术家李奇峰先生，为大会宣讲了《粤剧承传之路》的长篇论文。李奇峰7岁在越南初登粤剧舞台，成年后到东南亚、美洲走埠登台，见证及经历粤剧最兴盛的年代，被日本学者加藤彻教授誉为"粤剧活化石"，参与无数的粤剧演出，亦亮相于粤剧电影，盛年时期移民美国从商，72岁返港，成立"励群剧团"，制作多出大型粤剧。文章除了介绍李奇峰粤剧承传之路，亦透过其经历，细说越南粤剧、中国香港粤剧自20世纪三四十年代至今的发展概况，他的论文具有很强的史料价值。

日本明治大学法学部加藤彻教授的论文《从戏曲的舞台空间所见中日美意识的比较——关于方正、圆顺、自我相似以及对统一感的热衷》，撷取"舞台"作为论文切入点，阐释中、日两国不同的审美意识。他认为"舞台小天地，天地大舞台"，戏曲舞台其实是一个活的美术馆。戏曲舞台空间能体现一个民族的历史、美学、自然观等本质性的因素。自古以来，不少外国人通过中国戏曲舞台理解到了中华文明的底蕴。他说，我们不能忽视中国传统舞台空间里的很多默契和设计思想（concept），那就是："天方地圆"，对"统一感"以及"自己相似性"的热衷等。

韩国东国大学演剧学部姜春爱教授的论文《中国传统戏曲在韩国的传播与受众》，阐述了中国传统剧向韩国的传播可分为三个路径：一，贝托（BeSeTo）戏剧节；二，世界国立剧场节；三，其他戏剧节。姜教授通过分析中国传统戏曲在韩国的传播形式与观众的接受情况，对中国传统剧的现代化等问题进行思考，她说："传统剧的现代化，并不意味着传统剧的消失。没有根据的现代化会让传统剧走向一个极端。"蔡碧霞女士也认为："当今社会多元文化与多元审美的确立，对传承戏曲艺术是挑战，也是契机。"

2015年11月7日，海峡两岸领导人习近平先生与马英九先生在新加坡会谈的时间，恰好与本次研讨会时间点相同，这个巧合极大地激励了与会专家学者，他们说习先生、马先生商谈中华民族的未来，我们探讨中华传统戏曲的未来。本次研讨会不仅是学术交流的盛会，也是传统戏曲艺术演出的盛宴。本次研讨会的举办方"新加坡传统艺术中心"盛情邀请了福建省闽剧院的专业演员，11月7日在新加坡"人民剧场"演出了屡获大奖的《贬官记》全剧；11月8日人民剧场汇聚了9个剧团共8个中国地方戏：新加坡传统艺术中心少儿戏曲班3位小演员演出的潮剧《大登殿》、华艺工作室演出的琼剧《刁蛮公主》、新越韵越剧团演出的越剧《孟丽君·游上林》、秀玉剧团演出的歌仔戏《大将军与小巫婆》、剧艺之家演出的粤剧《斩经堂》、潮剧联谊社演出的潮剧《活捉孙富》、平社演出的京剧《白蛇传·金山寺》，以上是新加坡本土戏曲爱好者的精彩演出。浙江婺剧艺术研究院应邀演出了婺剧《断桥》、福建省实验闽剧院演出了《宝珠缘》。演出结束后，周龙教授、孙惠柱教授、刘祯教授作了热情洋溢的点评，高度评价了新加坡本土艺术团体淋漓尽致地演绎出海外华人对传统文化的热爱与坚守，有些演出已达专业水准；称赞国内艺术团体具有专业水准的演出令海外观众如痴如醉。新加坡国会议员陈佩玲女士称赞此次演出"聚集了海内外八大剧种，不但能使观众一次性领略各个剧种的精粹，过足戏瘾，更让各个剧社能够同台交流，切磋技艺，共同推进新加坡戏曲事业的发展。"蔡碧霞女士说："华族戏曲是中、新两国人民共同拥有的文化，有着不可分割的血缘关系。长年以来积极促进了两国人民的文化交流与友谊。"本次学术研讨会及传统戏曲演唱会圆满成功。

（沈有珠：肇庆学院文学院）

第一编　民间戏曲与祭祀

中国传统戏剧的分类与层次新论

麻国钧

中国幅员辽阔、民族众多，语言与方言无比丰富，诸多原因造成民族戏剧、地方戏琳琅满目，这一点世界上没有任何一个国家可以望我项背。在这种可喜的背后，也自然带来如何科学地面对数量庞大、形态多样的问题。比如，怎样分类各种不同形态的戏剧？如何对大体上相同或相似的戏剧形态加以分别，以清晰归类而不致混乱？在这个问题上采取模糊思维，似乎不可取。厘清千余年间层出不穷的戏剧种类，正确地认知现当代数百种不同形态的戏剧，毫无疑问是非常必要的。

喜闻《中国大百科全书·戏曲卷》第三版即将重修再版，盛世修书，诚不虚也！我们有责任利用这个良机，经过讨论，解决传统戏剧分类不清、层次不明的问题，从而明确我们的认知，便利我们的研究。

个人浅见，目前学界对戏曲定义以及分类存在诸多问题。目前所谓"戏曲"，是一个没有秩序、杂乱无章、不尽科学的大杂烩。事实上，同样名为"戏曲"者，存在历史深浅不同、艺术积累不同、演出形式迥异等现象。这些现象，在一个统一的"戏曲"概念下讨论与研究，会造成许多麻烦，也极不科学，存在明显的问题。甚至，在笔者看来，在所谓"戏曲剧种"中，混杂着并不是戏曲的剧种，这给研究造成很大的困惑。所以，笔者提出传统戏剧重新分类以及界定戏曲剧种层次的设想，以明晰多种传统戏剧形态的类别与差异。

一、"戏曲":称谓与实指的变迁

古人使用"戏曲"这个词汇,虽然不算晚,但是在一个相对长久的时期内,所指向的并非戏剧,而是文本或散曲。戏曲经常与诗、词、乐府等并列,而被列入文学范畴;抑或将之指向文本,是剧作的别称。如此模棱两可,已经让人难以准确地把握。再后来,"戏曲"一词涵盖了全部传统戏剧。其外延被无限放大,结果必然漏洞百出,正所谓名不正,言不顺。

宋末元初刘埙《水云村稿》之《词人吴用章传》:"至咸淳,永嘉戏曲出,泼少年化之,而后淫哇盛,正音歇,然州里遗老犹歌用章词不置也。"① 该文说的是吴用章卒后,其词盛行于世,继而言"永嘉戏曲",揣摩前后文句,此处所谓"戏曲"或为散曲。夏庭芝作于元末至正二十四年(1364)《青楼集》之《龙楼景·丹墀秀》条评价芙蓉秀曰:"后有芙蓉秀者,婺州人,戏曲、小令不在二美之下,且能杂剧,尤为出类拔萃云。"② 夏庭芝把"戏曲""杂剧"分说,很明显,这里所谓"戏曲"是清唱,俗谓之"冷板凳"。元末明初的陶宗仪《南村辍耕录》之《院本名目》云:"唐有传奇,宋有戏曲、唱诨、词说。"③ 将戏曲与唐代短篇小说、说唱并列,也说明此处的戏曲不是戏剧,更不是后世所谓的"戏曲"。明人田汝成《西湖游览志余》引陶宗仪语,曰:"有曰灵禽演剧者。其法以蜡嘴鸟作傀儡。唱戏曲,以导之拜跪起立,俨若人状。或使之衔旗而舞,或写八卦名帖,指使衔之,纵横不差,或抛弹空中,飞腾逐取,此虽小技,殆有神术焉。"④ 这里的"唱戏曲",依然是清唱。

直到清代,官方文献中的"戏曲"往往也指向清曲,或与诗词等并列于文学。《文渊阁书目》在著录《历代千家诗选》《古今诗选》《诗林广记》《万宝诗山》《阳春白雪》等之后,著录《戏曲大全》一部一册。显然,此处之《戏曲大全》必定是散曲,绝无戏曲文本之可能。清代《皇朝文献通考》

---

① (宋)刘埙:《水云村稿》,见俞为民、孙蓉蓉《历代曲话汇编》"唐宋元编",黄山书社2006年版,第186页。
② (元)夏庭芝:《青楼集》,见俞为民、孙蓉蓉《历代曲话汇编》"唐宋元编",黄山书社2006年版,第488页。
③ (元)陶宗仪:《南村辍耕录·院本名目》,见俞为民、孙蓉蓉《历代曲话汇编》"唐宋元编",黄山书社2006年版,第436页。
④ (明)田汝成:《西湖游览志余》卷十九"术技名家",见《钦定四库全书》"史部·地理类·山水之属",上海人民出版社、迪志文化出版有限公司1980年版(电子版)。

记载:"乾隆七年更定和声署乐员乐工名目。并奏乐旧用戏曲者,均改撰乐章。"① 又记:"和声署职掌,内如大宴进果、进酒、进馔,乐章俱仍明代之旧,并用戏曲一阕,如《喜得功名》之类奏于殿廷,殊属非体,应令律吕正义馆撰拟。"② 以上两条记载的戏曲又是乐曲。则"戏曲"一词,从元迄清,已有三指:文学的、散曲的、乐曲的。而戏曲文学之指向最早。

　　有一个旁证,可以作为参考。日语的"戏曲"一词,是剧本的意思。1981年日本小学馆出版的《国语大辞典》"戏曲"条:"以上演为目的而撰写的戏剧脚本,或者以该形式书写的文艺作品。"③ 这个释义应该是从古延续下来的传统。而日本三省堂《新世纪日汉双解大辞典》日文部分释义"戏曲":"为戏剧的上演而创作的脚本,或以该形式创作的文学作品。台词中附加人物动作、舞台效果等有关演出事项的注解。"而汉语释义在上述文字前,增加"剧本、戏曲、剧目"6个字。④ 显然,在日语释义中,不包括中国现当代所谓"戏曲"的意思。我们知道,日语汉字词汇,往往保留着汉语语词的古义,也就是说汉语词汇很早传入日本后,其词义未经改变,相反在汉语的故乡,很多词义一变再变。而日语中"戏曲"一词的词义——脚本,恰与中国汉语"戏曲"最早的含义相合。即其主要含义是文学的,而不是场上的戏剧。

　　至王国维先生,"戏曲"的含义即指向被他基本上确定下来。我们说"基本上",意味着即便在王国维那里,"戏剧"、"真戏剧"、"戏曲"、"真戏曲"等词汇各有所指,互不统摄;"戏曲"一词,也有多指。先生说:"后代之戏剧,必合言语、动作、歌唱,以演一故事,而后戏剧之意义始全。故真戏剧必以戏曲为表里。"⑤ 曰:"戏曲者,谓以歌舞演故事也。"⑥ 显然,这两处的"戏曲"是场上演出的戏曲。又说:"凡一代有一代之文学:楚之骚,汉之赋,六代之骈文,唐之诗,宋之词,元之曲,皆所谓一代之文学,而后世莫能继焉者也。"⑦ 此处的"元之曲"又从文学论。阅读王国维先生的种种论述,必

---

① ② 《钦定四库全书·皇朝文献通考》卷一百七十四"乐考"二十,上海人民出版社、迪志文化出版有限公司1980年版(电子版)。
③ [日]市古贞次等编:《国语大辞典》,日本尚学图书编辑、昭和五十六年(1981)小学馆发行,第613页。
④ [日]松村明等编著,邵延丰中文版主编:《新世纪日汉双解大辞典》,外语教学与研究出版社2009年版,第599页。
⑤ 王国维:《王国维戏曲论文集》,中国戏剧出版社1984年版,第29页。
⑥ 同⑤,第163页。
⑦ 同⑤,第3页。

须联系上下文，方可明确。

王国维先生在别处还说："戏曲之长者，不问北剧南戏，皆谓之戏文，意与明以后所谓传奇无异。而戏曲之长者，北少而南多，故亦恒指南戏。"① 他把北剧、南戏，无论长短，都名为"戏曲"。后来的戏曲史论学者继王先生之后，而又把"戏曲"一词无限扩大，泛指一切传统戏剧。于是，在原本已经复杂的局面上又增加了几分麻烦，几成一笔糊涂账。

二、戏曲剧种层次新说

在目前"戏曲"之称谓下，可谓包罗万象，似乎举凡传统的戏剧形态，均可称为戏曲。不容否认的是对戏曲的内涵与外延的不明确，导致了混乱局面。那么，戏曲的内涵是什么？

笔者认为，戏曲的内涵是戏曲全套的程式。在乐队，则文武场儿；在表演，则四功五法；在服饰，则全部戏箱；在化妆，则各种脸谱；在舞台，则虚拟的空间；而其核心则为行当体制。戏曲的行当体制，既是程式的一部分，也是上述全部程式的核心；其他所有程式是目，行当程式是纲，纲举目张；行当是戏曲的根本标志，是戏曲区别于其他所有戏剧形态的最后分野。一言以蔽之，举凡具有行当的戏剧而又"合歌舞以演故事"者，皆为戏曲。王国维先生所谓"戏曲者，谓以歌舞演故事也"以及"后代之戏剧，必合言语、动作、歌唱，以演一故事，而后戏剧之意义始全"的定义，在笔者看来未必稳妥。王国维先生虽然关注戏曲行当，且有《古剧脚色考》，然而未能把脚色行当纳入戏曲的定义中，考量不备，定义不够周延。因为，"合言语、动作、歌唱，以演一故事"并非戏曲所独有，甚至也不是戏曲的本质特征，歌剧、歌舞戏、音乐剧无不合言语、动作、歌唱以演一故事，区别只在于各自在歌、舞、言语的偏重不同罢了。甚至，戏曲与这些戏剧形态的区别，也不在程式或曰主要不在程式的有无。歌剧、歌舞戏、音乐剧甚至话剧，也无不有程式，只不过，彼之程式非戏曲之程式罢了。戏曲是完全程式化的戏剧，而其他戏剧形式尚未达到"化"境。最为重要的是，以上之歌剧、歌舞戏、音乐剧等，却都不具备行当体制。

进而，我们如果用"行当＋程式"进而以行当体制为主要标准，来判定

---

① 王国维：《王国维戏曲论文集》，中国戏剧出版社 1984 年版，第 110 页。

戏曲剧种的层次，或不致大误。

明代祁彪佳在《远山堂曲品》、《远山堂剧品》两部著作中，把传奇、杂剧作品以妙、雅、逸、艳、能、具为号，分为六品。以此表明他对上千种传奇、杂剧的优劣及艺术特色的看法。笔者参考祁彪佳的做法，取妙品与具品两个名目，把全部戏曲剧种分为两个层次：上层妙品与下层具品。戏曲上层妙品：是行当完备，程式化程度极高，表现手段无比丰富，本戏与折子戏等均可胜任的戏剧形态，如昆山腔系各剧种、皮簧腔系各剧种、梆子腔系各剧种、高腔系各剧种等。戏曲下层具品：有行当但不完备，有部分程式但不成系统。这些戏曲剧种历史不长，且在不远的过去还是以二小、三小戏为看家本事，如采茶系统、花灯系统、花鼓系统、道情系统、秧歌系统之各剧种以及以地方小曲、小调为音乐、唱腔为主体的剧种，如苏剧、锡剧、丹剧、车鼓戏、大筒戏、二人台、繁峙蹦蹦、凤台小戏、甘肃曲子戏、歌仔戏、广西文场戏、贵儿戏、哈哈腔、蛤蟆嗡、嗨子戏、含弓戏、洪山戏、卷戏、两夹弦、蛮戏、曲沃碗碗腔、推剧等。其中，尽管有些剧种为了满足排演大戏的渴望而积极地向其他剧种吸纳，采取拿来主义的办法以弥补自身之不足，但是到头来把本剧种变成百衲衣，冲淡了本剧种的艺术特色而得不偿失。所以，不能以其扩充了行当，排演了大戏等这些人为的做法而提升它的层次。

三、新分类别1：祭祀仪式剧

可以肯定地说，包括傩戏在内的祭祀仪式剧不是戏曲。《中国大百科全书·戏曲　曲艺》第二版把傩戏等祭祀仪式剧划归到声腔剧种中是不合适的。

源远流长的祭祀仪式剧发端早，在后世的演变过程中，与以娱人为主的戏剧分道扬镳。祭祀仪式剧不改初衷，始终以娱神为其宗旨，而娱人的戏剧脱离祭祀坛场，向戏曲演进。

二者的区别，首先，在表演者。尽管在遥远的时代，无论是祭祀仪式剧还是戏曲都远远没有成立，但是恰恰在那个时候，构成戏剧最核心的成分之一的演员就已经分道扬镳。巫抑或各种与巫师同质者，伴随着祭祀仪式剧一路前行；而从巫分离而出的优则以歌、舞、言语娱人，进而在实践中演化出脚色行当。尽管在各自行进的漫长道路上，二者之间有交流，有借鉴，探亲访友，勾肩搭背，但却常分而短合。迄今为止，戏曲与祭祀仪式剧依然独自存在，甲不是乙，乙也不是甲。今日如此，在古代，虽说巫、优分道扬镳，却的确未能彻底分开，也是事实。在巫的娱神过程中，也包含娱人，而优人也在娱神活动中，时而显露其身影。

其次，祭祀仪式剧的演出形态与戏曲截然不同。戏曲早已完成了歌、舞、诗的合流，而祭祀仪式剧则不然。在歌、舞、诗三者合流的问题上，以娱人为主旨的戏剧形态率先突破重围，因为它必须完成娱人的需求，需要完美的演出呈现。而作为祭祀礼仪的各种民间傩等，更多地恪守，也更易于保留古老的祭祀礼仪传统，从而延误了其向戏剧转化的速度。一则尽可能地恪守祭祀礼仪的旧规，是历代祭祀礼仪的法则，它依照这些法则而代代相传；二则被祭祀的神灵不会像人类观众那样站出来表达对演出不够完美的不满，于是祭祀礼仪中的演剧进化程度，远不如以娱人为主要目的的戏剧形态来得迅速。这或许是戏曲早就以其美轮美奂的身姿炫耀于世人面前，而祭祀仪式剧却依然端着古老的身段、踱着方步而蹒跚在各种祭祀空间的原因之一。

再次，二者的演出空间不尽相同。戏曲与祭祀仪式剧都发端于古老的祭坛，但是这两个从同一摇篮中站起来的婴孩，却在不同的空间中展示身姿。戏曲当其逐渐摆脱了宗教仪礼的束缚，也就逐渐地走出祭坛，经由漫长的神庙剧场的展演，转身融入城镇，进入勾栏，成为向观众献艺的商品。既然是商品，它就必然要满足五方杂处的城镇人群的需求，变着法儿地改进、变革而日新月异。

傩戏等祭祀仪式剧，它的根本属性是神灵的供品，它必须依附于祭祀仪式，必须在祭祀坛场中演出。在本质上，傩戏等祭祀戏与奉献给神灵的绢帛、牺牲等没有区别，只是形态、形式不同而已。这种根本属性受制于严格的祭祀规制而长期延续，至今未能彻底打破。换言之，傩戏等祭祀仪式剧不过是祭祀礼仪的构成部分，它的存在价值也只有在祭祀礼仪中方能显现，离开祭祀礼仪，祭祀仪式剧的价值必将丧失或者大为减损。正因为祭祀仪式剧的这种属性，使得它不便甚至不能进入戏曲的演出空间之中去展演。

最后，是授受主体的不同。授受，是指给予者与接收者。这里的授受，是指演出者和观看演出者。之所以使用"授受"一词，主要从祭祀仪式剧一面考量，因为祭祀仪式剧的观者——神灵，不属于艺术鉴赏者，在绝对意义下，这里的神灵是一种被动"欣赏"，只能接受而不能选择。选择什么样的艺术演出供奉给神灵，完全取决于演出者，演出者授予什么，神灵接受什么。在这个层面上讲，尊敬的神是被动的，而卑下的祭祀者才是主动的。

戏曲，在它发端之初乃至漫长的演变发展过程中，它的接受主体由神起，而过渡到神与人（神＋人），再经过人与神（人＋神）的阶段，最终抵达完全娱人的终极目的，是"人"逐渐演变为接受主体的过程。这个过程，大体上与戏曲发展成熟的过程协同一致。而祭祀仪式剧则一直秉承着娱神的目的，并顽强地恪守着古老的传统。

由于作为接受主体的神并不像人类观众那样赶时髦，那样弃旧图新，反而使得祭祀戏剧在继承传统上狠下功夫，而不那么标新立异，这才保留下来老传统、老规矩、老剧目，老腔老调、老样态。恰恰是这些"老货"所蕴含的文化信息，反而使祭祀戏剧变得弥足珍贵。

授受主体在全部戏剧发展史上的重要作用，于此可见一斑。授受主体在一定程度上制约着戏剧的走向。戏曲与祭祀仪式剧的接受主体迥然有别，是造成二者不同的又一原因。

鉴于以上种种原因，笔者呼吁，应该把祭祀仪式剧从戏曲中分离出来而另立一个独立的戏剧类型。在这个戏剧类型中，包括目连戏、赛社戏、傩戏三种戏剧形态。

应该明确指出的是，目连戏不是一个独立的剧种。对于戏曲剧种，学界已有共识，那就是"根据各地方言、音乐曲调的异同以及流布地区的不同而形成的各种中国戏曲艺术品种的统称"①。目连戏是一个非常独特的戏剧现象。地方戏主要以声腔及语言分别，即一个独立的剧种应该有一种相对独立的声腔以及它所使用的方言，而目连戏不具备这两项标准。事实上，多个剧种用不同的声腔在演出目连戏。各个声腔剧种中的目连戏的唯一形态或大体相同的，不过是同一的故事而已。另外，一个十分重要的问题是，各地的目连戏无不与佛教坛场、道教坛场甚至民间巫坛、傩坛紧密相关，也就是说，目连戏的演出依附于多种宗教礼仪，除了新编的目连戏之外，它不曾脱离宗教的羁绊，它一直与宗教礼仪相表里。

迄今依然流行在山西、河北的赛戏、社戏等，也不属于戏曲。根本的问题在于，这些戏剧形态一般不具备行当系统，演出时演员（原先的乐户）不通过行当去扮演人物，在乐户与剧中人物之间，不存在行当这个中介系统。因此在笔者看来，它们还处在祭祀仪式向戏曲过渡的中间阶段，恰在这个过

---

① 《中国大百科全书·戏曲　曲艺》，中国大百科全书出版社1983年版，第587页。

渡时期，被凝固下来不再变化，不再发展。它像一只瓢虫被突然封在松油之中那样，形成化石，永远不再繁衍后代。

长期以来，它们的演出大都由乐户承担，也主要由乐户保存，它们的演出与赛社结合，也就找到了它存在的理由与空间。

四、新分类别2：民族民间歌舞戏

中国戏曲是在或者说主要在汉族传统文化养育下成长发展而成的戏剧样式。而在中国传统戏剧中，另有一批戏剧，它们不在上述文化空间中发生，也不在这种文化空间中养成与发展。他们或者在少数民族特有的文化空间中发生、发展，服务于少数民族的文化需求，自然也就讨得少数民族观众的喜爱。它们无论在表现形式上，还是在语言使用上，抑或在民众风俗、欣赏习惯上都迥异于汉族戏曲，特别是在相对较短的历史演进过程中，并没有形成戏曲那样的程式系统，也没有创造出一套赖以敷衍故事、塑造人物的行当体制，演员们不必经过行当这个中介系统去接近剧中人物，而是以演员自身直接饰演人物。戏曲演员在场上既要审视自身，也必须时时注意其行当以及行当所应有的程式；而民族民间歌舞戏则不同，因为没有行当、没有与之相配合的程式，在很大程度上，反而是自由的。

这类戏剧如藏戏、白剧、壮剧、苗剧、彝剧、阜新蒙古戏、侗剧、傣剧、维吾尔剧、（甘南）南木特戏（藏戏系列）等，无不如是。以彝剧为例，彝剧剧目以反映现实生活为主，几乎没有反映重要历史题材的袍带大戏。彝剧的表演，音乐与演唱部分基本上是民歌小调、舞曲以及器乐曲等；做，则尚处于生活动作的简单加工，甚至是未经提炼的生活动作；舞，舞台上的舞蹈虽然取材于丰富的彝族舞蹈，但还没有把这些舞蹈提炼为程式之舞，尤其是做与舞还没有很好地交融，做与舞衔接时，尚嫌不够自然；念，即宾白部分，基本上是生活语言，或者对生活语言的初步加工；打，几乎是不存在的。此外，彝剧的剧本尚未发现有反映战争的题材。另外，彝剧音乐基本上只有文场，武场则不完备，基本阙如。一句话，彝剧还没有在全方位意义上，形成表演程式，更加重要的是彝剧没有行当。

把上述这些戏剧从以前的戏曲中分离出来，并非贬低其艺术水准，实际上是松开了被人为地套在其身上的枷锁，不再为了攀"戏曲"的"高枝"而费尽心机，回归其本来的艺术类别中去，使之不再戴着枷锁起舞，反而获得了自由。彝族的民族服饰多达四百余种，有着极为丰富的歌舞，在敷衍故事、塑造人物时信手拿来，去"合歌舞以演故事"。

可见，这些剧种的确应该独立于戏曲之外而另立一类。

五、新分类别3：傀儡戏

傀儡戏包括木偶戏与皮影戏。木偶戏又有杖头木偶、提线木偶、掌中木偶（又称布袋戏、扁担戏）、药发傀儡（又称火戏）、水傀儡等，甚至包括套装傀儡。套装傀儡看似在近些年出现，其实它是古代假形的延续与发展。皮影戏更加多样，流派众多，但是由于它们都以影子窗为界，把影子、人以及各种布景、器物等与观众隔离开来，在演出形态上大致统一，反而比较清晰。各个流派的影戏的区别，主要在唱腔以及各自独有的某些剧目。

王国维先生说："至与戏剧更相近者，则为傀儡。"还说："傀儡之外，似戏剧而非真戏剧者，尚有影戏。"① 可见，王国维先生把傀儡戏排除在所谓"真戏剧"之外，判断其为"与戏剧更相近者"。究其原因，傀儡戏不是由真人演出，观众看到的是傀儡，而操纵傀儡的人躲在幕后；观众看到的是傀儡的做、舞、打，而唱与念由躲在背后的操控傀儡者完成，造成唱、念、做、打、舞分离。这种唱、念、做、打、舞分离的演出形态当然不能算作"真戏剧"，它是别样的戏剧。福建高甲戏大量吸收傀儡戏的做、打、舞等身段，提炼加工形成丑行独特的表演，在一定程度上说，可能是不满足于傀儡戏这种表演手段的离而不合，而别出心裁。福建前辈艺术家们从傀儡戏中发现了其在表演上的可喜、可贵、滑稽、好玩之处，把表演从傀儡移植到人（演员）身上，形成高甲戏一大特色。

王国维先生对傀儡戏的认识，无疑是正确的。把傀儡戏与"真戏剧"、戏曲剥离开来，是必要的，也是应该的。

全部传统戏剧演出形态分为：戏曲、祭祀仪式剧、民族民间歌舞戏、傀儡戏四大类，而总其名曰，中国传统戏剧。分类分层如下。

---

① 王国维：《王国维戏曲论文集》，中国戏剧出版社1984年版，第26—27页。

总称：中国传统戏剧

一、戏曲

　　1. 妙品

　　2. 具品

二、祭祀仪式剧

　　1. 目连戏

　　2. 傩戏

　　　（1）开口傩

　　　（2）闭口傩

　　3. 赛社戏

三、民族民间歌舞戏

四、傀儡戏

结语

　　中国邻邦如日本、韩国的戏剧分类，或者可以作为参考。当然，日、韩两国无论从地域的广狭、民族的多寡、文化的丰富与相对单一等诸多方面，都与中国有别；他们的戏剧历史的长短、戏剧种类的多寡，都不能望中国之项背。但是这些客观原因却不能成为在戏剧整体分类上的隔膜。韩国把全部戏剧形态分为现代戏与传统戏两大类。日本则分为新剧（话剧）、四大古典戏（能、狂言、歌舞伎、文乐）以及民俗艺能。民俗艺能是一个庞大的戏剧及准戏剧甚至百戏、游艺的构成，包括神乐（百余种）、田乐、田游、田植、傩事、相扑神事、舶来艺术等，琳琅满目。民俗艺能的标准是民俗的、与祭祀仪礼结合的、非商业性的、定期定时的、一村一社的（社：寺院与神社）、以某位神灵为娱乐主体的、以某种范围民众为观众主要构成的、大众参与的（某些民俗艺能）等。他们的分类相对清晰，不混乱。

　　我们对中国传统戏剧的分类设想，意义何在？

　　其一，便于研究。这样分类可能更加清晰，研究起来更加明确而有条理。名正之际，必是言顺之时。

　　其二，戏剧改革的意义。在笔者看来，笼统地提出戏剧改革、戏曲现代化是不太合适的。在传统戏剧改革与现代化问题上，应该分别对待。戏曲中的"妙品"尤其是昆曲、京剧等剧种，已经处于传统戏剧的峰巅，它们在面对古代历史题材时，得心应手，但是在处理现当代题材时，则方寸大乱，首先必须去行当化，再打碎"四功五法"，弃千百年来殚精竭虑而创造的程式如敝履，仅仅拈取全套程式之一二而用之，造成所创造的人物不伦不类、假模假式。在表演时，甚至有可能将长期浸润在戏曲程式文化中的戏曲演员推向一种尴尬、窘迫的局面之中，英雄无用武之地。观众看剧时，不谙戏曲者浑然不觉，深得戏曲真谛者不得不努力把场上现代人物，往行当上靠，曰："某某是老生。"殊不知，只有唱腔也许算是老生的，其余做、念、打等老生表演程式，已经荡然无存，这算什么"老生"？

上述这些状况在戏曲"具品"各剧种中，却不存在或者很少存在，原因很简单，这些剧种本来就没有十分完备的程式，更不具备完整的行当系统，一言以蔽之，更加贴近生活。行当与程式是双刃剑，既为宝贝，也是包袱。"具品"层次的剧种，没有这个宝贝，是一忧；没有这个包袱，则是一喜，喜在可以轻装上阵，在面对现当代戏剧题材时可以率意而为。

戏曲剧种可能需要分工，昆曲、京剧等"妙品"剧种以恪守传统为主旨，以传统剧目及新编历史剧为方针。而"具品"剧种在保持传统的前提下，可以大胆创新，在演出形式上创新，也在演出剧目上创新，轻松地肩负起戏曲艺术改革的重任。

日本的能，之所以在世界剧坛享有比戏曲更高的声誉，原因之一与其恪守传统相关。元末明初基本定型的能，迄今没有发生太大变异。相对于能，戏曲则不断在变异，尤其在当下，变异的手段类似"化蛾"。疑问是：化蛾，是必须的吗？

（麻国钧：中央戏剧学院）

民间戏曲与祭祀论

刘 祯

戏曲是中国传统艺术最具代表性的样式,其剧种数以百计,也是国家非物质文化遗产重要的内容。戏曲形成的历史近千年,几经风雨,坎坎坷坷,依然活在舞台上,活在观众心中,依然是一种活的艺术,这是中国戏曲的魅力所在。在世界三大古老戏剧文化中,古希腊罗马戏剧、古印度梵剧均曾辉耀剧坛,但于历史长河中均昙花一现,唯存历经千年风蚀斑驳的剧场巨石圆柱和绵绵不尽的历史记忆。解开中国戏曲长寿之谜的锁匙有多个维度、多种解释,但无疑,中国戏曲尤其是民间戏曲所具有的祭祀功能,戏曲与祭祀的关系是最值得我们关注的一个方面。

《尚书·洪范篇》认为,国家施政重要者为八政。这八政为:一曰食;二曰货;三曰祭;四曰司空;五曰司徒;六曰司寇;七曰宾;八曰师。祭居其三,仅次于食货,可见其在国家施政中之地位。《汉书·郊祀志上》云:"《洪范》八政,三曰祀。祀者,所以昭孝事祖,通神明也。旁及四夷,莫不修之;下至禽兽,豺獭有祭。是以圣王为之典礼。民之精爽不贰,齐肃聪明者,神或降之,在男曰觋,在女曰巫,使制神之处位,为之牲器。使先圣之后,能知山川,敬于礼仪,明神之事者,以为祝;能知四时牺牲,坛场上下,氏姓所出者,以为宗。故有神民之官,各司其序,不相乱也。民神异业,敬而不黩,故神降之嘉生,民以物序,灾祸不至,所求不匮。"祭祀,不仅为圣王之典礼,也为四夷、全民所宗,并且宗派林立。所以如此受重视,是因为"昭孝事祖,通神明也"。这是中国文化和伦理的起点,也是源于"通神明"

的信仰。"祭祀之道，自生民以来则有之矣"（《后汉书·志第七·祭祀上》）。

戏剧当然要比这种祭祀晚出，但戏剧本身所具有的假定性思维和娱乐、游戏的行为动作则又渊源甚早，与早期祭祀活动有一致的方面，有关于戏剧的发生，故戏剧与祭祀尤其是民间祭祀的关系贯穿于整个民间戏剧发展历史，也成为戏剧发生学研究的重要课题。基于中国戏剧，尤其是民间戏剧与祭祀的深刻联系，中国戏曲、中国民间戏曲有祭祀戏剧、宗教戏剧、仪式戏剧之谓，如目连戏、傩戏、各地的神功戏等。

一、祭祀：戏曲源生性文化功能

祭祀是一种原始又古老的宗教仪式，对现代人来说它又是遥不可及，以至于人们已逐渐淡忘了它曾经的存在及与先民那种紧密的关系。事实上，祭祀也是人们最早的思维和精神意识，沟通着人和自然、天与地，祭祀是一种神秘、庄重的仪式，起着上达下传的枢纽作用，所以巫师、祭师的地位非常高。祭祀，体现着人们最初一种原始而混沌的意识，表达着人们一种对自己和家人、部族的平安吉祥愿望。王国维《宋元戏曲史》认为，歌舞之兴其始于古之巫，巫之兴也，在上古之世。"盖群巫之中，必有象神之衣服、形貌、动作者，而视为神之所凭依，故谓之曰灵，或谓之灵保。""是则灵之为职，或偃蹇以象神，或婆娑以乐神，盖后世戏剧之萌芽，已有存焉者矣。"这种歌舞表演正是在"巫之事神"的祭祀仪式中出现的。田仲一成认为："在祭祀活动时，降临的神（神尸）和迎接的巫之间进行对舞、对唱，其中的歌唱、舞蹈、动作、神谕、祝词等要素在未分化的情况下融合而成狂乱的附体动作，这些动作在神秘性消失进而转化为人们欣赏对象的过程中，原本包括在其中的歌舞、动作、对白等要素为适于人们观赏而分化独立，并被提炼美化，作为神灵降临故事的戏剧于是产生。同时，戏剧内容也可解释为，由巫祈求神赐福的祈福礼仪产生出'庆贺剧'，由巫降伏带来灾害的亡灵的攘灾礼仪使得讲述亡灵悲惨遭遇的'悲剧'诞生。进一步讲，这种观点很容易说明戏剧的进化过程。在初期，继承了神巫对舞／对唱内容的歌舞剧形式成为戏剧理所当然的表现形式，并在向世俗化发展的下一个阶段逐渐转化为以叙述故事内容为重点的科白写实剧。"[①] 由此可见，祭祀仪式是伴随戏曲表演出现的，具有

[①] ［日］田仲一成：《中国戏剧史》，布和译，吴真校译，北京大学出版社2011年版，第2—3页。

源生性文化功能。

戏曲功能在祭祀基础上经历了不断变化和拓展的过程，这也是社会与戏曲发展的历史必然。祭祀"这些动作在神秘性消失进而转化的过程中"，其选项都不是单一的，不是直指戏曲，不会有这样的理论预设，而会是多重尝试和突围，所以，无论在戏曲形成过程中或戏曲形成后，这一包括歌唱、舞蹈、动作、神谕、祝词等要素的综合性活动指向都是多元的，但最终走向却是"为适于人们观赏而分化独立，并被提炼美化，作为神灵降临故事的戏剧于是产生"。不过，这一进程应该相当缓慢，处于始终无意识状态，由无意识到有意识是一个质的蜕变。并且戏曲的形态和样式，随时、随地、随对象不同，而显示明显的差异，其功能作用也显示出差异，有的侧重娱乐，如民间小戏，有的仍保留祭祀功能，如在祠堂与寺庙等，有的侧重教化，如士夫文人的作品，有的则可能具有多重功能，不一而足。这种功能也是不同形态戏曲沿袭和发展重要的动因。历史地看，"提炼美化"成为其最终归宿和最终方向。

它的这一功能，虽然随着社会进步和人类不断认识自然，作用也在不断减退，却不曾淡出或消亡，而这种源生性有助于我们认识戏曲作为文化的本质。

二、民间：祭祀维系的戏曲兴衰

戏曲形成有近千年历史，纵观这千年戏曲发展历程，其兴旺发达与祭祀、民俗紧密相连，尤其在民间演出，更是离不开祭祀仪式、民俗活动，彼此互为因果，互相促进。目连戏的演出是一个很好的例证。北宋开封中元节宗教祭祀活动，即有《目连救母》连续七八天的演出。孟元老《东京梦华录》"中元节"云：

> 七月十五日中元节。先数日，市井卖冥器靴鞋、幞头帽子、金犀假带、五彩衣服，以纸糊架子盘游出卖。潘楼并州东西瓦子亦如七夕。要闹处亦卖果食种生花果之类，及印卖《尊胜目连经》。又以竹竿斫成三脚，高三五尺，上织灯窝之状，谓之盂兰盆，挂搭衣服冥钱在上焚之。构肆乐人，自过七夕，便般《目连救母》杂剧，至十五日止，观者增倍。中元前一日，则卖练叶，享祀时铺衬卓面；又卖麻谷窠儿，亦是系在卓子脚上，乃告祖先秋成之意。又卖鸡冠花，谓之"洗手花"。十五日供养

祖先素食，才明即卖糁米饭，巡门叫卖，亦告成意也。又卖转明菜，花花油饼、馂豏、沙豏之类。城外有新坟者，即往拜扫，禁中亦出车马诣道者院谒坟。本院官给祠部十道，设大会，焚钱山，祭军阵亡殁，设孤魂之道场。

杂剧《目连救母》之所以能够在北宋东京汴梁"自过七夕……至十五日止"，有这样超长结构的演出，是与这一演出所发生的环境及所具有的中元节祭祀功能分不开。也能够看出，在中元节祭祀活动中，目连戏演出是其中一个内容——当然，是其最为重要和核心的内容，因为这一与中元节有关的演出，体现了中元节的宗教祭祀精神，也能够看出在戏曲形成早期，这种演出祭祀的氛围和意识更浓。到了元代，目连戏演出更为流行，现知至少有两种版本，即杂剧《行孝道目连救母》和《目莲入冥》，但杂剧已经作为具有独立艺术体制的戏剧样式，走向娱乐化、审美化，祭祀性和仪式性的淡化也是必然，这是文人化后的变化。

而在民间，戏曲演出最主要的功能依然是祭祀和娱乐。在文人体制戏曲创造了一个个辉煌的同时，戏曲民间的主体地位依然没有改变，改变的只是文人话语权。而民间戏曲演出所以能够让人"如醉如痴""观者若狂"，在于它与民间朴素而根性的紧密联系，祭祀是其中最不容忽视的一个原因。许多民间历史演出已无记载，但各地留存下来大量戏台，这些戏台又多建于寺庙，宗教祭祀功能成为各地演出不竭的动力和保障。著名戏曲文物学专家刘念兹先生概括宋代戏曲文物的两个特点之一就是：这些舞台遗迹大都与寺庙关系密切。"公元十一世纪初叶，山西南部的乡村已有戏曲艺术活动的场所，表演戏曲的固定舞台已经开始建立起来了。其后，在山西南部的平阳地区陆续兴建了许多舞台。随着这些舞台的建立，宋、金、元时期的戏曲艺术，在山西的乡村和城镇中普遍地流行起来。许多舞台的建立都与寺庙有关，有的舞台，本身就是寺庙建筑的一部分。宋代以来修建的规模比较大的寺庙，多在正殿之前建筑一座舞台，达到既能酬神又起着娱人的作用。宋、金时期的舞台，大都是修建在民间普遍流行的巫神的乡村小庙中，它与佛、道等宗教的寺观关系还不大。""这些舞台遗址的文物，说明宋、金时期的戏曲与迎神赛社祈福辟禳的民间社火关系十分密切。"① 由此也可以看出神庙戏台之于古戏台的主体地位，所以车文明认为："神庙剧场是古代县以下（包括县城）广大农村唯一的公共类型，在大中城市的公共剧场中，神庙剧场也与瓦舍勾栏、茶园酒楼等商业性剧场平分秋色。所以，神庙剧场便成为中国古代绵延不绝、范围最广、数量最多的剧场形式。"②

物质决定意识，戏曲的兴盛与人们有充足的物质保证分不开，有精力、有实力举办普天同庆的戏曲活动。而中国历史的发展并不是一帆风顺、一团和气的，而是充满了斗争与阴谋，造成了一次次的战争与分裂，朝代更迭，江山易主，并且生产力比较低下的封建时代，各种灾疫也随时侵害着人民，在各种灾疫面前人们是那么无助无奈，这种灾疫对很多地方造成的破坏是毁灭性的，不仅破坏了人们正常的活动生活，更使得大量百姓丧失生命。值得注意的是，即便如此，许多地方的戏曲演出不仅没有销声匿迹，反而更为炽烈，这大大出乎一般人的意料。何以会如此呢？就在于戏曲演出所具有的祭祀禳灾功能。所以，各地目连戏等演出又有普度戏、平安戏、和尚戏、神戏、鬼戏等，所谓"祈祷雨泽有《东窗戏》，驱除疫疠有《目连戏》"（民国《广安州新志》卷三十四），"陵民报赛酬神专演目连戏"（民国《南陵县志》卷四），"绍俗称五、六月为凶月，所以每年此两月中，该地必有做平安戏之事"（胡朴安《中华全国风俗志》下编）。

中国戏曲之所以能够有那么顽强的生命力，千百年流行不衰，依附的是民间这种祭祀与民俗活动，这是戏曲生存发展的沃土，戏曲在艺术上无论取得多高多大的成就，都不能隔断它的民间之根、祭祀民俗之魂，否则，戏曲不能长远，也不会拥有最广大的观众群体。

三、反思：戏曲发展经历由文化向精致艺术的历程

实际上，文人戏剧的出现，对民间戏剧加以改造，在汲取民间戏剧营养和资源基础上，使戏曲成为显形和主流艺术辉耀剧坛，但是，民间戏剧并没有随之销声匿迹，被文人戏剧取代，而只是更为隐形和被正统观念抑制而已。明代万历年间安徽祁门人郑之珍改编的《劝善戏文》很具代表性，安徽是目连戏主要流行区域之一，郑之珍的改编，依据的是民间演出，除了他遵循传

---

① 刘念兹：《戏曲文物丛考》，中国戏剧出版社1986年版，第7页。
② 车文明：《中国神庙剧场》，文化艺术出版社2005年版，第3—4页。

奇格局改编外，还有一个显著特征，就是删除了三本所有的开台和扫台仪式。这也能够看出戏曲发展由文化（祭祀）向艺术转变的痕迹。清代宫廷大戏《劝善金科》亦复如此。

由此，戏曲发展历史进程给我们提供许多思考。

1. 艺术是戏曲作为文化的本体提升。

事物进化遵循由小到大、由简单到复杂、由粗到细的规律，文学如此，戏曲亦如此。从完全民间形态的南戏，至文人参与后取得"一代之文学"的北杂剧，再到戏曲被社会正统势力接受而出现的传奇创作的高潮，使得昆曲成为文人士大夫的宠儿，甚至于一代君王都流连忘返，粉墨登场，汤显祖、沈璟、李玉、李渔、孔尚任、洪昇等成为戏曲艺术臻于高品的代表人物。戏曲发展也经历这样一种螺旋式上升和递进。元杂剧是文人戏曲，但杂剧作家亦即书会才人均与社会底层有着千丝万缕的联系，甚至我们就可以说，元杂剧作家就是民间化的文人，他们的身份具有双重性，这是杂剧作家身份的特殊性，也因为这种特殊性，造就了元杂剧在中国戏曲史上的辉煌和不朽。明清传奇是更为纯粹的文人行为，把文人创作推向高峰，但远离民间滋养，这种高雅和精致不具有持续发展的能力。在经过两百多年的高端运行后，"吴音繁缛"是它被观众所弃的必然。而所以还能够在与花部乱弹争胜中苟延甚至中兴，还是因为对民间花部的汲取和吸收。

2. 反之，始终处于民间状态，戏曲很难脱离民间思维和民间行为，维系其红火热闹场面，更多祭祀和文化功能属性，处于艺术集体表现中，难以走向专业化和精致化，所以始终处于民间层面的戏曲文化含量高而缺乏精英思想和专业艺术性，走出民间的蝉蜕是戏曲艺术的质化，艺术是戏曲作为文化的本体提升，中国戏曲发展进程诠释了这一点，两者都具本性，不宜偏颇，而以往因为戏曲史是文人戏曲史，戏曲研究是文人戏曲研究，不自觉地贴上文人标签而自觉地排斥民间，造成中国戏曲史的"瘸腿"和戏曲研究的不平衡。民间，是戏曲的起点，是戏曲的母胎和生命场，而走出民间，戏曲会赢得更大世界和生命，使戏曲成为一种永恒和精致的艺术，来延展和拓宽其生命容量。

3. 文化是戏曲作为艺术的生命涵容。

艺术是戏曲发展的最高表现，但不能统摄戏曲，戏曲的根性源于生活，文化是戏曲作为艺术的生命涵容。戏曲到明代万历至清初对昆曲"全民性痴迷"后完全雅化，以至于给人"吴音繁缛"之感，难以为继，谋求新变，遂有花部乱弹之兴盛和取而代之。艺术是戏曲作为文化的本体提升，但不意味着戏曲艺术提升及精致化与文化形态的隔绝，当中也包括祭祀仪式。当代社会，祭祀仪式虽已与我们渐行渐远，但那些偏远之域祭祀演出的遗存和不绝如缕，仍能给我们以深刻的启示。

祭祀某种程度也是人类对自然和社会、人生的一种认识反映，是人类原初的一种精神、思想和信仰，从历史看是具有积极意义的。而随着人类对自然、对社会、对自身认识的不断提高，祭祀的权威消解，祭祀中一些蒙昧的部分被视为迷信和不科学，祭祀功能、作用和地位日渐衰落，但不意味着人们不需要精神信仰，不需要追荐祖先英雄，不需要祭祀仪式，不需要宗教情怀，所以，即便进入21世纪，科学技术突飞猛进，艺术发展多元多样，但祭祀文化依然是戏曲尤其是民间戏曲所赖以生存和繁荣的土壤，维系其与观众紧密联系的纽带，不能完全以迷信视之、排斥之，这方面我们的经验教训应该说已经非常沉痛。

祭祀性的忽略与缺失，是戏曲发展走向狭隘、脱离大众，愈加走入象牙塔的主要原因，祭祀功能与民间演出休戚与共。当代不断走向精致化的戏曲，与民俗文化已渐行渐远，祭祀仪式的边缘化势在必行，但祭祀与戏曲内在关系所能够告诉我们的戏曲兴衰之道，不该为我们所遗忘，因为，戏曲仍将走下去。

（刘祯：中国艺术研究院梅兰芳纪念馆）

祭祀·祈祷·娱乐
——中国江西省南丰县石邮村傩戏调查

朱恒夫

至迟在商周时代,中国许多城乡就有了融祭祀、祈祷、娱乐为一体的表演形式,这就是"傩"。在古代文献中,有大量的关于"傩"的描述与行傩活动的记载。由它们我们可以了解到上古时期"傩"的基本情况。

它可能源于乡村。《论语·乡党》云:"乡人傩,朝服而立于阼阶。"是说孔子对于乡人的行傩活动持敬重的态度,特地穿着朝服立于东阶注目之。它后来成为国家的一项常规性的祈求社会平安的活动。《礼记·月令》云:"季春之月,命国难,九门磔攘,以毕春气。仲秋之月,天子乃难,以达秋气。季冬之月,命有司大难,旁磔,出土牛,以送寒气。"① "难"即"傩"也。

它的形式是人们装扮成凶神恶煞,拿着武器,以清除鬼疫。《周礼·夏官·方相氏》云:"方相氏掌蒙熊皮,黄金四目,玄衣朱裳,执戈扬盾,帅百隶而时傩,以索室驱疫。大丧,先柩;及墓,入圹,以戈击四隅驱方良。"② 方良就是魍魅魍魉。

它的功能则是驱除给人们带来病痛、死亡或环境不宁的鬼疫。郑玄注释《礼记·郊特牲》"乡人裼,孔子朝服立于阼,存室神也"云:"裼,强鬼也。

---

① (清)孙希旦:《礼记集注》,上海古籍出版社1987年版,第83页。
② (清)孙诒让撰,王文锦、陈玉霞点校《周礼正义》卷五十九,中华书局1987年版,第2493—2495页。

谓时傩，索室驱疫逐强鬼也。'裼'或为'献'，或为'傩'。"①

之所以会产生这样的活动，全是因为古人的"鬼疫带来病害与灾难"的观念所致。在生产力极其低下与几无科学的古代，人们认为人之所以生病、居室之所以靖、阴阳之所以不调，皆恶鬼使然也。许慎在《说文解字》中释"鬼"字云："人所归为鬼。从人，像鬼头，鬼阴气贼害。"② 人死之后为鬼，若非正常死亡，或死后不能还乡埋葬祖茔，很可能成为害人作祟之厉鬼，而古人认为，对付它们最有效的办法就是行傩。

在驱鬼逐疫的"傩"产生之后，随着时间的推移，渐渐地形成了两种主要形态：一种是保持古制，由行傩发起者组织人进行，仪程简单，时间较短，功能单一，表演之技术水平较低。如清代南海县白石堡松洲乡人，"于正月十五夕伐鼓鸣金，执戈扬盾，取驱除疫疠之意，亦古之傩也。惟于孟月行之，于毕春气之义未合"③。另一种是和巫教的祭祷、道佛的法事活动相结合，由巫师或道士或和尚举办，融入了巫教、道教、佛教等宗教文化，不同程度地吸收了同时期的讲唱与各种表演艺术，仪程复杂，时间较长，功能多种。现存的傩戏如姜女戏、端公戏、地戏、香火戏、傩堂戏、打城戏等，都是这种嬗变后的形态。留存至目前的前一种形态较少，而后一种形态较多。江西省南丰县石邮村的傩戏基本上属于前一种形态，它更接近于傩的原始面目，因而具有较大的学术价值。

笔者自2005年就到石邮村做过田野调查，2010年5月中旬又和石邮村的傩队一起赴韩国参加第十三届晋州假面舞会暨东亚假面舞庆典活动，和他们共同生活了一周。2014年再次观看了村民的演出，并到该村搜集资料。笔者认为，石邮村的傩戏是现存最古老的傩戏种类之一，是一扇了解旧时乡民宗教观、社会观、宗法观以及娱乐活动的存世极少的窗口。

尊孔崇儒的吴氏村民

石邮村，又名"柏树窠"，"邮"原为"油"。位于南丰县中部，距县城约十二公里。明清时属于太平乡五十五都，今属三溪乡。村落为四周群山环抱，一条小溪流经村南。全村共有328户，人口为1186人。粮食作物有双季

---

① （汉）郑玄注、（唐）孔颖达等《礼记正义》卷二十五，（清）阮刻《十三经注疏》本。
② （东汉）许慎：《说文解字》卷九"鬼部"。
③ （清）桂坫：《南海县志》卷四，第23页。

水稻，经济作物有蜜橘、白莲、芋头等，以种植蜜橘为主要经济来源。村子户口以吴姓为主，约占全村的70%以上。其他姓氏有叶、罗、黄、李、唐、林、周、曾、闵、黎、谢、肖、聂、邹等，多数是在清代与民国年间迁居而来。

吴氏最早是从蜀地迁移而来，先祖吴宣曾是后蜀的驸马，其遗嘱对自己的生平有所介绍："予讳宣，旧居西蜀阆州巫锡山。娶蜀主孟知祥之女，昶之姐也。后昶将称帝，欲封予为王，余义不受，携家徙居江南抚州石井。生三子，长纶、次经、幼绍，孙十八人。后又徙居南丰嘉禾驿梓口庙李宁庄。长纶、幼绍从余徙，惟次经居于抚州之石井也。"他完全是按照儒家的伦理原则来治家的："在后子孙，不许倚强凌弱，互易变卖，倘有此等，将此呈官，以不孝论罪。"① 吴宣是一个仁义之人，在迁徙南丰之后"愈加修德，赒恤鳏寡孤独，与之金谷，俱无立券，不索其赏……贫无力有露尸者，公与之衣棺安瘗；赋役重难于措办者，与之金代为完官；婚姻弗克完娶者，与之彩礼为毕姻；拖欠人之钱物债主坐逼无措者，与之金为之赔偿……客无分上下，皆待之恭谨。每自返唯恐失礼于贤人……南丰乡例，入斛大，出斛小，公常切齿叱之。公家升斗斛秤，当官比较印烙，出入一样斛面，入则平过，出则尖满。以金易粟者，不视其成色，不秤其数目，据其来言，如数收下。不拘多寡，即便与之……每训诸子孙曰：'鬻粟者由祖宗积德深厚，故蓄积多余鬻与人也。买粟者几多艰辛求得几金，若与之比较成色轻重，于心安乎？父母妻儿在家饥饿，洗釜贮水侯其还家而炊火以供食。若拘其多寡留难时刻再与之，此则获罪于天矣……开义馆，召远近子弟读书，俸食悉公管待。年例春秋，设坛致祭后稷、太王、泰伯、仲雍、寿梦、王季、子競公等远祖并孟知祥，祭高祖称于家庙。"② 他临终之时，嘱告子孙曰："我当百年之后，丧事采用古典，幸勿妄信邪诞佛事。"由于吴宣品性仁慈，常行善举，泽惠乡里，故而得到郡邑老少的一致赞扬，可谓德名远播。"公若染疾，远近闻之，载道问安。"也正是由于吴宣按照儒家伦理言传身教，故子孙皆为孝子，他得病时才得以"三子亲调汤药，不离左右，衣不解带，寝食弗安"。他去世之后，儿子

---

① 《宣公遗嘱》，见石邮吴氏宗谱编纂委员会编《石邮吴氏宗谱》第四卷"文献"，第492页。
② （宋）吴忠敏：《宣公行迹实录》，见石邮吴氏宗谱编纂委员会编《石邮吴氏宗谱》第四卷"文献"，第493—494页。

也"居丧极其惨怛,寝苫块枕,夏扇冬炉,如事生焉"①。

吴氏的族规亦显示出鲜明的儒家特色,如其族谱道:"支下读书子孙境遇难贫,淡泊足以明志,作诸生时,安贫乐道,不以困苦易其志。非公事未尝出入公庭。果能显达,置身仕宦,持政之道,亦惟能平正爱民为念,清慎廉洁,勉为循吏。逢迎上司,伺其喜怒,固不肖也。达则兼善天下;苟不合时不如退归林下,广行方便,种德于后人足矣。"②

这样的尊崇儒学、家教极严的家族,读书的风气自然是浓厚的。自宋至清末其族人中登科及第者和进学廪生数以百计,其中数人还在仕宦之时做出了不同的政绩。这由村庄的牌楼名称——文魁坊、世科坊、登隽坊、世沐坊、纪元坊、孝子坊等可以看出。由于家族隆盛,人才辈出,著名理学家朱熹和文士王十朋也先后在吴氏家族新修族谱时为之作序。③

吴氏家族成员受儒学熏陶,受族规约束,人人守礼,各尽其职,有时整个村庄也安乐和谐。

> 石邮自宋五世祖希颜公肇基以来,世德相承,遗风不替,故民务农工,士勤学问,风俗纯粹,习以为常。农工商贾各安其业,簪缨韦布皆循其分。耕氓尤勤力作,播获之际,荷插如云,故野无饥夫,妇女纺织,维苟有之;家莫不鸣机,寅夜不以为劳,此风至今犹未替也。素厚财者,不敢妄为,细民咸知畏法,虽妇人女子亦皆明礼义,重名节。故时途战乱,身陷白刃,守贞殉难光于史册者,代不乏人。④

尽管儒家对鬼神的兴趣不大,但正如前文所引述的孔子朝服立于阼阶观乡人傩的景况所表明的,儒家不但不反对以傩驱除鬼疫的活动,还会对之持鼓励的态度,许多士大夫家庭和历代宫廷每年持续行傩,即可说明这一点。自然如此,像吴氏这样的尊崇儒学的大家族,当然也会举办行傩活动。当然,由于坚信儒学,他们会固守古制,较少受到巫、道、佛等教的影响,甚至也

---

① (宋)吴忠庆:《纶公实录》,见石邮吴氏宗谱编纂委员会编《石邮吴氏宗谱》第四卷"文献",第496页。
② (清)吴其馨:《吴氏重修族谱》卷首"祖训",清光绪壬辰年(1892)刊本。
③ 朱熹曾为宋庆元三年(1197)修订的《吴氏宗谱》作序。《王梅溪序》,见石邮吴氏宗谱编纂委员会编《石邮吴氏宗谱》第四卷"文献",第475页。
④ 《石邮风俗纪略》,见(清)吴其馨《吴氏重修族谱》卷首,清光绪壬辰年(1892)刊本。

不受世俗的说唱与戏剧艺术的影响。

石邮村傩戏之形态

石邮村的傩戏名闻遐迩。该村有一座傩神庙，始建于明代宣德年间，后迁移至村南孝子坊。20世纪80年代因失火仅留庙门及四壁，旋即按原貌复建。人们认为该庙傩神灵验，故拜奉者不断。又早在1956年3月，中国舞蹈艺术研究所就曾组织专业人员到该村调查，称其傩舞为中国古代舞蹈的"活化石"。

那么，石邮村何时有了行傩活动了呢？清光绪《石邮吴氏重修族谱》中收录了邑增贡生吴其馨的《石邮乡傩记》：

> 石邮之傩，自明宣德之祖朝宗太尹公出宰潮州海阳县令①，政绩有声，百姓歌功颂德。海阳时疫流行，百姓死亡无数。太尹公焚香默祷傩神，命邑中士大夫奉迎神祇。按《晋语》所谓衣偏之衣必尽敌而返者，即以除万疫而大驱之也。所历之城乡，时疫立止，即立庙于治署，朔望朝服祀之。解组奉迓旋里，祀神像二十有四，购嵊头山乐姓屋基，立庙祀焉。春日元旦起傩，乐奏金鼓，以除阴气。元衣朱裳，执戈驱邪，具物蹈舞于庭。虽近于嬉戏欢娱，乡人至愚犹不敢亵渎视之，此孔子朝服阼阶之意也。乡人名曰"演傩"。及至元宵后，一夜灯烛辉煌，金鼓齐喧，诗歌互唱，手执铁链，铮铮有声。房室堂庭偏处，驱逐以除不祥，神威达旦。是夜寂然，鸡犬无声。乡人又名曰"搜傩"，如古者磔禳旁磔之法。以疫为阴阳之气所感，不可不以除之也……国朝乾隆辛丑改建庙宇于村之孝之里，向南坐北。咸丰甲寅粤匪扰及东南，丙辰连年，迭遭兵燹，石油各庙宇神像多遭寇毁，惟傩神独获无恙，非神威显赫，默默有以相助者不及此。溯傩自太尹公由潮州迁祀至今，历世十六，历年五百有余，庙貌依然，神像须眉如昨。②

---

① 太尹公，名庭弼，讳朝宗，号省轩，以茂才举孝廉，明洪武初"荐福建省政和县令，改任潮州府海阳县令"。在其族谱中有"十七世，朝宗，以茂才举永乐元年孝廉，授政和、海阳县令"。《南丰县志》："吴朝宗，以孝廉授任政和海阳县令，孝子吴驹父"。
② （清）吴其馨：《石邮乡傩记》，写于光绪壬辰年（1892）仲夏，见光绪壬辰年（1892）刊刻的《石邮吴氏重修族谱》。

宣德年即公元 1426—1435 年，距今近六百年。据村人前辈相传，太尹公从潮州带回来的不仅有 24 座神像，还有 8 位来教傩的潮州艺人。开始学傩的都不是吴氏子弟，而是村中外姓之人，亦是 8 位①，后来才逐渐由吴姓人承担起行傩之事。

管理跳傩事务的称为"头人"，共有 24 位，由吴氏东、西二房有威望与财力者担任。跳傩者称为"伯"，8 人以入班先后与齿序排列为大伯、二伯、三伯、四伯、五伯、六伯、七伯、八伯，有时也称他们为"弟子"。他们是终身制的，除非自己犯错误或生病、死亡，否则一般不会更换。若空岗，则依序递升与进补。能够进入傩班跳傩，对于村民来说是一件荣耀的事情，但不是任何人都有这样的机会。挑选的标准是：须有一定的文化程度，不能太矮，要壮实，更重要的是人要灵慧，授艺时能一点就通。挑选程序为先由吴姓村民与傩班弟子推荐候选人，最后交给头人们选定。

学艺采取的是师傅带徒弟的言传身教的方式，没有文本教材。收徒方式是约定俗成的，大伯、二伯负责教刚进傩班的八伯。授艺学艺一般是在冬季农闲时节，先学单个节目，如《开山》《纸钱》《雷公》等。为尊师守礼，八伯需要备酒饭拜师，并行拜师礼。一个人从入傩班开始，到熟练掌握全部剧目的技艺，非花几年工夫不可。学会不难，但要做到形神兼备，须符合其要求是："手脚弯钩身段圆，发怒摇头笑抖肩。只见身子不见脸，手舞足蹈顺一边。快慢缓急看人面（指角色），一举一动合鼓点"，是很不容易的。

整个行傩的程序为：下殿—起傩—演傩—搜傩—圆傩—安座，时间为旧年的除夕到正月十五日前后。

下殿 除夕日清晨，傩班八伯与头人一起进傩神庙，点起香火蜡烛，叩拜傩神太子、土地公与吴氏先祖太尹公，并在庙门外放爆竹、化纸钱。而后，从阁楼上将藏在箱笼里的圣像一一取出，用茶叶水清洗干净后，分两层挂在神龛上方的两根木椽上：第一层为雷公、钟馗、傩婆、傩公、关公、开山、开山。第二层为小鬼、纸钱、二郎、一郎（三眼郎）、大鬼、大鬼。圣像中开山有两位，大鬼也有两位。

起傩 起傩是跳傩仪式的开始，自除夕之夜始，一直到活动结束，每天都要起傩。当然，正月初一之后，都是在早晨起傩。具体步骤有参拜、放圣

---

① 吴姓子弟开始不能参加跳傩，是出于族规的约束，其族规有云："公议：祠上入位，亦宜稽查。倘曾为倡优隶卒役人等，玷辱祖宗，不准入，并不得与办祠事。"而跳傩者属于"优"之列。

像、换太子衣、请神、判签、参神。其中请神是起傩仪式中重要的内容。在给小傩仔换上信士们捐献的新衣服和新鞋帽后,进行请神仪式。"请神",顾名思义,就是请神灵到来,参与行傩活动,承担起驱除鬼疫的任务。他们是这个活动的主角。请神的时候,八位伯分三排跪在供桌前,同时,七伯掌鼓,八伯持锣。行傩活动主持人唱《傩神太子歌》,其唱词如下。

立堂敬像,拾堂祝敬。学太敬黑,三皇进殿。万里敬福,召集群仙。天地分明,地土调匀。明公同庆,太量玄悬。保佑心学,愿家向前。香来为炉,金尊九殿。真令夏漫,宣布令玄。所祈所愿,谭世而言。肆敬拜敬!

唱毕,大伯致请神词:

拜敬潮州府海阳县城隍尊神一路朝拜神堂东,各有感弥敬弥神,江西省建昌府南丰县太平乡五十五都石邮堡圣殿奉教傩神太子、诸代傩神、田公田母、田三太子尊神、冬季娘娘、青神天君、炎帝邓天君中卫华光、二郎元帅、地社殿将军、七星太子、小鬼大神、傩神会上一郎二郎。

神将:……

歌词与请神词有许多意思不明,大概是因为行傩艺人多数文化程度不高,在口耳相传中音词错讹所致。

在做完一系列仪式后,进行"参神",即参拜本村所供奉的诸神。石邮村除了傩神庙之外,还有福主殿、牛魔殿、骑螺太子殿、社公殿、师善堂、桐树殿等。这些殿主神祇都要一一参拜,邀请他们一起参加行傩活动,以发挥他们的神力。

演傩　演傩分村内与村外。正月初一到初九在本村,初十到十五是在外村。正月初一是一年之始,演傩最有神效,故安排在最重要的地方演出,为:东位花寝、西位祠、西位花寝、东位祠,还有就是太尹公家。花寝是吴氏一族去世老人厝放棺木之处,亦是公祭场所。吴氏有两处祠堂,即东位祠和西位祠。南丰习俗,农历正月初一祭祖,石邮吴氏在祠堂跳傩,以驱除寄居在这里的外鬼,给祖先一个清净的环境,这是对先祖极大的敬重。在祠堂演傩，还有一个功能，就是强化宗族成员的认同感与密切血缘关系。

在祠堂演傩，有一套固定的程式。如傩队在东位花寝演完之后，头人们先把傩仔迎到西位祠堂的供桌上，点起香烛，燃放鞭炮，恭迎傩神。敲鼓打锣的两位弟子，走到祠堂门口时停下来，歌唱西位祠堂的赞美诗。

傩神来到西祠堂，旌旗冽冽列两旁。
前代读书出孝烈，后代读书出侍郎。

傩神本是潮州神，东君潮州管万民。
你在潮州为父母，我在保家为福神。

傩神来到西祠堂，东君族开大王常。
孝烈双全标今古，代代朝廷翰墨香。

贺一年来又一年，保佑儿孙科甲绵。
子民读书登金榜，连科及第中状元。

四句一阕，每唱一阕后，头人应和一声"好啊！"并放一挂鞭炮。唱完四阕后，弟子们进祠堂演傩。因西祠堂供奉着吴氏先祖与创建傩戏的太尹公，故须要跳满八个节目，即《开山》《纸钱》《雷公》《傩公傩母》《钟馗醉酒》《跳凳》《双伯郎》《关公》，比在东祠堂多演三个剧目。

从正月初二开始，一直到初九，到本村的各家各户跳傩。初十到正月十五到外村跳傩。无论是在本村还是在外村，每天照常要进行拜神像、请神、判筊等仪式。行进的路线开始是商量好的，其先后顺序要通过协商来解决。但不论先后，到任何一家，跳傩的仪程、剧目都不能改变或省略。在每天早上去的第一户人家时，家长先要持三炷香到傩神庙中将傩仔接到家中，放置在神龛上供奉。然后，一家老小皆持线香，站在大门内等候傩队。傩队进屋前，掌锣鼓的弟子在门口根据该户的家世业绩，编唱四句赞美诗。第一句出声，第二句默念，第三、四句再出声。一般的唱词是"锣鼓来到又一年，深深祝福福寿全。男康女寿人兴旺，富贵荣华万万年"。当然，也有不同的，如到有鱼塘的人家就会唱"傩神今日到庭堂，庭堂前面是鱼塘。鱼塘要装千担水，东仓要装万担粮"。唱毕，弟子敲锣打鼓，户主燃放鞭炮，鞭炮响时，众人齐声喝彩"好啊！"之后，傩队进屋，开始表演剧目，一般是《开山》《纸钱》《醉酒》《傩公傩婆》与《祭刀》。演完之后，户主送上红包、豆茶及纸烛香火，以表谢意，并和下一家交接傩仔。

搜傩 时间是在正月十五晚上。搜傩是整个行傩活动中最为重要的环节，是由开山神、钟馗、大神主持的索室驱疫、沿门逐除等节目组成。

搜傩之前还有一个活动是"教傩"，也称为"合傩"，地点就在傩神庙的广场上。晚饭后，头人们和村民都来观看教傩。教傩是先由大伯、二伯、三伯分别扮演开山、钟馗、大神，不穿傩衣，也没有锣鼓声，按"搜傩"仪式先跳一遍示范，再由四伯、五伯、六伯跳一遍。跳完第二遍后，头人们开始点评，指出优长与不足之处。如果跳得不好，需要重跳，有的反复跳四五次才能结束。

索室驱疫、沿门逐除的路线是固定的，依次为：傩神庙—福主殿—田里、嵊岗山—排上—东位祠—圳旁上—上圆—孝子坊脚下—孝子坊—殿屋背—铁炉巷口—烈女坊—塘背—文魁坊—世科第—西位祠—登隽坊—东位东边巷口—墩里顶上—东位东边巷—登隽坊脚下—世沐坊—西位西边巷口—西位西边巷—登隽坊—世科第—经元坊脚下—东位经元坊—中巷—横巷—铁炉巷。

在傩神庙搜傩，表演的内容为："钟馗"在庙门口起跳三次后，速跑入庙内，站在供桌的左前方，把右手的拇指、中指、无名指捏拢起来掐诀，后向门口挥动。接着，手里拿着锁链的开山上场，也起跳三次，跑进庙中，把锁链的另一端交给"钟馗"。"他"站在供桌的右侧，也把掐诀的右手频频向门口挥动。之后，"大鬼"也在门口起跳三次，迅速跑入，跳越锁链，在供桌前面左右，手上下挥动。最后，"钟馗""开山"与"大鬼"一起祝颂"一拜高堂文武进，吴家驱邪得安宁。二拜高堂通判官，吴家驱邪得安康。三拜堂前老夫人，斯男娇女也得安。家家得庆吉，户户得平安。田禾多大熟，五谷定丰登。亦是而索水，仕女之福星。琼林赐宴，士抄诗书。流连坊孝，接朝求归。儿孙满朝朱紫贵，尽是读书人"。

搜傩之前，各家各户在供桌上点着蜡烛，放好米饭、鱼肉等供品与纸钱、线香，在跳傩弟子到来之前，举火把的头人、接收纸钱和线香的收礼人、接收供品的挑桶人先来到人家，他们把放在供桌上的线香、纸钱收下。房子的主人点燃蜡烛，带领全家人手里拿着线香在门口迎接傩神与傩队。傩队中的掌锣鼓弟子站在门口，对着屋内歌唱赞词。其唱词等同于先前到各家各户跳傩时所唱。四句一阕，每唱一阕放一火铳。唱完四阕后，掌锣鼓的弟子进屋，大神再依次小跑进屋敲锣击鼓。在喧闹的锣鼓声中，"开山""判官""大鬼"等手执锁链挨门逐户地"搜间"，用铁链敲击房间、猪圈、牛栏、鸡窝、厕所、草堆等处，目的是将躲藏的疫鬼赶出。三神们一边"搜间"，一边会嘴里唱着"人财两旺，财源茂盛""家家吉庆，户户均安""男登百福，女纳千祥"。每搜过一处，户主立即紧闭其处，以防疫鬼再度窜入。同时，大伯在门外不时地放起火铳，响声惊天动地，给人疫鬼无处躲匿之感。

搜傩之夜，家家户户通宵不寐，全家人都恭迎"开山""钟馗"与"大鬼"的到来。搜傩仪式要一直持续到正月十七凌晨的四点多。搜傩时，傩队路过村子内一些公共建筑，都会停下来筛锣击鼓，并唱赞诗。如《师善堂赞诗》云："一声金鼓到庙前，小圣齐临拜老仙。但愿仙人同宴乐，调和时庆太平年。老仙在此几多年，普化儒林种福田。势利莫求行仁善，子孙代代福蝉联。小地农人本性礼，多蒙法力化元元。嘉禾种植除荆棘，风调雨顺丰收年。工商心性不无偏，善化恶机快转旋。交易公平存大道，腰缠万贯有余钱。"

圆傩 搜傩结束之后，傩队回到傩神庙，进行圆傩仪式。圆傩由"报饭单""参圣像""判筶""回殿""谢师""吃傩饭""回饭"等项目构成。

安座 这是行傩的最后一项仪式，主要工作是将圣像及各种器具清理整洁，放回原处。

上述的是行傩活动的大概过程与内容，其实，在仪程实施中要烦琐、丰富得多。当然，整个行傩活动的重点是演傩，即表演剧目。那么，剧目有哪些呢？表现什么样的内容呢？这里，将主要的剧目作一介绍。

《开山》，为一独舞，表现的是在天地混沌之时盘古氏开天辟地的神话故事。开山神的装扮是头扎红头巾，戴长尺半、宽尺许的木雕开山神面具，穿淡黄色花布便装，双臂戴土黄色套袖，红便裤，围杂色腰布，红色腰带，黑便鞋，双腿戴护膝。右手持斧，左手成"香火诀"势，舞时，动作趋圆，疾徐有致，粗犷刚劲。舞者上劈下砍，左遮右挡，进退蹦跳。盘古氏经过一番艰辛的奋斗，终使天地开辟，清气上升为天，浑浊沉积为地。舞蹈表现了盘古氏无所畏惧、勇于拼搏的精神。

《纸钱》，所摹写的可能是女娲抟人的神话故事。扮演者戴纸钱神面具，服饰同开山神，仅是两臂套袖为黑色。抟泥造人表现在手臂的动作上，如"推弹"，下臂推出又收回（伸直与屈肘），及"香火诀"势的中指、无名指弹出又收回，同时在梗劲中又产生一种反弹力，使推出的臂、弹出的手指能迅速恢复原状。其舞蹈风格较为古拙、道劲，给人一种神秘感。这是石邮村傩队唯一与其他傩队不同的剧目。

《雷公》，表现了司雷之神催云聚雨并惩处人间罪恶的本领。扮演者戴鹰嘴黑脸的雷神面具，手握锥凿，在铿锵的锣鼓声中，摇头甩臂，四处凿戳。其气势激昂，动作强劲有力，伴随着节奏明快的锣鼓，给人以凛然威严、不可冒犯之感。

《傩公傩婆》，表现年老夫妇晚年得子的欢乐与养育儿子的生活。扮演傩公者身着长袍，扮演傩婆者穿白底红花上装，着红便裤，扎红色腰带。两人面具嘴角均向上斜翘，给人笑盈盈的感觉。舞蹈动作欢快轻捷，充满谐趣。

《钟馗醉酒》与《跳凳》，这两个剧目从世俗的角度表现了钟馗温柔的一面。钟馗是鬼魅的克星，斩杀恶鬼无数，故而，鬼最惧怕者当是钟馗。而在此剧中，戴黑脸长髯面具的钟馗，手持酒壶，不停地狂饮，酒醉后入睡。两小鬼见其沉醉，偷其剑乱舞，并偷喝其酒作乐。《跳凳》则表现酒醒后的钟馗与小鬼一同舞剑、喝酒猜拳的情景。

《双伯郎》，表现了两位将军在战斗开始前祭拜兵器，向天神祈祷旗开得胜、马到成功的过程。南丰俚语"双伯郎"即兄弟俩的意思。传说此兄弟俩为哪吒与杨戬。也有说并非兄弟俩，而是李冰父子，也不是战斗前厉兵，而是下水斩蛟前的祭刀。

《关公》，表现关公临战磨刀的情景。一说在行傩活动中，关公是驱鬼逐疫的大神，所以要将青龙偃月刀磨得非常锋利。扮演关公者戴红脸黑髯面具，呈威风凛凛状。

石邮村傩戏的功能和特色

和物质性事象一样，精神性的事象，如果对人没有实用性的功能，是不会传之久远的，甚至都不可能产生。宗教、风俗、文艺、伦理、法律，等等，莫不如此。石邮村的傩戏能够在六百年间代代相传，一定是因为它对石邮村以及附近的村民有着实际的意义，否则，不可能绵延至今。那么，石邮村的傩戏有什么样的功能呢？归纳起来，大约有以下三点。

一是能够驱鬼逐疫，保地方平安。古人认为，人的疾病甚至灾难多是由疫鬼所致，解决的方法无他，就是驱逐或消灭它们。薛综注张衡《东京赋》"卒岁大傩，驱除群厉"云："卒，终，谓一岁之终。傩，逐疫鬼。善曰：'《汉旧仪》曰：昔颛顼氏之有三子，已而为疫鬼，一居江水是为瘧鬼；一居若水为魍魎蜮鬼；一居宫室隅，善惊小儿。于是，以岁十二月使方相氏蒙熊皮，黄金四目，玄衣朱裳，执戈持盾，帅百隶及童子而时傩，以索室中而驱疫也。'"① 石邮村的"演傩"与"搜傩"，借助于雷公、钟馗、关公、开山等神灵在全村公共场所以及各家各户驱逐鬼疫，其目的就是将对人、畜以及生活环境有害的东西统统清除掉。据村民介绍和我们实地观看，村民对行傩活动极其热情，没有一家不积极参与。即使有人到外面打工，也要等到行傩活动结束后才离开村子。否则，一年中心里都不会踏实。

二是祈祷先祖与神灵保佑，使其人丁兴旺，生活美满。石邮村的行傩活动都是在正月初一举行，而且，无论是在花寝、祠堂，还是在各家各户，都少不得《开山》与《傩公傩婆》这两个剧目。何以会演表现盘古氏开天辟地的《开山》呢？因为新年伊始，万象更新，就好像盘古氏从混沌中开凿出一个崭新的天地一样，寓示着人们一切从新的开始，迎接顺利的一年。为什么又从傩神庙与安放先祖牌位的祠堂开始呢？其目的也很明确，就是祭祀祖先与众神，供奉祭品，让他们感知到后代或石邮村民对他们虔诚的恭敬态度，以保佑人们身安年丰。演《傩公傩婆》是祈祷人丁兴旺。旧时，人们特别重视人口的繁殖，因为人口的多少直接关系到家族的兴衰。人口减少甚至绝户，什么发家致富、光宗耀祖，一切都无从谈起。所以，添丁加口是家族的首要任务。搬演年老之人的傩公傩婆还能生子的故事，寓意是不言自明的。又，在演傩与搜傩中，各家都要请来傩仔即傩神太子来敬奉，也是希望神灵能让家庭多子多孙。关于傩神太子，当地还有这样一个传说："傩公进京赶考，住店时老板娘看上了这位举止文雅、慈眉善目的秀才，想把女儿嫁给他，只是考虑到秀才已年过八旬，老板娘担心他无生育能力。晚上，老板娘备了一只装满草木灰的尿盆给秀才夜用。第二天发现盆里的灰上浇出了一个深坑。老

---

① （梁）萧统编，（唐）李善注《文选》，岳麓书社2002年版，第98页。

板娘遂把女儿嫁给了他,傩公果然与傩婆生下一子,就是大家供奉的傩仔。"南丰至今还流传着这样的歌谣:"八十老汉生一娃,养个儿子官长沙。如是老汉亲生子,笑煞长沙百万家。"①

三是丰富乡民的文化生活,获得审美的愉悦。在每年一次持续16天的行傩活动中,石邮村的每个人尤其是吴氏后人,都会追思慎远,接受一次家族历史的教育和缅怀先祖的功绩。在祭祀悼念先祖的过程中,他们会感受到血缘关系的亲密和在大家庭中的温暖,这对于消解家族成员之间的矛盾、同族同里之人相互扶持、建设和谐村庄,无疑是有意义的;乡民在与由人装扮的各个神祇相处的日子里,或新得知或重温有关他们的神话传说,于是不自觉地接受了民间文学的熏陶;更让乡民开心的是,那些传承了五六百年的剧目,或活灵活现地表现了神的威武和非凡的本领,或摹写了鬼魅的猥琐、丑陋,或呈现滑稽的风格,它们能让很少有机会观赏到其他舞台表演艺术的乡民们获得难以言说的审美快感。

将石邮村的傩戏与苏、皖、湘、鄂、黔、浙、闽等省的傩戏进行比较,就会发现,它的每一个剧目都没有较为复杂的故事情节,没有歌唱,没有宾白,没有唱本或剧本,更没有对表演者分什么行当,也就是说,它没有受到说唱艺术与戏曲艺术多少影响;它的演出者不是巫师或道士、和尚,而是真正的庄稼人。戏中的人物形象也没有巫师、道士或和尚,演出的内容更不是为了表现巫术的神秘力量和清静无为、因果报应的道、佛思想,它的目的就是借助于中国古代的神灵来驱邪逐祟。因此,它是本质意义上的"傩"。这就是它的特色。

石邮村行傩并不是一个孤立的傩事现象,在石邮村的周边乃至整个南丰县,行傩活动成了当地特色鲜明的风俗,故而,傩班也较多。据南丰傩文化专家曾志巩调查,"清末62班,民国时期107班,解放初期117班,1983年139班,2000年减少为111班"②。而据现存文献和实物推断,石邮傩创建较早,故由它辐射到南丰诸村镇而形成一个傩群,是有可能的。很多村镇的傩戏剧目同于石邮村,亦是一个有力的证据。当然,在形成一个傩群进而使行傩活动成为风俗之后,石邮傩的持续发展也得到了风俗的强力支持。不过,

---

① 参见谢庐明、席常华《论南丰傩的宗教仪式及其文化内涵》,载于《广西民族学院学报》(哲学社会科学版)2003年第4期。
② 曾志巩:《江西南丰傩文化》(上册),中国戏剧出版社2005年版,第34页。

石邮傩以及南丰其他村镇的傩,在近年城市化的进程中,因许多村民向城市迁移、宗族组织涣散、农业生产方式的改变以及新一代村民对传统文化的漠视而渐趋衰弱。

(朱恒夫:上海师范大学)

第二编 传统戏曲的改编与演出

台湾戏剧改编《聊斋志异·恒娘》的"文化展演"景观

（中国台湾）蔡欣欣

前　言

在古往今来的小说戏曲中，不乏有第三者介入家庭婚恋的题材，如"四古典大小说"《红楼梦》中的王熙凤与尤二姐，如《狮吼记》传奇中的柳氏与秀英等。而被清人但名伦评点为"一首翻新出奇之文"[①]，鲁迅亦说"偶述琐闻，亦多简洁，故读者耳目，为之一新"[②]的《聊斋志异·恒娘》，虽同样是以"妻妾争宠"为故事内核，但却别开生面，以窈深曲折的谋篇布局与主题立意，描述了狐女恒娘运用"变旧为新""易妻为妾"的机智谋略，教导邻妇朱氏成功解决"小三"的婚姻危机。

这俨然是场"大老婆绝地反扑攻防战"的《恒娘》短篇文言小说，虽是蒲松龄在17世纪的封建中国所书写的，然其所揭示的世态人情，及所托寓的哲思说理，却能够在时空流转中不断地被印证、观照、解读与新诠。如芝加

---

① （清）但名伦总评《恒娘》："一首翻新出奇之文，窈而深，廓其有容；缭而曲，如往而复。汉文以上，兼擅其奇，不只寝食于八大家者。"历来《聊斋志异》的版本众多，本文使用以乾隆赵起杲、鲍廷博编刻的青柯亭本为底本，参校清乾隆间铸雪斋抄本，并参考多家清代评注本，如但名伦、何守奇、王士禛、冯镇峦、王芑孙、方舒研等名家评语所著成，书中并附录插图，由韩欣主编的《名家评点聊斋志异》卷七《恒娘》，天津古籍出版社2008年版，第995—998页。下文述及的《聊斋志异·恒娘》均引此，不再出注。
② 参见鲁迅《中国小说史略》，《鲁迅全集》第九卷，谷风出版社1989年版，第211页。

哥大学蔡九迪教授指出，此简直是当代美国杂志经常发表的"妻子如何在丈夫面前保持性魅力，让花心丈夫不花心"文章类型，完全可以提供20世纪美国妇女参考①；而台湾作家柏杨也在《堡垒集》中极力推荐，"我想每一个女孩子都应该拜读《聊斋志异》上那篇《恒娘》，恐怕是中国指出婚姻生活症结最深刻的一篇文学作品，必须一个一个字研究，触类旁通，发扬光大"，不仅要看，关系近者还嘱咐要背诵起来②。

是故雅俗共赏的《恒娘》，以其现实意蕴与跌宕情节，也为戏剧与影视所取材改编。如在吴书荫主编《绥中吴氏藏抄本稿本戏曲丛刊》中，收录有吴晓铃所收藏的《恒娘杂剧》一种（后简称清杂剧《恒娘》）③；1910年代上海演出新剧《恒娘》④；1930年代由朱石麟编剧，上海联华影业公司拍摄的《恒娘》电影⑤；以及1940年代由陶贤编剧、袁雪芬与傅全香演出的越剧《恒娘》⑥ 等。

而《恒娘》也曾现身在台湾地区的戏剧舞台上，如日本占领时期后期"国民精神总动员"阶段（1936—1940），要求演出强调"皇民化剧"精神的"新剧"或是"改良戏"，故吕诉上曾为"田中三光园歌仔戏团"排演新剧《恒娘》，后也在自家的"银华新剧团"（后简称银华）编导演出新剧《恒娘》⑦；而为提升庙会剧场质量，带动剧团创新制作观念，激发民众从生活亲近艺文，由"财团法人国家文化艺术基金会"（简称"国艺会"）所策划的

---

① 参见马瑞芳《马瑞芳说聊斋》，作家出版社2007年版；马瑞芳：《夫妇间瞒和骗的艺术——聊斋人物谈》，载于《文史知识》1999年第1期。
② 柏杨：《堡垒集·爱情是相对的》，远流出版事业股份有限公司2000年版，第80页。
③ 此本为吴晓铃所收藏的清杂剧，收录于《绥中吴氏抄本稿本戏曲丛刊》"清代杂剧"第二册，学苑出版社2004年版，第167—222页。
④ 参见秋风编辑《剧史·恒娘》，载于《新剧杂志》第一期，（上海）新剧杂志社1914年5月出版，第9页。收录于陈湛绮责任编辑《新剧杂志》，见《民国珍稀短刊断刊·上海卷》五十一，"全国图书馆"文献缩微复制中心2006年版，第25171页。
⑤ 参见《早期朱石麟电影中的家、国、时代与人》，载于《当代电影》2008年第五期，第73—78页。而电影《恒娘》本事，原载于联华影业公司《〈恒娘〉特刊》，后收录于《中国无声电影剧本》（下册），中国电影出版社1996年版，第2105页。
⑥ 《恒娘》为越剧女子改良文戏时期的代表作之一，原先在电台播唱，后写成剧本，分为5幕，在分幕、布景、化妆与服装上都有所改革创新。曾在《新闻报》广告宣中标榜"布景电影化、剧情话剧化"，连演64场，创下当时越剧最高上座纪录。后大中华公司灌制了傅全香演唱的《恒娘回思》唱片。参引自《上海越剧志》，中国戏剧出版社1997年版。
⑦ 本文承蒙吕诉上后嗣吕宪光先生的协助，慨然提供其尊翁所遗留"国民精神总动员""皇民化剧"剧作手稿与图照，作为本人的研究素材，特此感谢。而在论文写作过程中，与石婉舜多所请教讨论，在此一并致谢。

"歌仔戏制作与发表项目"①（简称"歌仔戏项目"），也在第六届"2011 年好戏开锣·百年疯歌仔"活动中，优选出杨杏枝为"明珠女子歌剧团"（后简称"明珠"）量身定做的歌仔戏《驯夫记》。

这两出戏在台湾地区演剧史上，同样取材却相隔一甲子有余，分属新剧与歌仔戏的《恒娘》，因同是在"特定语境"（situated context）下的表演事件，竟微妙地产生了可相互观看的研究视域。如新剧《恒娘》何以在"皇民化运动"的剧场实践中产生？从歌仔戏改良到新剧的历史演出语境为何？其文本叙事意蕴为何？至于 21 世纪杨杏枝的《驯夫记》创作与演出，其文本视角与舞台景观又是如何？此二者在代表着国家语权的官方或半官方组织的管控下，剧团或剧种如何转换身份与表演型态以因应？又从展演创作中传递何种信息呢？

美国人类学家米尔顿·辛格（Milton Singer）曾定义"文化展演"（cultural performance），携带着一定的文化信息、群体意识与观察，可被视为是一种"升华的表达"（heightened expression）或"封装的文化"（encapsulated culture），且也是一种展示性的交流行为（acts of communication that are puton display）②。是以笔者拟从目前所见清杂剧《恒娘》的传统文本出发，但以台湾地区新剧《恒娘》与歌仔戏《驯夫记》作为研究主体，从历史演出语境、文本叙事内涵以及展演创作现象等面向切入观察，探究《恒娘》戏剧在台湾地区演剧史上的"文化展演"景观。

一、《聊斋志异·恒娘》与清杂剧《恒娘》

用鬼狐精怪映照红尘俗世，以花妖物魅谱写人生百态，内蕴自我理想寄托的《聊斋志异》，是清代蒲松龄（1640—1715）的文言短篇小说集。蒲松龄在述奇记异、谈狐说鬼中，投射了对当时社会生活的观察体悟，对世道人心的批判嘲弄，对道德理想的抒怀寄寓。随着历史的流转，众多学者分别从政治、文化、心理、性别、情感、文类、叙事、评点与诠释等不同视角切入探

---

① 有关"国艺会""歌仔戏制作与发表专案"甄选办法与专案报告，可参见"国艺会"网络，http：//www.ncafroc.org.tw/Content/plan - content.asp？Act_ id =22。
② 米尔顿·辛格提出"既含括了戏剧、音乐会、讲演，同时又包括祈祷、仪式中的宣读和朗诵，仪式与典礼、节庆以及所有那些被我们通常归类为宗教和仪式，而不是文化和艺术的事象"的"文化展演"学说。参见 Singer, Milton, *When a Great Tradition Modern*, NewYork：Prager. 1972, pp. 71 - 76。

究,《聊斋志异》的经典性遂逐步被确立。全书中有不少涉及家庭婚恋的故事,其中被誉为"出奇翻新的《恒娘》",描述了正妻与"小三"的婚姻攻防战。

故事描述洪大业有一妻一妾,朱氏妻"资质颇佳",但大业却宠爱"貌远逊朱"的宝带妾,朱氏不平,夫妻反目。邻居狄姓帛商亦有一妻一妾,妻恒娘"三十许,姿仅中人",妾"年二十以来,甚娟好",但狄独钟爱恒娘,朱氏遂向恒娘讨教。恒娘首先教导朱氏,先放任丈夫与小妾同进同出,形影不离,自己则不忌妒安静走开,果赢得贤慧名声;接着要朱氏不要化妆,不要穿华服"垢面敝履,杂家人操作",让丈夫心生爱怜;而后于上巳日,恒娘帮朱氏妆扮得光彩炫人,大业一见惊为天人"欢笑异于平常",欲入房欢好,朱氏再三推却后,才"灭烛登床,如调新妇,绸缪甚欢"。

在恒娘的计谋下,大业逐渐又对朱氏"形神俱惑,唯恐见拒"。继而恒娘进一步指点朱氏学习"秋波送娇""瓠犀微露"、在床第之间"随机而动之,因所好而投之"等方法,以便能永远擅宠专房。其后朱氏也以善意对待宝带,有宴席辄邀同坐,然迷恋朱氏的大业反倒嫌弃宝带貌丑,宴席未了便赶其离去;偶尔被朱氏逼迫在宝带房过夜,也是"终夜无所沾染"。这遂使宝带自暴自弃,不修边幅,"敝衣垢履,头类蓬葆,更不复可言人矣",最后朱氏成功地让丈夫重回身边。

文中由狐狸变身的恒娘,洞悉了人类"厌故喜新""重难轻易"的心理,为朱氏设计了"欲擒故纵""以旧为新""欲迎还拒"与"永保魅力"等渐进谋略[1],成功地转换了"变憎为爱""由疏到嬖"的情势,解救了朱氏的婚姻危机。篇末异史氏总结道,"买珠者不贵珠而贵椟",如同千古以来"喜新厌旧"的人性,所以无论是"媚人邀宠"或是"佞者事君",只要能掌握此人性弱点,就能够投其所好"容身固宠"。蒲松龄通过家庭婚姻的观察,别有所指地批判了社会众生与君臣朝政。

以《聊斋志异·恒娘》为剧作题材,目前笔者所见最早为收录在吴书荫主编《绥中吴氏藏抄本稿本戏曲丛刊》中的《恒娘杂剧》,此乃是吴晓铃所收藏,吴书荫称为"不见于著录的孤本",时代不详。首页有"孤夜伤怀"四字,右上方钤"绿云山馆"方形篆书朱印一枚,右下方钤"吴"方形篆书

---

[1] 有关恒娘的战略分析,可参见朱美禄、张中奎《闺中较量与人生反讽——〈聊斋志异·恒娘〉分析》,载于《安顺学院学报》2010 年 12 月第 12 卷 第 6 期,第 6—7 页。

朱印一枚。戏出描写科甲出身的洪畴（字大业），娶朱若霞为妻，闺门和睦。然自从洪畴买回丫头宝带后，便对妻子心生冷淡。朱氏抑郁成病，幸得伙伴狄夫人指点，采欲擒先纵之法。朱氏脂粉不施，裙布荆钗，亲操井臼，主持家务达半年之久。洪畴见状心生感动，有和好之意，然朱氏仍持续对洪畴进行考验。直至洪畴获补实缺消息传来，举家一同庆贺，朱氏才与丈夫和好，也大度关照宝带。

全剧共分为《孤夜伤怀》《小园调谑》《钗环师弟》《裙布操持》《布袋装迷》《谒师呈技》《隔户窥娇》与《锦堂欢宴》八出，并将洪畴身份设定为中科甲等待实缺上任的士子，所以在剧中多借用"文章之法"来加以譬喻，如《小园调谑》中，洪畴赞赏宝带云鬓流芳、风流蕴藉，"下官遇着诗坛文社，将宝姐这么闭目凝神一想那文思便如水银泻地，万孔千窍无所不入，你就是时下秀才的一部圆机活法了"，能让自己文思泉涌，宛如拥有晚明《韵学圆机活法大成》般；又如《谒师呈技》中洪畴自叹"放着清真雅正文字不读，却去拿着腐烂墨卷夜揣摩"，表明不能选择具"理法辞气"的文章赏读，犹如不懂珍惜朱氏的有情有义、有风有韵。

而狄夫人也屡屡借用"文章之道"，来开示与教导朱氏挽回夫心的计谋。如《钗环师弟》中狄夫人言道"丈夫就是一个题目，纵开他，方擒得住。淡处着笔，疏处留神，顿挫宕折，使题目如渴龙，赴海文章之妙"，以纵擒、疏密与顿挫宕折等文章奥衍笔法，来譬喻对丈夫进退迎拒的拿捏；而当朱氏已然以退为进，重新掳获洪畴情意时，又在《谒师呈技》中提供"借宾定主"文章做法，故意在洪家留宿一夜，"教他怨的是我，想的是你，顿挫之中忝以变化陈腐，悉化神奇"，让洪畴越发对朱氏有欲求不得之叹。

不过《恒娘》杂剧中，并未述及狄夫人乃是狐狸所变身，反倒是加入了一些鬼魅成分。如《小园调谑》中副净饰演男鬼，丑扮女鬼，"吾乃风月迷是也。吾乃花柳迷是也。只因生前贪花恋酒，觅艳寻香，死后精灵不泯，幻化迷魂，勾引才子佳人"，说明洪畴与宝带的风流痴迷，乃是由于二者的勾惹；而《布袋装迷》中布袋罗汉因世人争名夺利，奉佛陀之命下山来降服孔方迷、樗蒲迷、曲蘖迷、睢眦迷与风雅迷等五鬼，"梦中蝴蝶雾中花，醉醒贤愚颠倒差。无量慈悲无量劫，漫漫欲海浩无涯"，点悟世人离却酒色财气。此鬼魅角色与佛法度脱情节等设置，其实与全剧关联不深，或许剧作家只是借此来点拨世态人心。

此剧并非元杂剧"一本四折"的体制规范，也非明清杂剧常见的"单折短剧"形式，全剧由北黄钟宫【醉花阴】、仙吕宫引【夜游宫】、北中吕调【粉蝶儿】与双调集曲【江头金桂】等套曲组成，每出生、旦等角色都可演唱。诚如左鹏军所指出晚清民国杂剧传奇案头化倾向加强，题目正名随意自由，可有可无。而传奇和杂剧原有的创作体制、文体规范也逐渐松弛，甚至于有消解而难以区分判别等现象①。对于此剧的作者与创作年代，因为欠缺其他资料的佐证或参解，故难以更进一步探知。

二、日本占领时期台湾"皇民化剧"《恒娘》

光绪二十一年（1895）中日甲午战争结束，清廷依《马关条约》将台湾、澎湖及附属岛屿割让给日本，自此开启了半个世纪的日本占领统治时期。始政初期（1895—1918），以宽猛并施的"抚绥"政策，放任台湾旧有的风土习俗与宗教惯习；治台中期（1919—1936），提出"内地延长主义"施政作为，标榜"同化主义"宣称要扶植台人自制；治台后期（1937—1945）日本发动全面侵华战争，台湾总督府加速推动在台的"皇民化政策"②。

故"二战"时台湾的"皇民化"时期，约略可以1941年的"太平洋战争"划分为前后期：前期以"皇民炼成"运动为主，废除台湾的传统语言、生活习俗与宗教信仰，传统戏剧被强制解散，但"新剧"与由传统戏曲改换的"改良戏"仍被允许演出；后期的"皇民奉公"运动阶段，1942年成立的"台湾演剧协会"对台湾地区演剧界的管控越发严格，剧团需经过核准执业，剧本需经由总督府检阅审定，并利用电影、广播、杂志、报纸等媒介来进行各种"皇民化"的宣传及巡回演出。

是以在前期"国民精神总动员"时期（1936—1940），台湾地区民间的原有剧团，必须演出具有"皇民化剧"精神的"新剧"或是"改良戏"，才能被允许上演，而此正是吕诉上"和台湾的演剧发生直接关系"的开始③。吕诉上出身于彰化溪洲，家族曾自营"赛牡丹"歌仔戏剧团，年少时负笈日本学习摄影、电影与戏剧的吕诉上（1915—1970），身兼影剧编导家、戏剧研究

---

① 整理自左鹏军《晚清民国传奇杂剧文献与史实研究》，人民文学出版社2011年版，第9—15页。
② 有关台湾日本占领时期历史，可参见史明《台湾人四百年史》，台光印刷出版事业1980年版；［日］矢内原忠雄《日本帝国主义下之台湾》，帕米尔书店1987年版。
③ 参见吕诉上1954年5月28日在"北部新文学、新剧运动座谈会"中的发言，载于《台北文物》第三卷第2期，第11—12页。

者及戏剧活动家等多重身份，见证了台湾近代电影、戏剧发展变迁的轨迹①。

1937年3月，"田中三光园歌仔戏团"在南投县埔里镇上演被禁，立即在第二天聘任吕诉上担任导演与男主角，排演《情海风波》《空谷兰》《白云塔》《挂名夫妻》与《恒娘》等新剧，女主角由后来"凤凰舞台"歌仔戏团的老板阿环女士与来好女士担任②，此为《恒娘》戏剧首次出现在台湾演剧史的舞台上。

其后吕诉上招考培训演员，1938年自筹"银华新剧团"（后简称"银华"）在全省各地巡回，积极推动心目中的"皇民剧"演出。当年"银华"在台中"乐舞台"盛大公演十天，排出五花八门的日夜场演出剧目③，在8月9日晚上八点半的夜间节目，就有社会剧《恒娘》（聊斋逸事）、喜剧《流浪者的机会》与话剧《骷髅党》等演出剧目。当时依照官方规定，剧团在演出时必须检附剧本二份，连同剧团代表人、住址姓名、戏剧种类、艺题（戏码）、幕数、场所、剧作者姓名、册数、页数、最初上演之年月日资料，送经各州厅检阅通过才能排演；1942年"台湾演剧协会"成立后，检阅单位便改由台湾地区总督府保安课统一执行检阅会员剧团的剧本。因此从检阅章中，约略能判断出剧本的演出年代。

目前所见吕诉上《恒娘》剧作，是1939年检阅的"国民精神总动员"时期的殖民地新剧，或者即是1937年以来所使用的文本。剧本使用印有"脚本作者吕诉上用纸"字样的稿子书写，在制式封面上标注着"现代剧"，题名："教化剧恒娘"全篇，全四幕七场，台中州北斗郡溪洲庄溪洲字溪洲参贰壹番地，吕诉上；而剧本扉页以艺术字造型书写："家庭教化剧"、《聊斋志异·恒娘》、全四幕七场，脚本作者吕诉上等类同封面的基本数据；第三页为"检阅证"，内容有番号：第1700号，纸数：除封面之外共45枚，限制事项：无（表示通过），检阅者：昭和十四年6月29日高雄州；第四、五、六页为"登场人物表"，有13位登场角色，紧接着以"分幕"方式逐一开展情节内容。而封底则有一张吕诉上笔名"南国风"的作者照片，另下方有一制式的表格，罗列写作时间、检阅时间与脚本形式等相关资料，但并没有被填写。全剧每

---

① 参见邱坤良《银华飘落——吕诉上》，文化建设委员会2004年版。
② 同上，第318—319页。笔者搜集到一张昭和十八年8月10日"凤凰舞台炼成会修了式纪念"的剧照，当初在吕诉上为"田中三光园歌仔戏团"排演新剧《恒娘》的女主角，是否会因为那时的演出，而有了其后参与"皇民化剧"炼成训练的因缘。
③ 同①，第54页。

页折缝处,都盖有"高雄州"的印信,表示检阅过且不得任意增删。

标榜为"教化人心"的吕诉上新剧《恒娘》,剧本内文为汉、日文的混杂书写形式,以说白为主,但也加入《桃花香》歌唱①,还有身段作表的标示,以及舞台调度与砌末场景的说明。全剧场景挪移到日本占领时期20世纪30年代前后,共分为三幕,第一幕场景为"洪大业家中",开场时仆人议论纷纷,述说洪大业娶了宝带为妾后,性格大变、夜不归宿、放任公司不管。原配朱氏持家有道,见大业与宝带嬉游归来,责问二人荒废行径,反激怒丈夫继续我行我素;朱氏隔壁邻居恒娘见状,以自己亲身经验与心得教授朱氏。接着是第一幕"幕外",为洪大业与宝带尽兴出游,遇到恒娘丈夫狄原斋,三人寒暄介绍并略述近况。

第二幕场景同第一幕,开场为朱氏穿女用人服,与仆人们一起大扫除,大业见此情景反对,朱氏说明理由;接着宝带上场,故意搅扰大业办公;朱氏又特意亲自下厨做饭给二人吃,大业赞赏朱氏贤慧;宝带忌妒也要进厨房表现一番,却诸事不顺,拿用人出气大闹;继而颐指气使大业帮她拿东西,大业萌生反感。接着是第二幕"幕外",为恒娘与朱氏在公园散步聊天,要朱氏依计谋而行,并嘱咐参与柯家宴会,后恒娘丈夫狄原斋前来寻找妻子返家。

第三幕场景在"柯力士住宅",开场时柯妻阿娇告诉丈夫举行宴会的目的,柯力士友人李与刘抵达后,大家聊天议论大业近来的放浪形迹;后大业与宝带前来赴宴,阿娇与恒娘特意将朱氏精心打扮,还教导其美姿美态,带其到花园与大业相见,大业为朱氏美貌所惊,夫妻二人携手进入饭厅,宝带见状怒而离席;第三幕"幕外",大业追赶离席的宝带,宝带气愤指责大业不与朱氏离婚;而一同参加柯家宴会的李与刘,谈论大业的家务事,并说明恒娘为社交界的名女人。

第四幕场景在"洪大业家中",开场时朱氏故意阅读书信让大业看见,大业询问寄件人与内容,朱氏并特意露出书信亲密言语,引发大业醋意,大业表示自己还是爱着妻子;而后宝带上场,质问大业近来的冷淡行径,大业指责宝带不守妇人本分,宝带愤而拿刀要与大业拼命,幸朱氏出面化解。后宝带留书忏悔自己不该作为第三者介入,祝福洪大业夫妻两人白头偕老而离去。

---

① 在《桃花香》歌唱前,还有"喂喂……美酒好喝,服务周到,请天天来光临呦……请来请来请来请来请来请来请来"的歌唱。而《桃花香》也许是1928年上海黎锦辉创作,1929年发行唱片;1936年台湾胜利公司改为台湾《桃花香》或称《桃花乡》的唱片出版。

洪大业至此彻底醒悟，认知拥有、珍惜一个圆满家庭，才是人生中的重要大事，夫妻二人破镜重圆情感和好如初。

"现代剧"《恒娘》将时空背景与人物身份都转移到了现代社会，剧中的关键人物恒娘摇身一变成为社交界的名女人，然仍存留着原作中狐灵精怪的权谋本事，鼎力协助好友朱氏挽回夫心。在恒娘的精心谋划下，首先让原配朱氏布衣素服，亲自洒扫家园，洗手作羹汤，展现出居家好女人贤慧温柔的模样；而后恒娘将朱氏打扮得艳光四射，让其出席于朋友的餐会上，端庄得体的应对让丈夫洪大业刮目相看。由此对比出后迎娶的小妾宝带，娇纵无度只知道嬉闹玩乐，在两厢对比下，自然而然地让洪大业感受到原配的体贴美好。

吕诉上掌握了《聊斋志异》原作中人类"喜新厌旧""重难轻易"的心理本质，在面临婚姻危机时利用"变旧为新""易妻为妾"的智谋机略来加以应战外，又增添了"宝带持刀谈判争执"以及"忏悔醒悟留书他去"的情节，让剧情发展更具有戏剧冲突性与思想启悟性。故吕诉上将本剧定位为"家庭教化剧"，在宝带的留书中，清楚地阐释了"夫妻之间要彼此相爱，要珍惜圆满幸福的家庭生活"，家庭组织的和乐，社会秩序的稳定，自然有助于政局的强盛与社会的进步，相当吻合当时的时局氛围，在"古今亦然"的事态人情中显示了"现代性"。

三、21世纪台湾歌仔戏《驯夫记》

歌仔戏原根植于民间的岁时节庆与生命礼俗，紧密地融合在社会的文化网络中，具有酬神祭祖、提供休闲娱乐、凝聚地方情感、促进社交联谊等功能意义。尤其是庙会神诞与岁时节庆时搬演的"外台歌仔戏"，更是剧团维生的重要命脉。不过随时代社会的转型变迁，许多民间戏路逐渐萎缩，除部分拥有"明星偶像级"艺人，或演出阵容整齐，或人脉关系深厚的剧团，仍能维持良好戏路外在社会经济衰颓与恶性削价竞争的排挤下，剧团演出生存空间已越发减少，戏棚下的观众更是稀疏冷清。

正由于庙会剧场生态的恶质化，严重打击剧团的营运戏路与演出品质，因此2003年起"国艺会"策划执行"歌仔戏专案"，谋求企业界的赞助与庙方的合作，提出超乎一般市场行情价的"重金"奖励创作与制作经费，鼓励剧团整合编导与编曲编腔等创作人才为剧团"量身定做"，以制作严谨、剧艺精良的"中小型"庙口好戏为目标。因此项目需经过资格审查、书面审查与会谈会审等三次评选过程，由学者专家组成的评选团队，根据各团提出的"制作企画书"，评量剧团实力、创作构思、演员阵容、制作团队与剧艺特色等，甄选出三个优秀的歌仔戏团，以轮番打头阵的方式返回发迹地公演①。

"明珠"《驯夫记》是第六届"2011年好戏开锣·百年疯歌仔"优选剧作，编剧杨杏枝提及从十来岁时，《聊斋志异》就曾是自己的床头书，当时便对描写得活灵活现，以300年前婚姻中的夫妻心理战为题材的《恒娘》，感到拍案叫绝。后来受剧团邀约担任编剧，一则考虑该团成员以"旦角"挂帅，一则也基于戏剧应能"反映现实人心、人情与人生"的创作理念，所以萌生将歌仔戏题材"现代化"的意图，以便能够"与时俱进"融入现代生活，引发普罗大众的共鸣，但又维持戏曲"古典唯美"的艺术形式②。

歌仔戏《驯夫记》将时空场景搬移到清末的"台北大稻埕"，以茶商洪得用与艺旦赖宝惜的"小三"恋情，迫使原配朱云雀求助"狐仙庙"，通过"驯夫保证班"一连串的培训课程，终于成功地"易妻为妾"挽回丈夫的心。全剧分为九场，首场描述"大用茶行"的茶商洪得用设宴，感谢"德记洋行"的华人买办郑文郎，愿意协助将茶叶卖到海外，并由从"云山楼"赎身的艺旦赖宝惜来歌舞娱乐；不料原配朱云雀突然率领家仆来福伯与来福婶前来，云雀怒责得用迷恋烟花，宝惜辩解云雀需反省自身，拉扯对峙时洪得用带宝惜扬长而去，云雀既忿恨也感叹，突然接到由天而降的"狐仙庙驯夫保证班"传单，心有所动。

第二场云雀前往百年狐仙庙一探究竟，担任住持的胡仙姑分析其知悉丈夫外遇的心理状态，继而说明"驯夫保证班"的业务宗旨，以及介绍协助课程的胡护法与胡侍者；第三场为云雀遵从胡仙姑计谋，贤慧大度地布置新房、准备衣物与宴席让宝惜入门；第四场云雀继续遵照胡仙姑计谋，在家脂粉不施、操持家务；接着与胡仙姑学习"变旧为新"增添魅力的撒娇技术；第五场洪得用邀请郑文郎前来茶行参加品茶大会，文郎被云雀的美貌与气质所吸引，众宾客争夸云雀的美丽与贤慧；第六场云雀命家仆阻挡得用入房求欢；第七场得用想方设法潜入云雀房间，云雀早已料知，故特意安排与宝惜交换

---

① 有关"国艺会"项目的讨论，笔者《催发与自化——新世纪台湾歌仔戏的新戏路》一文有较全面的讨论，收录于笔者《台湾戏曲景观》，台北"台湾"出版社2011年版，第283—325页。
② 参考自明珠女子歌剧团网站《"国艺会"驯夫记专案》，http://www.wretch.ccblogtwpearl/22550819。

房间；第八场海上台风导致货船淹没，债主纷纷前往洪家讨债，得用央求文郎金钱襄助，文郎提出得用需写休书与云雀离婚来交换。

最末的第九场则安排了三种不同的结局：一为文郎与云雀两人结成夫妻，前往狐仙庙拜谢胡大仙，而得用与宝惜也前来拜拜，色心未改的得用又重蹈覆辙，宝惜被鼓吹加入驯夫保证班学习；二为商船淹没为谣言，得用与云雀夫妻和好，宝惜与家仆阿财拐钱私奔离去，夫妻二人光鲜抱子前来狐仙庙还愿谢恩，云雀家庭事业两得意；三为云雀选择专心事业，成为贩卖"绣花马甲"的跨国企业贸易家，而洪得用与宝惜则落魄地携子，在狐仙庙口摆摊卖臭豆腐。

歌仔戏《驯夫记》结合"外遇""小三""包二奶"等时兴流行话题，以"歌仔戏版"的《犀利人妻》为标榜，展开"喜新厌旧的老公，竟敢拈花惹草！自立自强的老婆，竟然易妻为妾""老公养小三，大老婆力挽狂澜""助汝婚姻重挽，破碎家庭还魂丹。还汝幸福美满，狐仙庙驯夫保证班"的宣传诉求，果然点燃了社会各界的观赏期待。2011年歌仔戏《驯夫记》6月24日于南投草屯敦和宫、7月3日于屏东市玉皇宫、7月9日于高雄市凤山宫等地隆重登场演出，获得观众热烈回响，此后也陆续被邀约进入校园或在其他城市展演。

四、台湾演剧史上《恒娘》戏剧的"文化展演"景观

美国人类学家米尔顿·辛格（Milton Singer）曾指出戏剧为有计划（schedule）的文化事件，"封装"（encapsulate）着可被关注的文化信息与交流行为；而苏格兰文化人类学家维克多·特纳（Victor Turner）则认为文化展演是一种对话性的"流动"，为展演者对于自身文化的诠释想象[①]；至于英国政治人类学家贝利（Frederick George Bailey）则提出"文化展演"包含不同展演者对于文化不同的诠释想象，呈现一个地方或群体文化所涵盖的多重意义[②]。因此日本占领时期的"皇民化剧"《恒娘》，以及21世纪的歌仔戏《驯夫记》，也展示了在台湾地区演剧史上独特的"文化展演"景观。

---

① Turner. 1988, *The Anthropology of Performance*, NewYork：PAJ Publications.
② Bailey, F. G. 1996, "Cultural Performance, Authenticity, and Second Nature," pp. 1-17, In *The Politicsof Cultural Performance*, Edited by David Parkinetal, Providence & Oxford：BerghahnBoos.

（一）历史演出语境

日本占领时期形成的"新剧"，乃是以写实戏剧形态演出，不同于传统戏曲的新形态戏剧，名称上陆续出现过文化剧、改良剧、新剧、"皇民"剧、新演剧、话剧、青年剧等称谓，或配合意识形态，或基于政治诉求，或区别于传统戏曲等缘由而命名，在不同时期有着不同的演出特色[①]。台湾新剧主要是受到日本近代戏剧运动及中国大陆文明戏影响，如1896年"台北座"推出"壮士芝居"（新剧，又名书生戏），1899年9月14日十字馆《新演剧开兴》报纸有"自15日起除了有电影放映之外，另推出新剧"的广告刊载，1910年日本新剧领袖川上音二郎剧团来台在"朝日座"演出，次年"朝日社"主人仿效，开始组织台语改良戏剧团演出《廖添丁》《大男寻父》《巨贼简大师》《周成过台湾》等剧。

而中国大陆的文明戏也在1921年由上海"民兴社"率先来台公演，从6月10日起在万华、桃园和新竹三地巡回演出了两个月，不仅吸引众多良家子弟前往看戏，同时也催化了台湾新剧剧团的组织，如麻豆戏院主刘金福，甚至聘请"民兴社"成员留台指导并筹组台湾"民兴社"文明戏剧团。此后台湾的新剧活动陆续萌芽茁壮，各重要城市都有新剧团组织与演出。抗日战争爆发后，部分剧团以"皇民化剧团"名义兴起，如吕诉上的"台湾银华新剧团"，黄丁士、黄丁家兄弟的"太阳剧团"以及"新兴""民化""星光""富士""明星""兴亚""帝国少女""钟声""高砂""南进座""国风""广爱""帝蓄"等。

从日本占领时期的报刊与研究专著中可知，上海"民兴社"主持者苏石

[①] 有关日本占领时期台湾新剧的渊源与发展，参见吕诉上《台湾新剧发展史》，载于《台湾电影戏剧史》，银华出版社1961年版，第293—410页；邱坤良：《日本占领时期台湾戏剧之研究——旧剧与新剧（1895—1945）》，自立晚报文化出版社1992年版；《理念·假设与诠释：台湾现代戏剧的日治篇》，载于《戏剧学刊》2011年第13期，第73—74页；杨渡：《日据时期台湾新剧运动（1923—1936）》，时报文化1994年版；石婉舜：《一九四三年"厚生演剧研究会"研究》，台湾大学戏剧研究所，硕士学位论文，2000年；石婉舜《搬演"台湾"：日本占领时期台湾的剧场、现代化与主体型构（1895—1945）》，台北艺术大学戏剧学系，博士学位论文，2010年；徐亚湘：《日本占领时期中国戏班在台湾》，南天书局2000年版；简秀珍：《环境、表演与审美——兰阳地区清代到1960年代的表演活动》，稻香出版社2005年版等。

痴原是上海"新民社"的成员①。"新民社"为19世纪初上海搬演文明戏的著名剧团,乃是原名郑伯常的郑正秋(1889—1935)所创立。其前身为与张石川合资拍摄电影的"新民公司",多取材自古典小说话本,或是改编外国翻译小说,以搬演"家庭剧"擅长,故事剧情浅显易懂、通俗有趣,所以颇受男女老幼观众的喜爱。

当时"新民社"的首演剧目,为郑正秋编写的《苦丫头》与《奶娘怨》合并成的《恶家庭》,将家庭中的恶习现状描摹得淋漓尽致、传神逼真,上演后一炮而红"奠定新剧中兴之基";故其后郑正秋又陆续编写了《驯悍记》《马介甫》与《恒娘》等戏出②。然而,后来"新民社"分化出"民鸣社",由张石川主事,初期演员与演出剧目都来自"新民社";在两大剧社的市场竞争中,"新民社"遂在原有的家庭戏基础上,又增添了从古典小说取材的"聊斋戏"与"红楼戏"来冲刺票房,而"民鸣社"也立即上演这类剧目③。

有鉴于"昌明新剧而为之基础者乎"(《新剧杂志序言一》),所以"民鸣社"发行了第一本文明戏刊物《新剧杂志》,设有图画、言论、月旦、传记、商榷、纪事、剧史、小说、脚本、艺府与杂俎等栏目。在"剧史"单元中收录有《恒娘》的剧情提要,但此剧是该社自编,或是该社所演,还是可能为"新民社"郑正秋所改编的剧作,不得而知。然若就当时各文明戏剧团成员的流动性,以及演出剧目的重叠性来考量,"民兴社"兴许也曾搬演过文明戏《恒娘》,只是不知其是属于"幕表制",只有故事梗概,细节由演员自行发挥的演出形态;或是已然成为完整的剧作脚本,以及是否曾经在台湾上演过。

因此吕诉上的新剧《恒娘》,是否可能移植自上海"新民社""民鸣社"编演的文明戏呢?根据吕诉上《台湾电影戏剧史》中相关描述,邱坤良认为"他所排演的这几出戏从剧名来看,似乎有浓厚的文明戏色彩,外加('皇民')意识"④;而石婉舜则指出此次演出内容"乃是抄自上海的文明戏,把他改良",并提出当时新剧团取得剧本的管道,有向日本国内剧团购买已经上

---

① 欧阳予倩在《谈文明戏》中指出:"民兴社是苏石痴主持的,他原是新民社的演员兼后台主任,因和王无恐、汪优游不和,就退出另组民兴社,在法租界共舞台,首创男女合演。"参见《中国近代文学论文集——戏剧、民间文学卷(1949—1979)》,中国社会科学出版社1982年版。
② 参见陈白尘、董健《中国现代戏剧史稿》,中国戏剧出版社1987年版,第72页。
③ 参见王凤霞《文明戏中兴期代表性社团——民鸣社考论》,载于《文化遗产》2010年第3期,第52—61页。
④ 邱坤良:《银华飘落——吕诉上》,第50页。

演过的剧本；或根据岛内上映电影的情节，由剧团中稍具文采的成员，加以模仿改编；或透过委托或公开募集的方式，采用台人或在台日人的原创剧本等三种类型①。两位学者的解读虽略有出入，但都显示出吕诉上《恒娘》与"上海文明戏"的关联性。

另吕诉上的新剧《恒娘》，是否可能与20世纪30年代朱石麟编剧的《恒娘》电影有所关联呢？虽说就目前所见台湾电影史料，并未见到有《恒娘》电影引进与放映的相关记载，但从"银华"的海报中，可以发现标示着"人情悲剧"《人道》，"喜剧"《恋爱教授》以及"西洋活剧"《骷髅党》的夜间艺题，都标榜着来自"联华影片映画剧化"的广告文宣。由于朱石麟电影《恒娘》，也是由"联华影业公司"出品的，因此吕诉上有无可能从其他渠道观赏过此电影或是拥有此电影脚本呢？对比此件事，可知宝带最后是"以洪夫妇即和，则家庭之间，已无其容身之地，于是自伤身世，眼泪留书，下堂而去"收尾，正与吕诉上新剧《恒娘》的"宝带悔悟留书他去"的结尾雷同。上述史料的梳理推测，或许让我们窥见上海文明戏、电影与台湾新剧间，可能有所关系网络链接。

1937年日本侵华战争开始，台湾进入战时体制，日本殖民政府对思想与言论加以钳制，进而借此作为"皇民化运动"的"喉舌"，为政策与战功进行大力宣传，以发挥彻底影响及改造人心的效果，而"皇民化剧"便是在当时政治时局下的产物，只有能够阐扬"皇民化剧"精神的新剧，或是由传统戏曲改换的"改良戏"，需经过警察机关的剧本检阅才能进行排演。依据官方"检阅章"的印记标示，吕诉上的《恒娘》，正好属于"国民精神总动员"阶段的"皇民化剧"剧作显像，吕诉上将本剧定位为"家庭教化剧"，家庭组织的和乐自然有助于政局的强盛与社会的进步，正符合当时的时局氛围。

至于因"歌仔戏项目"征选入围制作的歌仔戏《驯夫记》，有别于一般的外台民戏，已然成为"文化场/公演场"的外台歌仔戏演出规模。由"宗教"功能蜕变为"艺文"性质的外台歌仔戏，根源自19世纪70年代乡土文化思潮、政治文教政策以及学界媒体呼吁等机缘，外台歌仔戏或转换演出场地或扩大功能意义，而成为具有"推广传统艺文/打造休闲娱乐"的表演艺术。所以如"民间剧场""艺术下乡""基层巡演""假日广场"，乃至各县市

---

① 石婉舜：《"黑暗时期"显影："皇民化运动"下的台湾戏剧》，载于《民俗曲艺》2008年3月第159期，第39、49页。

文化中心或大专校园所举办的艺术节等，都会以户外搭台形式来搬演"文化场/公演式"外台歌仔戏。

这类"文化场/公演式"外台歌仔戏，以比照"现代剧场歌仔戏"的制作流程与舞台设备，有编导演、文武场与舞台美术等专业编制与技术分工，在戏台尺寸的规模、灯光音响的配置、布景道具的陈设以及幻灯字幕的缮打等硬件设备，都较原生态的庙会演出更宽广齐全，用"互动开放"的观演空间为号召，以"精致规范"的剧艺质量为诉求，展现出兼具庙会外台与室内剧场的优势特质，每每都能够吸引普罗大众扶老携幼、呼朋引伴来观赏，营造了宛若嘉年华会般的热闹狂欢。

回眸在日本占领时期"旧戏渐进主义"的戏剧政策下，《恒娘》由歌仔戏"改良"变身为"新剧"；而21世纪在"庙会剧场重建工程"的推动下，《驯夫记》也从具有宗教祭仪功能的庙会外台歌仔戏，蜕变为兼具文化推广艺术性质的"文化场/公演式"外台歌仔戏演出类型。由于此二者均非在民间生态中自然生发的，乃是在"特定语境"下从剧本到演出都经过对公部门的语权宰制。前者必须服膺"召唤皇民""教化炼成"等"皇国"精神的阐扬与实践，通过对剧本检阅以及演出督导等程序，进行对思想意识的管控；而后者从剧本甄选到演出考核，也都需依循着所制定的评选规范，进行对剧艺品质的把关。官方的警视厅与半官方的"国艺会"，占据着权力结构核心的位置，在政策或活动所提供的程序合法性下，展现宰制的正当性与论述的发言权。

（二）文本叙事内涵

新剧《恒娘》与歌仔戏《驯夫记》，基于舞台演出性与戏剧性的考虑，势必有别于《聊斋志异》原著而在场上人物、时空背景与叙事结构等方面有所增添变革。如标示为"现代剧"的新剧《恒娘》，以"日本占领时期"为故事时空，关键人物狐仙恒娘，变身为社交界的名女人，在公园与宴会等"公众空间"中自由进出，为朱氏精心擘划挽回夫心的系列战略。恒娘告诉朱氏，"女人嫁了人后最先要研究的，就是如何对付丈夫"，并以自身为例说明经验法则。是以戏出中也特别描摹了恒娘与狄原斋，柯力士与阿娇两对夫妇，丈夫被妻子驾驭得"言听计从"的相处关系。

至于原作的狐仙恒娘，在歌仔戏中则变身为操纵驯夫计谋的百年"狐仙庙"住持胡仙姑,且系连起在台湾以求取"魅(媚)"符增加"性"缘,让男性更增"魅力",女性更添"媚力"的"狐仙信仰"①。所以胡仙姑开设婚姻咨询所、驯夫保证班,指出"危机就是转机","'狐仙店张'狐仙庙历史有百年,仙姑接任作住持,按耐众位善男信女,来此参拜求神祇。神明越来越竞争,全新服务更流行,开班授课靠本领,百年老店要转型!"教导民众学习狐媚功夫,以强化吸引异性的本领;同时也以新编的动感"R&B"摇滚乐风,唱出了"现在社会越来越开放,男人外遇是真普通,(国)一夜情包二奶层出不穷,大某每工心惶惶。咱要发挥咱兮专长,女性人客作专攻,替信女解决婚姻兮恶梦,从万底深坑兮婚变地狱来解放!"的社会写真现象,说明了办班动机与业务目的,充满了现代感与趣味性。

由于剧作铺叙的是家庭婚姻问题,因此"家常生活"遂成为当然场景,而家仆们遂也成为另类的发声者,通过他们来串连剧情与点评人物。故如新剧《恒娘》有三场场景是安排在"洪大业家中",让朱家的管家、仆人与厨子等下人出场,架构起洪家的生活情境;且通过他们的对话、生活细节来勾勒出朱氏布衣素服、洒扫家园、洗手作羹汤、善待仆役等居家好女人的贤慧形象;以对比宝带嬉闹游玩、阻扰办公、使唤大业、怒骂下人等恃宠而娇的跋扈行径。

而歌仔戏《驯夫记》中亦有洪家老掌柜来福伯与妻子来福婶,丫鬟小红与伙计财哥等,其中最突出的是来福婶,如同新剧中的管家王妈,都对"狐狸精"宝带多有所批判,并作为原配的声援者。来福婶协助云雀上门捉奸,站卫兵顾守房门,以机趣俚俗的话语,"夹叙夹议"地为云雀打抱不平,"人在讲:困破三领席,掠君心肝昧得着!世间查甫人兮本性就是安呢啦""彼个妖妇侵门踏户,将好好一个尪白白奉送出去,这种委屈啥吞兮下去?人讲甘愿担葱卖菜,毋愿甲人公家尪婿"。

而为了渲染喜感,也让舞台更为活泼动感,"驯夫保证班"中除了承担最

---

① 狐狸由古代北方萨满的狐仙信仰,发展到先秦图腾信仰中的吉兽象征,又在汉代演化为祥符、凶兆的过渡形象,唐代时则成为物化女性的代表象征,且在志怪小说的继承与发展下,狐狸精怪遂逐渐被神化,成为人们辞祸祈福的崇拜对象。根据张鷟《朝野佥载》所载:"唐初以来,百姓多事狐神……当时谚曰'无狐魅,不成村'。"可见当时民间已相当盛行狐仙崇拜。详见江慧琪《先秦至唐狐狸精怪故事研究》,中兴大学中文系,硕士学位论文,2002 年。至于台湾狐仙信仰,据说传自江西龙虎山,东汉时有狐仙拜于张天师门下修炼道行,后传入台湾。此说法采录自"狐仙堂开运命理网", http://www.fox-fairyland.com/index.html。

重要"心理建设部门"的总教头胡仙姑外,还有两位"互别苗头"的助手,分别是负责"美容美发部门"的胡护法,以及负责"美姿美容部门"的胡侍者,专司对语态、眼神、行路、坐姿的教导。导演运用"穿越时空"的蒙太奇方式,既写实又虚幻地呈现"撒娇"应对的不同类型;再延伸加入使用外国进口的"马甲"来修饰身形,教导学习"嘴齿痛、头壳痛、肩胛痛、腹肚痛"等"终极四连拍"的楚楚可怜娇柔模样,引发男性我见犹怜的护花之心。

而新剧中的"柯家宴会"与歌仔戏中的"品茶大会",将原作中"上巳出游"所要展示的艳装打扮,扩写为具体事件的发生场景,且成为引爆"爱情/婚姻"危机的冲突窗口。两剧中的原配,在此都以华服艳妆隆重登场,让在座的宾客赞叹不已,自己的丈夫更是惊艳万分,新剧中宝带因此受到冷落愤而离席,且逼迫大业要与朱氏离婚;歌仔戏中众人的吹捧满足了得用的虚荣感开点燃了爱火;并彰显因品茶而被云雀吸引,文郎的爱意萌生为日后"我要金钱相助免啰嗦,写下休书断绝尪某"埋下伏笔。

有别于原著夫妻破镜重圆的喜庆收场,《驯夫记》为展示女性对自己命运的自主权,安排了"开放式"的三种结局:一是另觅良缘;二是重归旧好;三是独立自主,挣脱了以往女子服膺"夫为妻纲"的传统宿命,体现了当代女性的独立思考,也带给观众更多的臆想空间。其实剧作中不时强调对女性自我意识的唤醒,如胡仙姑询问云雀参加驯夫班的动机,"汝是赌气毋乎伊称心如意?毋想乎别咧女人占便宜?想要报复伊教示?抑是……珍惜过去情难离?"企图让云雀真诚面对自己,省思这段情感对自己的意义;或者是告诫云雀"手中不可无钱银,经济独立才有自尊"、"不需要去哀求献媚,要记着:不管汝做什么,拢毋通要忘记做汝自己!"在经济上要追求自主,勇敢做自己的主人。

《驯夫记》在编剧杨杏枝的"女性视角"下,组织了"双层结构"的复语声调。表层结构中,叙述了云雀从"丈夫见弃"到"挽回夫心",奋力学习以解救婚姻危机的行为历程;但深层结构中,展示了云雀从遭遇婚姻挫折的惶恐不安、茫然失落,到找寻生命意义,重建自身价值的心灵成长轨迹。从编剧对戏出的取名,已然透露出由女性掌控的发言权;相较之下,新剧《恒娘》中的女性,虽已尝试跨越出传统中国社会阳尊阴卑、男强女弱,以父权为主宰的性别秩序,在戏出中谈论"女人并非男人玩具",不能像寄生虫一样依附;以及虚构朱氏身份为"刚从国外留学归国,是一个走在尖端的女性,美丽且充满女人味,她想进入社交界"的描述,写实地展示了日本占领时期在"妇女解放运动"下,女性接受教育、走入职场、进入社交场合的真实影像①。

不过新剧《恒娘》尚未能完全挣脱"男性视角",吕诉上在剧中还是再三强调家庭主妇要早起做家事,以身作则让用人看,反省自己从前不太理人,对丈夫也不够温柔"真是很对不起"等,这或许是因为在战争动员的"皇民化剧"时期,家庭是巩固国家的盘石,是社会安定的力量,所以女性要固守"阳倡阴和,男行女随"(班固《白虎通·嫁娶》)的传统美德,成为"皇国"军事的后盾。因此全剧最后以"宝带争执持刀谈判"以及"忏悔醒悟留书他去"的情节作结,从宝带的留书中道出了"夫妻之间要彼此相爱,要珍惜圆满幸福的家庭生活"的剧作主旨。

(三) 展演创作现象

日本占领时期台湾地区出现两种崭新戏剧:一为属于"旧剧"的歌仔戏;二为"新剧",两者出现的时间大致相同,然却发展迥异。抗日战争前,歌仔戏已迈进内台的黄金岁月,剧团总数超过三百余团,而新剧还处在蹒跚学步、孜孜经营的阶段;抗日战争后则情势逆转,新剧异常蓬勃兴盛,歌仔戏却在"旧剧渐禁主义"的时间表下,逐渐萎缩②。尤其"灌输彻底的'皇国'精神,振兴普通教育,匡励言语风俗,并培养忠良帝国臣民素质"的"皇民化运动"开展后,歌仔戏面临了强制禁止或必须改良的命运,有些歌仔戏团或转型改演新剧,如"听到本固有的歌仔戏被禁止,便立急转演新剧的就是德

---

① 随着19世纪20年代知识分子为争取台湾权利,陆续发起一连串的社会运动,促使日本总督府不得不顺应民意,释放部分自治权以及制定文化新政策,这遂使得当时女性接受教育的比率大幅提升,走入职场就业的机会也逐渐增多,女性等同男性,可随意进出各类社交场合或游乐场所,加入社团组织活动或是观看游艺表演。杨翠分析当时台湾知识分子所积极推动的"殖民地整体解放"运动,妇女解放正是其第一步。参见陈燕蓉、孙秀蕙、陈仪芬《"现代化"与理想女性角色的建构:以日本占领时期〈台湾日日新报〉为例》,载于《第十七届"中华民国"广告暨公共关系国际学术与实务研讨会》,台北政治大学广告学系2009年版,第165—167页。
② 参引自邱坤良《日本占领时期台湾戏剧之研究——旧剧与新剧(1895—1945)》,自立晚报文化出版社1992年版,第7页;石婉舜:《搬演"台湾":日本占领时期台湾的剧场、现代化与主体型构(1895—1945)》,台北艺术大学戏剧学系,博士学位论文,2010年,第132页。

胜社"①。

虽然基隆市"高砂剧场"经营的"德胜社"歌仔戏班抢得先机,邀聘日人菊宪正编导演出爱国剧《一死报国》与《母性爱》,被视为是"皇民化剧"剧的先河。但从《台湾艺术新报》报导中可知,剧团仍会上演歌仔戏。如对照歌仔戏资深艺人吕福禄对其父亲吕建亭在"德胜社"演出情景的回忆,该团的歌仔戏演出,已转型为拿武士刀、演剑术的"日本故事时代剧"②;此外王育德也为文描述观赏当时如"登兴社"等歌仔戏团的演出,"改良戏是为了蒙骗上面的人将歌仔戏稍作改良的产物,大部分跟歌仔戏团是同一团体",在服装上或将就使用洋服、国民服或台湾服,但舞台上定然有演员穿着戏服;而化妆穿戴不同于传统;有演员拿着武士刀演出"强巴拉"武打,以西洋鼓和喇叭伴奏,但结束时则有唢呐声或弦仔声出现,演员演唱歌仔调,也会使用台湾流行歌曲等③。

看起来歌仔戏演变为"改良戏"混血拼贴的剧艺风貌,似乎是"皇民化剧"政策下的产物。然若回顾在20世纪二三十年代,内台歌仔戏逐渐出现时装剧演出,穿插歌舞杂技等曲艺表演,在歌仔戏唱片中使用西洋配乐编曲等剧坛现象,可以窥知或为商业市场的激烈竞争,或因剧种艺术对自身能量上的开发,歌仔戏开始尝试加入、混杂等各种时兴元素,此应即是歌仔戏"胡撒仔化"的先声,只不过此属于民间"自发性"的剧艺创新;但是到了"皇民化运动"的政治时局下,遂蜕变为歌仔戏必须采取的"改良"法则。

是以吕诉上的新剧《恒娘》,从为"田中三光园歌仔戏团"排演,到在自家"银华"编导演出,展现在此特殊历史时空的政治语境。只不过当初由歌仔戏团"改良"演出的新剧《恒娘》,究竟是在题材、剧情、语言、动作、服装、布景与音乐上,掺杂非传统的西洋或东洋等表演元素,成为台湾歌仔戏剧坛与艺人所称的"台湾新剧""半新剧""胡撒仔戏"与"蚵蚪戏"等

---

① 1939年4月1日《台湾艺术新报》第五卷第四号报道:"听到本固有的歌仔戏被禁止,便立急转演新剧的就是德胜社,亦即率先取得了先机。但相对于其后各地新剧的蓬勃发展,此剧团的活动未免过于沈寂,如果不再积极运作,过去的努力恐将化为乌有。既然有内地人的指导者,希望他们能展现出更新、更明朗的'皇民化剧'。而且据闻他们仍在上演歌仔戏,如此简直就是有枉官厅的努力宣导。无法脱去旧习而只是挂上新的名目并非真正皇民化。希望他们能深切反省,并发挥出属于本岛最初新剧团的志气。"
② 参见吕福禄口述、徐亚湘编著《长啸——舞台福禄》,台湾阅览室2001年出版,第43页。
③ 参见王育德《台湾演剧の今昔》,《翔风》1941年7月第22期,台北"高等学校报国校友会"发行。

"改良戏（坏把）"演出形式；或是已然使用纯正"新剧（纯棉）"的形式搬演①，因欠缺具体数据无从得知。

在"皇民化运动"时期，演剧是"让民众理解崇高的皇国精神，并彻底普及（惟神之道）"的重要管道，因此如1939年底，国民精神总动员台中州支部编的《皇民化剧脚本集》，在《军夫の妻》书序中，将"皇民化剧"言简意赅定位为"教化剧"，含括了"后方精神""破除迷信""爱用国语""为国牺牲""废除聘金"等，从效忠爱国、民众教育到文化礼俗的教化主题；又若再对照1940年，江间常吉在《皇民化剧の手引》（即《皇民化剧入门》）《皇民化剧的演出旨趣》中指出"皇民化剧"的内容，应涵盖"纳税宣传、防火宣传、国语普及、公众道德、时局认识、风习风俗改善、卫生思想普及、防谍、防犯、犯罪更生保护等目的"各面向。

是以定位为"教化剧""家庭教化剧""社会剧"的新剧《恒娘》，以社会写真为书写题材，以家庭婚姻为故事内容，其实是相当符合"皇民化剧"对于改善民风习俗的教化目标。江间常吉曾指出"皇民化剧"必须具有"政治性、教育性、娱乐性的目的意识"（第一编《皇民化剧的使命》），应是就剧场实践性来加以考量，因为枯燥的政令宣导，或是纯粹的制式说教，都很难引发观众的欣赏意愿。是故剧团在兼顾"政治环境"与"市场机制"的双重诉求下，选择贴近市民百姓生活的通俗剧情，以招揽观众购票欣赏演出，既可以获得商业票房利润，又能够宣扬皇民意识。

承传着台湾传统戏班的家族经营模式，已成团50年的"明珠"，由团主率领儿女与亲戚们共同打拼，向来以"传统古路戏"或"胡撒仔戏古路作"的剧艺路线来展现演员特质与表演风格。有别于其他歌仔戏班的"小生"领军，剧团以出色的"旦角"挑梁挂帅，因此歌仔戏《驯夫记》也以朱云雀的人生际遇为主线，由"苦旦"应工饰演，安排众多抒情委婉的唱腔，来演绎险成下堂妻的悲情命运；另如赖宝惜以"妖妇"的妖娇泼辣形象，来诠释介入婚姻的第三者负面形象；来福婶以"彩旦"夸张风趣的表演，刻画出爽朗

---

① "酥胡"为日文"スフ（su-hu）"的音译；"坏把"为日文"ファイバー（huai-ba）"的音译，二语皆出自日文"ステープル.ファイバー（staple-fiber）"，特别指 viscoserayon 一类的人造纤维。石婉舜指出"酥胡""坏把"作为20世纪30年代后期的流行语，有着略带贬抑或讽刺之意。请参见《一九四三年"厚生演剧研究会"研究》，台湾大学戏剧研究所，硕士学位论文，2000年，第11—12页。而饶有兴味的是，吕诉上在"银华新剧团"的海报上，以斗大字体标志着"台湾改良戏"，是否隐约也透露与歌仔戏"改良戏"的关联性呢？

热心、打抱不平的三姑六婆人物形象；至于剧中两位"男扮女装"的乾旦，胡侍者是剧团出身的童星，通常以童言童语、可爱娇俏的造型参与演出；而以浓妆重彩妆扮的胡仙姑，则以半男半女、似人如妖的"日本宝冢风"造型，结合夸张的肢体语言，反串出女性娇嗲作态的风骚妖娆等，全剧女性角色的比重，远大于男性角色人物的配置。

而剧中也费心经营各种"台湾"符码，从历史印记到舞台景观，都着力展现宝岛当地的人文风情。如以清末著名的大稻埕茶叶贸易，组构出茶商、艺旦与买办的人物关系链，还新编了早期艺旦常唱的【共君断约】南管曲调，其实也寓意着宝带对洪得用的情意宣誓，不过艺旦伞舞的表演，似乎不如扇舞更贴切实际的艺旦歌舞才艺。另外供奉狐仙的民间信仰，由于近年来"包二奶""小三"等家庭外遇问题，以及影视艺人乞求魅力等新闻议题的发酵下，也成为社会大众所关注的流行话语。所以戏中也特意将原本使用的生鸡蛋、麻糬、水果、饼干或米果等供品，改为台湾风味小吃"臭豆腐"，让其更具草根性与亲民性。

此外，剧中也设置"五月十三迎城隍"赛会作为关目情节，以系联起邀集宾客参加的品茶大会。在台北三大庙会的霞海城隍神诞中，剧团特意安排狮阵、车鼓阵、布马阵与水族阵等民间游艺的表演，来烘托庙会的热闹氛围，其实也展示了"明珠"成员过往学习艺阵与演出的生命记忆与身份意识。至于开启云雀另扇生命窗口的品茶大会，则通过"贸易繁华圣舣舺，稻江茶米尚出名，乌龙包种销海外，茗茶号作（福尔摩沙）""茶汤色如琥珀红，带有水果甲蜜香，经过虫咬霜来冻，才炼成甘甜手中捧"等曲唱与表演，展示了台湾的茶文化；且在台湾特产"番庄乌龙"或称"东方美人茶"的介绍中，带出了云雀需经过重重考验的人生际遇。

再者，除了"台湾意识"的展示外，编剧也加入典型婚变的"自卑症候群"，婚姻咨询的"蓝海策略"，"百年老店"的企业分工，女人秘密武器"马甲"法宝，仙姑"卡卡"、超过军公教的"十八趴"加薪，开设美发沙龙、美容护肤中心、按摩指压三温暖、健身房与模特儿经纪公司等"时兴思潮"与"流行景观"，来引发观众高度的共鸣；音乐设计也特意使用歌仔戏曲调、新调、民谣与流行歌曲等多元曲风，配合剧情内容与人物特质，来混杂演唱或作为背景配乐。如云雀唱【杂念调】，仙姑唱新编曲调【女人经】等；而导演也掺杂现代剧场与影视手法，如以"定格"方式冻结时空，用"倒带"手法组织场面，以"英文"语汇制造趣味，用"雷射"变化剧场光影等，进行舞台构思与场面调度，以打造出兼具"传统/现代"，交错"现实/虚幻"，洋溢着"综艺化/流行感"的胡撇仔歌仔戏。

由于"国艺会""歌仔戏项目"的定位，诉求类同于"现代剧场歌仔戏"的制作流程与组织分工，因而剧团特别外聘诉求"现代意识"的编剧，以及"现代剧场"出身的跨领域导演参与制作。这些"临时编组"的制作团队，固然为剧团注入了新活力、新思维，但也往往需经历彼此"撞击/磨和"的过程，才能形成艺术共识与合作默契，因而有时难免也会产生"精英品位"与"庶民趣味"的拉锯，这也对剧团的表演风格与艺术能量，形成严峻的考验与艰巨的挑战。

结　语

家庭是国家社会的盘石，婚姻是家庭的基础与起点。但是在男尊女卑的中国传统社会中，向来女性处于弱势地位，因此"妻妾成群"遂成为常见的家庭写照，原配往往只能忍气吞声，逆来顺受，默默接受无奈的命运安排。但是蒲松龄的《聊斋志异·恒娘》，却另辟蹊径，狐女恒娘洞察"妻不如妾，妾不如偷"的男性心理，遂教导原配"易妻为妾"战略来解救自己的婚姻。迂回曲折的情节布局与主题意涵，遂成为戏剧或影视媒体改编的素材，而诚如米尔顿·辛格所提出的"文化展演"，戏剧演出表达着值得关注的文化信息，也在展示性的交流行为中建构或赋予特有的文化意义。

是以在日本占领时期的台湾地区戏剧舞台上，吕诉上也曾自上海文明戏或电影中，移植改编新剧《恒娘》，提供给歌仔戏团与新剧团演出。肇始于日本占领时期"皇民化运动"对传统戏曲的管控，所以歌仔戏班也得转型搬演"改良戏"或"新剧"，营造了胡撇仔歌仔戏发展与型塑的独特语境。而标榜着"教化剧""家庭教化剧""社会剧"的新剧《恒娘》，一方面契合"皇民化剧"改善民风习俗的教化目标，另一方面也试图展现打扑克牌、宴会社交、俱乐部等日本占领时期的"现代化"景观；不过在吕诉上"男性视角"的书写下，仍未能完全挣脱女性服膺男性、以家庭为上的传统美德，这兴许是基于战争动员的"政治时局"考量，为了向观众传递家庭组织的和乐，社会秩序的稳定，才能成为"皇国"军事的后盾，裨益于社会的进步与经济的强盛的教化信息。

而近年来在官方政策的主导，艺文机构的策划，古迹庙宇的转型以及剧团经营的策略等多重渠道的努力下，由"宗教"活动演变为"艺文"性质的"文化场/公演式"的外台歌仔戏演出逐渐增多，对于庙会剧场的演出生态，剧艺品质以及观众培养等，都有着相当的影响效应。其中由"国艺会"策划的"歌仔戏专案"影响厥伟，也成为外台歌仔戏班兵家必争之地。对于剧团而言，能够从"国艺会"歌仔戏专案的激烈竞争中脱颖而出，宛如被颁发"艺术认证"的象征资本般。因为从公资源与评审方面所获致的名气、尊崇和声望，可以提升剧团的"文化位阶"，强化荣誉感与自信心；继而又可加值转换为"市场资本"，相生相衍出更多后续的演出机会。

　　获得 2011 年第六届"歌仔戏专案"优选剧目的《驯夫记》，是南投"明珠"特邀现代编导，以迥异于传统歌仔戏"一夫多妻"的叙事结构，特意彰显台湾在地符码，加入时兴思潮与流行话题，以多元化曲风与综艺化的表演风格，用戏谑、夸饰、通俗化的"后现代"审美情趣，展演了一出"胡撒仔味"十足的庙口风情喜剧，并镕铸宣扬了女性捍卫婚姻以及勇于追求自我的当代意识。有别于外台民戏"活戏"型态的胡撒仔歌仔戏，"文化场/公演场"场域的胡撒仔歌仔戏，相对精致雅化且趋向定型"死戏"，因此反倒成为或混血拼贴，或创意颠覆，或解构重组各类剧艺元素与手法的"实验场"，为歌仔戏开启了无限宽广的剧艺创意空间，诱使了不少"跨领域"的创作人才愿意参与尝试，也吸引了更多年轻族群前来欣赏与点评。

　　谢筱玫指出"新世纪的胡撒仔现象，正是表演艺术界对于'重建台湾历史记忆'的一种响应"①。综览胡撒仔歌仔戏的发展历程，从早期市场竞争促成的现代化追求，到"皇民化运动"时的政治主导，战后投合观众口味的多元吸纳，乃至于在文化场域中的"新胡撒仔"实验等②，各有其创生发展的历史语境，经由或继承延续或改革创新的展演，与各时代观众交流互动共构对话。是以满载着台湾地区历史印记的胡撒仔歌仔戏，已然成为歌仔戏的"另类"传统，与"古册戏"分庭抗礼共生共营，甚至成为独特的台湾文化意象。

---

① 参见谢筱玫《从精致当胡撒：国族认同下的台湾歌仔戏论述》，载于《民俗曲艺》2007 年第 3 期，第 103—104 页。
② 参见陈幼馨《台湾歌仔戏的异想世界——"胡撒仔"表演艺术进程》，稻香出版社 2000 年版。该书对台湾胡撒仔歌仔戏的发展历史与艺术进程进行了讨论。

虽然新剧《恒娘》与歌仔戏《驯夫记》，一则代表"现代"新剧，一则代表"传统"旧剧，但由于独特的历史背景与时代语境，竟让二者从文本架构、演出样貌、时代意涵到演出功能等面向，产生了可相互观看、彼此对话的演出视域，而成为台湾演剧史上别致的"文化展演"景观。

（蔡欣欣：中国台湾政治大学）

本真性与戏剧性之平衡及补偿

——《西厢记》舞台本创作札记

[新加坡] 胡 静

《西厢记》是中国戏曲史上的巅峰之作。王实甫创作了不可逾越的诗化的语言。笔者在为新加坡耶鲁—国大学院（Yale – NUS College）准备舞台本时，维护王版《西厢记》的本真性成为其工作的指导原则。同时，导演希望尽量重现《西厢记》在元代激发的剧场观感。《西厢记》当行本色，元代观众即听即解，然而现代观众对剧中之俗语俚语可能不知所云。本文探讨如何在舞台实践中取得本真性和即听即解的戏剧性之间的微妙平衡；并进一步探索无法取得平衡时，如何技术性地补偿这一缺陷。

元杂剧的代表作《西厢记》曲文婉丽，引经据典，语言尖新，为历代中外学者所传颂。元末明初的戏曲作家贾仲明在《凌波仙》中云："作词章，风韵美。士林中，等辈伏低。新杂剧，旧传奇，《西厢记》天下夺魁。"明代学者王骥德所说，"实甫斟酌才情，缘饰藻艳，极其致于浅深浓淡之间，令前无作者，后鲜来兹。遂擅千古绝调"[①]。清代的金圣叹将《离骚》、《庄子》、《史记》、杜诗、《水浒》、《西厢记》并称为"才子书"，认为《西厢记》是"天地之妙文"，"天下第一"。《美国大百科全书》对《西厢记》评价说：《西厢记》是剧作者王实甫以无与伦比的华丽文笔写成的，全剧表现出一种罕见之美。是一部充满优美诗句的爱情戏剧，是中国 13 世纪最著名的元曲之一，是

---

① （明）王骥德校注：《新校注古本西厢记》"自序"，明万历十四年（1614）王氏香雪居刻本。

这一时期最具代表性的作品。

《西厢记》语言的艺术成就极高。其中不乏化用唐诗宋词中典雅、浓郁而优美的文学语言，同时王实甫创作了不可逾越的带有喜剧色彩的口语、俗语和俚语；雅俗相济，文学语言与白话口语巧妙结合，同时运用双关、比喻、对比、排比、叠音等多种修饰手法，形成了独特的高雅却又清新朴实的语言风格。因此，笔者在为耶鲁国大准备舞台本时，将维护《西厢记》的本真性作为了舞台本的基本要素和第一原则。

"王西厢"长达四本21折。为了讨论的方便，本文选用之文本证据尽量集中于第一本。

一、本真性

笔者对保留《西厢记》原著的执着类似西方主流导演对莎士比亚剧作的尊重。

（一）多一事不如少一事

原著中大量经典的诗词唱段，笔者尽可能保留。比如莺莺在园中跟张生所对的诗："兰闺久寂寞，无事度芳春。料得行吟者，应怜长叹人。"

该诗形象地刻画了莺莺渴望爱情的心理活动，语言典雅含蓄，符合莺莺大家闺秀的性格与素质：涵养既深，才情亦高。

又如张生的唱词"娇羞花解语，温柔玉有香，我和他乍相逢记不真娇模样，我则索手抵着牙儿慢慢的想"。前两句诗语言优美，并运用比喻、双关、对仗的修饰手法；而后两句口语化的语言朴实而动人，又不乏幽默；张生"手抵着牙儿慢慢的想"表现出张生对莺莺情感的真切与专一，以及其喜剧性格中的"傻"劲儿。诸如此类的诗句唱词，笔者只字不改。舞台本的第一原则，即保留经典，绝不无事生非。

（二）似非而是，穷根究底

有的唱词乍听起来似曾相识，颇费踌躇。比如《西厢记》名曲之一：

【元和令】颠不剌的见了万千，似这般可喜娘的庞儿罕曾见。则着人眼花缭乱口难言，魂灵儿飞在半天。他那里尽人调戏軃着香肩，只将花笑拈。

第一句就令人犹豫。"颠不刺的"是元代口语，意即疯疯癫癫，现代汉语已经不用了。"不刺"在元代是语助词，现代汉语仍用，比如在北方方言里仍有"傻不拉几""土不拉几"这样的语汇。在这样的汉语语境中，现行的词语"傻不拉几"、"土不拉几"之类可从三方面"激活"蛰伏于民族潜意识中的对于"颠不刺的"共同记忆。

1. "不拉"明证"不刺"为语助词，不与"颠"字组词。
2. "傻""土"皆为贬义词。暗示"颠"字亦为贬义。
3. 因为（1）"颠"字独立成义，（2）且为贬义，所以"颠"字自是"癫狂""疯癫"之义。置之【元和令】曲中，文从字顺，绝无歧义。

"见了万千"在现代汉语中仍用，且通俗易懂。因此，作者于"颠不刺的见了万千"句，一字不改。实验剧场证明，此句元杂剧原文无碍于当代的舞台效果。

解决了语言问题，便可探究人物形象。此句出于张生之口，他说："疯癫的女孩见过万千，但如莺莺这样动人的美女难得一见"；由此引出三种截然不同的人物诠释：一是张生阅人甚多，但仍然惊艳于莺莺不同凡俗的美貌；二是张生发现自己不喜欢过于热情（或曰颠不刺）的女孩，而倾心于莺莺这种含蓄优雅的贵族小姐；三是张生洁身自好，对其他女生并无经验，对莺莺一见钟情。就文字而言，似乎都言之成理，甚难定夺。

宋人早已考证张生为莺莺故事的原始作者（即唐代诗人元稹）的化身（见王铚《〈传奇〉辩证》）。鲁迅也认为："《莺莺传》者……元稹以张生自寓，述其亲历之境。"（《中国小说史略》）元稹《莺莺传》中的张生有如下的经历：

> 或朋从游宴，扰杂其间，他人皆汹汹拳拳，若将不及；张生容顺而已，终不能乱。以是年二十三，未尝近女色。

显然，张生在《莺莺传》中的原型提供了直接的文本证据。观察中英文版的剧场实验相应的排场尝试，也以第三种诠释，即张生不近女色，对莺莺一见钟情为佳。

接下去一句"似这般可喜娘的庞儿罕曾见"中的"庞儿"也令一些演员费解。根据演员的要求，导演改为"脸儿"，但这个现代口语词"脸儿"似乎过于平淡，缺少了元代口语带来的剧场效果，其实"庞儿"也是可以理解的，现代汉语中有"脸庞"，汉语方言，如四川方言，说"脸盘儿"，"盘儿"和"庞儿"一音之转；所以"庞儿"意为"脸儿"也是即听即解的。舞台本保留了"庞儿"一词。

（三）"尽人调戏"：神来之笔

【元和令】最后两句"他那里尽人调戏觑着香肩，只将花笑拈"，曾被批评。也许有学者认为莺莺不可能像"颠不剌的"姑娘那样尽人调戏，这与人物的行为轨迹背道而驰，个性特征前后不一，实为王实甫的败笔。也有学者批判《西厢记》受当时封建社会的影响，具有封建时代的局限性。的确，王实甫笔下的莺莺是一位上层社会的唯美女性，不仅有外在的美貌，更有内在的美德，她聪明睿智，知书达理，出口成章，莺莺的诗文才情在文中随处可见。文本证据也表明莺莺的性格是贞洁高尚的。"兰闺久寂寞，无事度芳春"表现出跟张生第一次对诗时她的坚贞自守的女儿心性。又如"往常见个外人，氲的早嗔；但见个客人，厌的倒褪"；看得出来莺莺是位贞操娴雅的大家闺秀。如此性格，莺莺怎么可能"尽人调戏"呢？从文本看这着实令人费解，这当真是王实甫的败笔吗？如是败笔，就得非改不可了。很多现代改写本如1953年的越剧本、1958年的京剧本以及1982年的昆曲本，都把莺莺尽人调戏这一部分删掉或改掉了。

这一问题不容易从文学的角度得出结论。王实甫是当行本色的剧作家，他的剧本为观众而写，为舞台而编，并不只为读者设想。也就是说，文学上无解的问题，舞台上可能有答案。我们可以也应该试图从戏曲排场中去探究王实甫的本意。

从一本一折来看，当场有四个角色：张生、法聪、莺莺和红娘；法聪把张生挡在一角，不让他接近女眷，张生无可奈何。所以，他在下一折（一本二折）第一支曲子开章明义地唱道："不做周方，埋怨杀你个法聪和尚！""不做周方"即"不予人行方便"的意思；"埋怨杀你个法聪和尚！"则是怪法聪坏了他的好事。

尽管张生可以看到莺莺，可以欣赏她的美貌；但是我们可以断言，张生或者法聪并不在莺莺身边，并没有接近到可以调戏莺莺的距离。因为紧接着，张生的【上马娇】曲后、【胜葫芦】曲中，莺莺就说，"红娘你看：寂寂僧房人不到，满阶苔衬落花红"。也许莺莺不知有人窥视，也许莺莺佯作不知。但是不管怎样，显然莺莺身边并无"人"可以调戏她。否则，明明有"人"，还刚刚任"人"调戏；马上声言"寂寂僧房人不到"，莺莺不是白痴便是花痴了。

张生唱完【胜葫芦】及其【幺篇】，红娘接着说："那壁有人，咱家去。"进一步证明了张生和法聪在"那壁"，即大殿的另一边偷窥莺莺，他们并没有接近莺莺的机会，更不可能调戏莺莺。

实验戏剧的试验和排演也证明"她那里尽人调戏"的这个"人"不是张生，不是法聪，也不是其他人，而只可能是红娘。唯其如此，莺莺才可能任她"调戏"，不加反抗，也无羞缩躲避之态；还"鞯着香肩"，轻松自在。

从红娘的聪明、机智、仗义、善解人意的喜剧性格不难看出，红娘有时会调笑莺莺。红娘是相府里的丫鬟，本是老夫人派去监视莺莺的，她虽地位卑微，却不畏权贵，侠肝义胆，为张生、莺莺二人出谋划策，最终促成了他们的美好姻缘。剧中不乏有红娘调笑莺莺和张生的情节。例见下文。

该曲最后一句"只将花笑拈"进一步提供了旁证，暗示拂过莺莺香肩，"调戏"莺莺的不是人手而是花枝。从"惊艳"的排场和舞台调度以及文本证明来看，张生和法聪隔着一段距离偷窥莺莺，而在莺莺身边的可能"调戏"莺莺的只有红娘。红娘以花枝"调戏"莺莺的舞台诠释尚有另一有力的文本佐证。莺莺和红娘的出场在王实甫的原文中为"莺莺［引红娘拈花枝上］：红娘，我们佛殿上玩耍去"。以上文本证据和实验剧场之多次排练、调度，近乎肯定地证明了"莺莺尽人调戏"是红娘和莺莺两位女孩之间的嬉闹玩耍而已。

但是本曲中的"调戏"又不仅仅指红娘跟莺莺嬉笑玩耍的意思。王实甫把"尽人调戏"一语安排在张生的唱词中，及其简洁而又出神入化地勾勒出张生对莺莺的性幻想以及张生对花枝的下意识地艳羡和模仿。张生把花枝对莺莺的触摸想象成张生自己对莺莺的亲昵行为；对于莺莺轻松地"鞯着香肩"这一举动，张生想象成莺莺接受他调戏的性幻想。

红娘用花枝逗弄莺莺，莺莺不以为忤。但看在张生眼里就不一样了。张生从一个男性的角度去观察，不是真实的叙述，而是带有主观色彩的性幻想。换言之，在生活中两位年轻女孩的拈花游戏在张生的眼里看来是充满着情趣的浪漫游戏；在张生的性幻想中红娘手中的花枝成了张生肢体的衍生物，花枝对莺莺身前和肩头的触摸就成了带有情色意味的调戏。简而言之，王实甫的这两句唱词并不是对于舞台实景的描述或者舞台提示，而是大师对于人物深层的性幻想的生动勾勒。对于这一性幻想的形成，王实甫做了精心的准备。本曲中张生先说莺莺让他"眼花缭乱口难言，魂灵儿飞在半天"。在莺莺的美貌面前，他的感官语言失常，魂不守舍，这样就铺垫了他的性幻想。王实甫笔下张生的性格本就是憨憨的、傻傻的，甚至有时有些风魔；如文本中第一本第三折中红娘说"姐姐，我不知道他想什么哩，世上有这等傻角"；同一折中，莺莺跟张生对诗前，红娘说"这声音便是那二十三岁不曾娶妻的那傻角"；第三本第二折红娘唱："为一个不酸不醋风魔汉，隔墙儿险化作了望夫山。"类似例子不胜枚举。可见，本曲中的"尽人调戏"不是王实甫的败笔，而是中国历史上最伟大的戏剧家的神来之笔。笔者完全保留了"尽人调戏"这一部分。

【元和令】后，张生唱：

【上马娇】这的是兜率宫，休猜做了离恨天。呀，谁想着寺里遇神仙！我见他宜嗔宜喜春风面，偏，宜贴翠花钿。

第一句中的"兜率宫"，乃佛教中的完美境界。但是观众可能不解。导演曾建议改为"极乐宫"，意即快乐之宫。的确，"兜率宫"费解，可是接下去一句的"离恨天"好懂。"休猜做离恨天"和"这的是兜率宫"两句对仗，互文见义。易懂的"离恨天"并不能解释难解的"兜率宫"。但是"休猜做离恨天"的"休猜做"把"兜率宫"定义为"离恨天"的反义词，也就是欢喜宫的意思。而且接下去的一句写道"寺里遇神仙"，暗示"兜率宫"（亦即普救寺佛殿）是"遇神仙"（亦即遇见张生的女神莺莺）的快乐之宫。导演也发现在戏剧实验室的表演中"兜率宫"是可解的。笔者便保留了"兜率宫"。

二、戏剧性

舞台本的基本原则不同于文学本；舞台本要求的不是文学性，而是即听即解的戏剧性；换句话说，观众不可能像读者那样翻到上一页重看一遍，再仔细思考，或者让演出停下来等观众理解，舞台本必须即听即解。所以尽力维持本真性的同时，笔者也努力达到即听即解的戏剧性标准。

（一）香肩可垂不可"躲"

还拿上面的【元和令】和【上马娇】举例。先看【元和令】。

张生唱道："他那里尽人调戏軃着香肩，只将花笑拈。"

"軃着香肩"的"軃"字在现代汉语中已基本不用了，演员和观众都很难听懂。"軃"在中古汉语中是"垂"的意思，也就是说莺莺在"尽人调戏"时轻松随意地垂着香肩，安之若素，并无羞涩腼腆之态。"軃"字与"躲开"的"躲"字同音，如果笔者保留这个字，不但观众听不懂，而且会使观众造成误解，以为莺莺"尽人调戏"时躲躲闪闪。更糟糕的是，观众完全不能理解莺莺怎么可能躲开自己的身体部位"香肩"呢？在这种舞台实践中造成完全不解或严重误解的情况下，笔者只好把它改为"垂着香肩"。如果笔者坚持维护本真性而不改的话，在舞台实践中这种呆板地尊重原著实际上会亵渎王实甫的充满美感、性感、诗意的"軃着香肩"。

（二）翠花钿送入博物院

再来看看【上马娇】这一曲子。我们已经谈过前半曲："这的是兜率宫，休猜做了离恨天。呀，谁想着寺里遇神仙！"后半曲为："我见他宜嗔宜喜春风面，偏，宜贴翠花钿。"

"宜嗔宜喜春风面"，意思是说莺莺生气也好，开心也罢，仍貌美如花。句中"嗔"字费解，"喜"字易懂。互文见义。仿"离恨天"和"兜率宫"之例，不改。"春风面"形容女子美貌，缘自杜甫的诗《咏怀古迹》，其诗句"画图省识春风面"是来形容王昭君的美貌。

"偏，宜贴翠花钿。"意思是说莺莺青春洋溢的脸儿可喜可怒，还可带当时流行的首饰"翠花钿"。也就是说不是所有的脸儿都适合贴"翠花钿"，正如不是所有的身材都适宜穿三点式泳衣一般。

"偏"字是句中韵，不宜改。

但是"翠花钿"是唐朝妇女贴在脸上的装饰，历史上早已不流行了，当代观众也不可能理解，更不可能在欣赏戏剧表演时去查字典。要遵从本真性，也要考虑到即听即解的戏剧性，所以笔者必须找到不同于原文，又平行于原文，且能让观众理解的表达方式，笔者先改为"我见她似嗔似喜春风面，偏、不戴黄金链"。可是"黄金链"太俗气，有损于莺莺的性格之美和天然之韵；而且原本中是"宜贴"，如此处改为否定"不戴"达不到平行对应的效果，于是作者再改为"宜带玉耳环"。玉有清纯天然之美，而且在《莺莺传》中，当张生抛弃莺莺时，莺莺送给张生一个玉环，"玉取其坚润不渝，环取其终始不绝"，由此推断莺莺喜欢玉环。可是"环"字不跟"偏"押韵，"宜带玉耳环"跟"宜贴翠花钿"也不太对应，思来想去，作者最后改为"偏，宜贴兰花片"。"片"与"偏""钿"押韵，而且句式一样，只是将"翠花钿"改为"兰花片"。"兰花片"通俗易懂，观众很容易猜出是女子贴在脸上的一种饰品。兰花高洁典雅，被誉为"花中君子""空谷佳人"。兰花寓意深刻，在朴实中表现出高尚的品格和邃远的境界，与莺莺的性格品德切合。

（三）莺莺画眉：唐欤？元欤？将近代欤？

【上马娇】后，张生唱【胜葫芦】，前两句为："则见他宫样眉儿新月偃，斜侵入鬓边。"

"宫样眉儿新月偃"，原文意指莺莺的眉毛类似于宫廷流行的样式。现代观众也许可以猜到那是在描写莺莺眉毛之美，但是难以想象那是什么样的眉毛。"宫样"，不同的时代不同的宫廷有不同的式样，到底王实甫的"宫样眉儿"属于唐欤？元欤？将近代欤？不能确定。但笔者也不应随意改写。至少要确定莺莺的美的类型。出于本真性的考虑，笔者做了一些文本探索。发现从《莺莺传》到"董西厢"到"王西厢"，莺莺的美貌是一以贯之的、不加装饰的天然之美、明艳之美。譬如，《莺莺传》里莺莺的第一次亮相："久之乃至，常服睟容，不加新饰。垂环接黛，双脸稍红而已。颜色艳异，光辉动人。"

唯此，舞台本此处的改写不但要让观众听得懂，还要契合莺莺的气质，也就是呈现她自然天成之美。而"新月偃"，则解为细长眉形。至此，舞台本中莺莺的眉毛非唐，非元，也非现代，而是不加矫饰的"一弯蛾眉出天然，斜侵入鬓边"。

（四）"胡伶渌老不寻常"，"秋波荡漾"救排场

第一本第二折中，张生见红娘，唱【小梁州】曲："可喜娘的庞儿浅淡

妆，穿一套缟素衣裳；胡伶渌老不寻常，偷睛望，眼挫里抹张郎。"

此曲中的"胡伶渌老"对于现代观众来说完全不知所云，那便非改不可了。"胡伶"在这儿是别字，元剧多错别字，应为"鹘鸰"，鹰的意思。"渌老"为俚语，也是元剧之常，眼睛的意思，用来形容红娘的眼睛不寻常；笔者改为"秋波荡漾不寻常"，以达到让观众即听即解的戏剧效果。

三　补偿方法

笔者在遵从本真性的第一原则时，尽量在舞台实践中取得古典巨著本真性和即听即解戏剧性之间的平衡。当这一平衡不能达到时，笔者不得不采用补偿方法，以求重现元杂剧之辉煌于万一。譬如，为了保留原剧中无可置疑的喜剧效果，以及人物的喜剧性格，必要的调整变得必不可少。

（一）做诗还是做爱

第一本三折，当莺莺听到张生墙角吟诗时，说："好清新之诗，我依韵做一首。"红娘便戏笑莺莺道："你两个是好做一首"，这里的"好做一首"，语义双关。在中古汉语中，"首"者，"头"也。"做一首"，可解作"睡一头"。亦即"同枕"或"共寝"的意思。红娘嘴中的"你两个是好做一首"，既指"好做一首诗"，又指"好做一对儿"。可在现代汉语中"做一首"已没有"同床共寝"的意思了。如继续保留这个词，其双关语义便会失去，喜剧因素因而荡然无存。红娘幽默的喜剧性格也有所减弱。所以笔者改莺莺台词为："好清新之诗，我依韵做一下。"红娘回应："你两个是好做一下。"现代观众比较容易理会"做一下"的双关意。因为从现代汉语中"做爱"一词，观众可以想象到这里的"做一下"除了做诗以外，还有红娘调侃莺莺跟张生调情做爱的双关语义。

（二）做了一下，有了什么

笔者刚才谈到为了保留原本中的双关语及其喜剧性，改"做一首"为"做一下"。但元杂剧大量的喜剧因素，由演员临场发挥；剧本中仅仅标识"发科"。如一本四折的"［众僧见旦发科］"和"［洁与众僧发科］"，分别要求演员表演和尚们见到莺莺时和听到张生拜托时的滑稽调笑场面。但是我们并不知道当时的演员是如何临场发挥的。我们所能做的只是根据文本证据已提供的语义双关的模式加以扩展,达到类似于当年的喜剧效果和剧场观感。换言之,要在本真性的前提下保留元杂剧的滑稽尖新因素,不宜简单地引入现代的笑料,只宜亦步亦趋地模仿移植或因势利导地平行发挥已有的笑料。

比如上文提到的一本三折中张生跟莺莺墙角对诗那一段,笔者就稍加发挥,庶几不失元杂剧"发科"之流风遗韵。下表比较原文和改编后的舞台本。

原本:	舞台本:
[旦云]好清新之诗,我依韵做一首。 [红云]你两个是好做一首。 [旦念诗云]"兰闺久寂寞,无事度芳春;料得行吟者,应怜长叹人。"	莺莺:好清新之诗,我依韵做一下。 红娘:你两个是好做一下。 莺莺:我说做诗……我有了。 红娘:你才做了一下,就有了? 莺莺:贱人,诗有了。 红娘:我以为你有了那个呢! 莺莺:"兰闺久寂寞,无事度芳春;料得行吟者,应怜长叹人。"

当我们仅仅把"做一首"改成"做一下",在实验剧场中发现其喜剧效果不够明显,观众笑声才起,又被莺莺唱腔压抑。所以令人怀疑元代杂剧演员演至此处,必不肯仅仅说"做一首"三个字,便轻轻放过一个喜剧场面。因此作者加上了五句红娘跟莺莺的调侃。

第一句,当红娘说"你两个是好做一下",加了一句莺莺的辩解:"我说做诗。"引导观众注意莺莺的"做一下"和红娘的"做一下"的歧义。剧场实验证明,莺莺的辩解引起一片笑声。

第二句,莺莺略作停顿,声称"我有了"。此句也有歧义:既可上接莺莺的"做诗"解,有了诗;也可上接红娘的"做爱"解,有了身孕。部分观众笑声起。

第三句,红娘引用莺莺"我有了"句的歧义,连接自己的"做爱"解,调侃莺莺道:"你才做了一下[爱],就有了[身孕]?"全场哄笑。

第四句,莺莺恨骂:"贱人,诗有了。"莺莺无辜无奈的辩解引得笑声又起。

第五句,红娘假作恍然大悟:"我以为你有了那个[身孕]呢!"并突指莺莺腹部。莺莺下意识地挡住,仿佛真在保护胎儿。引得全场狂笑不已,久久不息,不绝如缕。

此处的"我有了"和"有了那个呢"双关语义明显，再加上演员丰富的面部表情和传神的肢体语言，喜剧效果极佳，红娘幽默诙谐的个性也刻画得淋漓尽致。

2008年新加坡国立大学的实验剧场出演《西厢记》英文版①，其舞台本也加上了以上对话，观众捧腹大笑，掌声不绝。

剧场实践证明这样的补偿措施，如果用之得当，于本真性有益无害，于戏剧性锦上添花。

（胡静：新加坡耶鲁—国大学院）

---

① https：//www.youtube.com/watch？v=ce2vIoWdYd0.
Grant Shen,"Libretto Translation and Musical Arrangement in a Classical Chinese Opera", *Chinese Literature：Essays, Articles, Reviews* 35, pp. 201-202（2013）.

中国戏曲表演节奏探魅

刘作玉

中国戏曲历经千年积淀，最终形成了艺术含金量极高的高度综合艺术，拥有独特的创作方法和极为丰富的表现手段，具备多种艺术要素，各要素之间相互关联，形成一种相拥相促、相衬相托、交相辉映的状态。因此，对中国戏曲的研究，仅有宏观把握是不够的，还必须进行微观解剖。要深入认识戏曲艺术的规律，解决戏曲创作实践中遇到的实际问题，就必须研究把握戏曲艺术的一切方面、一切元素、一切联系和一切媒介。

戏曲表演节奏，是戏曲表演艺术中的一个重要元素，或者说是戏曲表演体系中的子系统。与其他表演艺术如歌舞、歌舞剧、话剧、杂技等相比较，戏曲表演节奏有着极其鲜明的特点和独特的艺术规律。因此，对其特色、特点的认知和艺术规律的把握，是小到演好一个角色，大到演好一台戏的重要环节。本文试图将戏曲表演节奏作为一专门课题，从它的产生依据、构成要素、运动形态及特点三个方面进行探寻探讨，从中追寻戏曲表演节奏在戏曲审美活动中的作用、功能与规律。

一、戏曲表演节奏的产生

戏曲表演节奏的产生来自三个方面：一是现实生活；二是戏曲艺术独特的创作规律；三是唱、念、做、舞的综合运用。

（一）戏曲表演节奏产生于现实生活

在现实世界里，节奏是赋予世间一切事物以生命的重要元素。它看不见、听不到、摸不着，似乎难以捕捉，但却无处不在。大到宇宙运行和人类社会，小到微观世界，哪里有物质的运动，哪里就有节奏。不同物质的不同运动，又产生了不同的节奏形态，具有不同的运行特点。自然界中的物质运动节奏大致有两种形态：一种是运行节奏比较有规律、有秩序，变化不大相对稳定，像星球的运行、潮汐的涨落、植物的生长等；另一种是运行节奏毫无规律，变化无常难以预料，像狂风暴雨、电闪雷鸣、地震海啸等。这两种节奏运行特点的不同非常鲜明，却有着共同的本质特征，即不受任何意志支配，完全是宇宙自然的运行使然。

节奏在人类社会生活中要比自然界复杂得多。首先，人类的社会生活不仅内容浩如烟海，而且变化速度非常之快。其次，人类的精神活动非常丰富，思维活跃，情感多变。因此，人类的现实生活节奏具有三大特点：第一，运行取决于生活的具体内容；第二，运行受人的意志（精神）支配；第三，运行状态丰富多彩，复杂多变。总之，人类社会生活节奏既受生活内容制约，又受人的意志支配，是随着人们的社会生活内容和情感活动内容的变化而变化。

戏曲艺术是反映人的生活与情感的艺术，其表演节奏的产生，必然是以人的社会生活节奏、精神生活节奏和情感生活节奏为依据，符合这些节奏的逻辑和特点。例如戏曲表演节奏的复杂性、丰富性、多变性等。戏曲音乐由曲牌连套体演变发展为板式变化体，就是因为板式变化体的节奏更能胜任表现丰富多彩、复杂多变的生活内容。因此说，戏曲的表演节奏，首先来自现实生活。

（二）戏曲表演节奏产生于戏曲独有的创作规律

如前所述，戏曲表演节奏首先来自现实生活，是现实生活节奏的反映。但是这种反映绝不是简单的模仿照搬，而是艺术化的反映，这是戏曲独有的创作规律。戏曲表演最重视表演的表现力和感染力，在创作过程中，不是单纯立足于对生活的理解，而是立足于理解之后的升华，即"深化"和"强化"。正是这个原则，使戏曲表演节奏的产生，必须对生活节奏进行精心的梳理选择和集中强化，选择重要的内容，剔除次要的繁枝末节，这是戏曲表演节奏创作构思时的重要环节。而准确的选择和集中强化，必然是对生活的深化和升华。

以人的情感活动为例。生活中人的情感活动，许多时候不能在人的表象活动中得到充分而具体的展现，特别是内心感情的波动，往往不易被别人清晰准确地察觉。而在戏剧表演中，人物的内心情感必须得到充分准确的展现，才能唤起观众共鸣，产生感人的力量。戏曲表演在人物内心情感的揭示上，往往能够达到强烈的感染力。这正是戏曲艺术家们在创作时对人物的内心情感节奏进行了选择、集中和强化的结果。具有准确、鲜明的节奏形式的表演（唱、念、做、舞），不但能使人物情感表达得充沛感人，而且还能将生活中潜藏在人物内心的不易被别人察觉的情感，化隐为显地在表演的具象中得到充分具体的显现。《拾玉镯》中孙玉姣的表演动作节奏，就是对生活节奏进行了精心选择和集中强化的最好例证。

孙玉姣在门口专心细致地针织刺绣，无意间发现了正在注视她的傅朋，就在两人目光相遇的一刹那，孙玉姣的内心"一震"，正刺绣着的双手"突停"，目光"一亮"，气息"吸提"，时间似乎"凝固""定格"。只见她目光里闪动着倾慕与赞叹，盯住傅朋不动。内心独白："呀，天下竟有如此英俊潇洒的美少年！多么令人……"眼睛看着，心里想着，慢慢地拿着针线的右手下意识地去刺左手的手绢（有的表演是绣鞋），不料一针扎着了自己的手指，这一疼才醒悟过来，羞愧得不知所措，慌忙将身扭过一边，头不敢抬，呼吸急促，刺绣的动作也不自然了，坐在那里浑身都不自在。这段表演的动作节奏，如果仅从生活的表象去理解，似乎很不真实，不符合生活规律。生活中，别说是古代，就是现代少女也不可能这样强烈地盯住一名陌生男子看。越是动心，越是只能偷扫几眼。然而，戏曲表演却不在这些表面现象上做文章。而是追求穿过生活表象达到对生活本质的透彻理解。至于孙玉姣当时外表是否是这副样子并不重要，重要的是此时此刻要集中表现孙玉姣的"内心感受"。因此，人物的外在动作必须夸张变形（改变生活中的表象原貌），动作节奏必须鲜明强烈。这段表演看似"失真"，却恰是受封建礼教约束的少女内心对爱情渴望与追求的真实写照。再比如"拾镯"的一段戏，几番不同的"拾镯""掩镯""放镯""还镯"表演，其节奏变化鲜明强烈，丰富而有层次。从开始的欲拾又止（被人看见多不好），欲走突停（内心矛盾），到一声"哎！"（下定决心拾起来吧）走快"花梆子"台步，奔向玉镯急速拾起。突然，傅朋出现在面前，这下慌了神，忙把玉镯放回原地，慌乱地逃回屋内，羞得自己无地自容。这一大段表演没用一句台词，人物的心理活动，完全靠动作的节奏变化来体现，将人物特有的对待爱情的态度和内心情感的流动，揭示得淋漓尽致。由此不难看出，戏曲表演艺术对表现力和感染力的强调，是戏曲表演节奏的重要成因。

（三）唱、念、做、舞的综合运用是戏曲表演节奏的催生剂

戏曲表演唱、念、做、舞的综合运用，必然需要一个协调一致的节奏加以统领，使诸多元素的运行，形成一个具有统一风格的有机整体。所谓"眼到"（眼神动作）、"手到"（舞蹈动作）、"口到"（唱、念的运行），就是指唱、念、做、舞的节奏要协调一致，相互配合。

因此，戏曲表演首先要求表演者必须事先对唱、念、做、舞的节奏进行精心的设计。即讲究处理、讲究安排、讲究重点，整理出一个脉络清晰、逻辑严密的秩序。明人程羽在《盛明杂剧序》中说："戏以节作止之序"，就是指戏曲表演是在有秩序的节奏动作中表达剧情，描写人物的。例如，京剧《三岔口》中的武打动作，如果不是在节奏上经过了精心的设计安排，使之达到准确和严密，符合生活逻辑，观众就不可能在明亮的舞台灯光下，承认这是一场"摸黑格斗"。戏曲表演设计、组织、运用节奏的技巧十分高明。有许多演员明明年纪很大体态也已臃肿，可演起小姑娘来仍然惟妙惟肖，把少女天真活泼的性格和神态表现得生动逼真，得到观众的认可。这里面的奥妙，除了有唱、念、做、舞的艺术技巧外，还有一个重要因素，就是组织运用节奏的技巧。这个技巧，就是在创作时实现从无序到有序的方法，把生活中扎根深、秩序乱又易稍纵即逝的节奏系列化、稳定化，使之达到化隐为显、化弱为强、点石成金的效果。如果说戏曲在唱、念、做、舞的表演形式上给观者提供了具有美的特征的视听形象，那么，戏曲的表演节奏则是为这种美的形象注入了具有艺术真实的活的生命！没有准确、清晰、鲜明的节奏，戏曲表演的魅力必将受到很大削弱。

另外，由于戏曲表演对唱、念、做、舞节奏的特殊要求，这就不得不限制演员在表演过程中的即兴发挥。因为即兴性的表演很容易造成节奏上的不协调，破坏表演整体的和谐统一。所以，戏曲演员必须在自身动作节奏上，具备高度的控制能力。而这种能力的具备，又必须对事先设计好的唱、念、做、舞节奏，进行严格刻苦的训练才能实现。很多人知道戏曲演员台下练功是在练"技巧"，却很少有人知道同时也在练"节奏"。演员对节奏的控制，

只有达到随心所欲的程度，才能在舞台表演中获得解放与自由。

程砚秋先生对梅兰芳先生在《贵妃醉酒》中的表演，有过一段评论，他说："梅先生对杨贵妃的身份刻画得非常有尺寸，他把杨贵妃的流丽风度，蕴含在端庄的神态里面，每一个动作，一招一式，全不失贵妃的端庄，虽至后来杨贵妃酒意已浓，醉态显露的时候，他所运用的一些身段，如接驾的跪倒，衔杯的翻身，也和前场嗅花的卧鱼等身段一样，毫不紊乱地掌握了一定的尺寸与速度"。同时，又批评一些演员的过火表演是"脚步乱，头乱晃，凤冠上的挑子左右乱摆……很不合乎一个贵妃身份"①。这两种不同评价，说明戏曲演员对节奏的控制多么重要。所谓"把握了一定的尺寸与速度"，就是指梅先生对表演节奏控制、把握的准确与适度。梅耶荷德看过梅兰芳的表演后，说"梅兰芳是用六十分之一秒来计时的"，惊叹"这位杰出的舞台大师所表现的节奏感"，在苏联的戏剧舞台上"是感觉不到的"。② 斯坦尼评论梅兰芳的表演是"有规范的自由行动"，这句话最能概括戏曲表演节奏特点和规律。

以上分析不难看出，戏曲表演节奏的产生，既是来源于生活，以生活为依据；又是由戏曲独有的创作规律所决定的；更是戏曲唱、念、做、舞的综合表演所派生的。

二、戏曲表演节奏的物质构成要素及其特点

在物质世界中，节奏无具象。它的存在要依赖于物质的运动，因此说，物质运动是节奏的载体，有了这个载体，节奏才可以被感知。基于这个原理，我们在研究戏曲表演节奏时，必须对戏曲表演节奏的物质构成要素及其特点，有个概略分析与认知。

（一）文学语言

文学语言是构成戏曲表演节奏的基础性要素，演员要根据它所蕴含的节奏内容，进行表演节奏的设计。戏曲剧本的文学语言有两大特点：其一，它是诗、词化的语言，富有浓郁的诗意；其二，它是戏剧化的语言，具有丰富的戏剧性。因此，戏曲剧本里所蕴含的节奏，也包括了诗化的节奏和戏剧化

---

① 程砚秋：《戏曲表演的四功五法》，文宝堂书店 1959 年版，第 11—12 页。
② ［苏联］梅耶荷德著，童道明译：《梅耶荷德谈话录》，中国戏剧出版社 1986 年版，第 249—250 页。

的节奏，是将两种具有不同特点的节奏巧妙结为一体的节奏构架。

诗化节奏，从诗的内容中领略具有凝练、夸张、鲜明的特点。如"两岸猿声啼不住，轻舟已过万重山""问君能有几多愁，恰似一江春水向东流"前者展示的是一幅动态的景象，在两岸美景如画的山川溪流中，诗人乘坐一叶小舟飘然而过。后者是以景喻情，诗句中展现的是一幅无尽地涌现、翻腾、震颤、滚动的情感节奏图像。强烈地抒发了诗人胸中的悲愤、惆怅、哀痛之情。前者节奏轻松明快，后者节奏沉重阻塞。两者凝练、夸张、鲜明的特点非常突出。戏曲剧本中大量的抒情唱段都具有诗化节奏的这些特点。

戏剧化节奏，首先具有复杂、多变、不固定的特点。这里包含三个意思：一是语言内容所指，都有特定人物、特定事件、特定情感。因此，它的节奏内容很复杂。二是感情模式相同的语言（如喜、怒、哀、思、忧等），在不同的人物身上，则表现为不同的行为节奏。这就是它的多变。三是同一个剧目中的同一个人物，由于表演艺术家的不同理解或不同处理，也可以出现不同的行为节奏。例如，昆曲表演艺术家张继青和张洵澎同是扮演《牡丹亭·寻梦》中的杜丽娘，唱词、念白都一样，但在表演节奏上却有各自的处理。张继青的表演深沉典雅、情感含蓄，节奏的行、止、顿、挫、快、慢、缓、急随着内心情绪的变化推进，外表看来似乎平稳，但却透着一股吸人的力量，能使观众深刻感受到在丽娘心中郁结蔓延的"不知其所始，不知其所终，不知其所离，不知其所合，在若有若无、若远若近、若存若亡之间"① 的情之涌动。张洵澎的表演则稍侧重于少女青春骚动时的羞涩、腼腆和活泼，节奏相对比较跳跃、直白。两人的表演相比较，前者静，后者动；前者蒙浑深远，后者浅显坦直。其节奏运行状态的不同显而易见。

另外，戏剧化节奏还具有潜在和隐喻性特点。所谓潜在和隐喻，指仅从语义看节奏似乎平淡的语言，实际上背后隐含复杂的节奏内容，有很大的潜力可挖。比如《四进士》中宋士杰在公堂上的一大段道白："曾记得，那年去往河南上蔡县办差，住在杨素贞她父亲家中；杨素贞那时节才长这大，拜在我的名下，以为义女……"从词义上看不出有什么特殊的节奏变化。但如果将这段道白与前后剧情和人物性格联系起来，就饱含丰富的节奏内容了。周信芳表演的宋士杰，正是捕捉到了这个潜藏在词义背后的节奏，在表演中加

---

① （明）潘之恒：《鸾啸小品·情痴》，安徽教育出版社2000年版。

以引发升华，使这段念白节奏有疾有徐有层次，从而使宋士杰编造词令时那种边说边想，越编越顺，由虚到实的心理变化以及宋士杰的机智性格和老谋深算，准确地得到了外化（参见《周信芳文集》，第72—73页）。京剧里的摇板节奏，采取的是"紧拉慢唱"，常常用来表现人物内心紧张外表冷静的情节。如京剧《沙家浜·智斗》中阿庆嫂与胡传魁、刁得一的三人对唱，慢唱的节奏表现着外表的平静，紧拉的节奏标示着人物内心在紧张地思考，在外表自然轻松的气氛中隐含紧张激烈的心理节奏。

以上分析可以得出，戏曲的文学语言蕴含诗化节奏和戏剧性节奏两种节奏类型，它们所具有的凝练、夸张、鲜明和复杂、多变、不固定、隐喻等特点，为戏曲的表演节奏提供了雄厚的基础。同时，这个基础的好坏也直接影响着表演的优劣以及整台戏的成败。

（二）人体运动与物体运动

人体运动与物体运动是将戏曲文学语言节奏变为可直观感受的视觉形象和听觉形象的载体，没有这个载体也就没有戏曲的表演节奏。

人体运动，指演员的主体生理动作，是戏剧舞台艺术共有的要素。但各剧种对这个要素的要求又各不相同。歌剧主要侧重于人的声音运动，讲究歌唱技巧；舞剧依靠形体运动，讲究舞蹈技巧；话剧虽然既有声音运动又有形体运动，但它既不是歌唱也不是舞蹈，而是接近生活的语言和动作。戏曲表演的人体运动，则是一种全身心的投入。它不但包容了以上各类戏剧中人体运动的所有内容，甚至连人的眼睛、头发、胡须都要积极参与动作，是：口（唱、念）、手（手势动作）、眼（眼神运行）、身（体态运行）、发（头发、胡须的舞动）、步（脚步的行走）、气（气息的运行）、心（心理活动）等诸多部位运动技巧（许多是高难技巧）的全面展示。

物体运动，指戏曲的器乐伴奏和各类服饰、道具在表演中的运用。它们是构成戏曲表演的重要成分，发挥着重要的作用。其积极意义在于：它们各自不是孤立的运动，而是与人体运动组成了一种合力，是采用"联合力量"来共同完成同一个任务，达到同一个目的。张庚先生说："如果拿演员做一个核心……他唱需要伴奏，他舞需要服装和大、小道具（如扇子、椅子等），这个伴奏的艺术和服装道具的艺术就不是出自他本身，而是外来的，但仍是直接和他的表演密切结合的。"① 这里所说的"密切结合"实际上是一种合力。因为表演本身是为表达剧情、表达情感的,与表演结合就是与表达剧情、表达情感相结合,目标一致,目的相同。因此说,戏曲表演的人体运动和物体运动是一种"合力的运动"。

  总之,戏曲表演中的人体运动和物体运动包含的内容十分广泛。从视觉形象看,有人体诸多部位的运动和各种服饰、道具的运动;从听觉形象看,有人的声音运动和器乐声音的运动。诸多成分的运动,不是杂乱的拼合,而是有机的整体。如《徐策跑城》的一段表演,人体、服装、音乐的运动,都是为了表达剧中人物的兴奋心情,"歌和舞的节奏,也就随着情绪的发展,而越来越紧,白须飘拂,水袖翻飞,袍襟腾舞,仿佛是一笔大草字,一泻千里。再配上激越的【高拨子】音乐使整个戏浑成一体"。②

  综上所述,文学语言、人体运动、物体运动是构成戏曲表演节奏的三大物质要素,实际上这三大要素中还包含许多不同性质、不同类型、不同形象的元素。它们是戏曲表演节奏的物质载体,这些多姿多彩的节奏载体,构造出了多姿多彩的表演节奏的物质外壳。同时这些要素之间的任何形式的构造,又都是相互影响、相互联系、共同作用(合力)结果。艺术家们正是凭借这些物质要素的相互组合,来体现各种内容的运动节奏,来使剧中人物主观领域的内在节奏客观化的。

三、戏曲表演节奏的运动形态与特点

  所谓戏曲表演节奏的运动形态,它本身没有具体可视、可听的形象,必须通过物体、声音的运动,方可让人间接地感知或感觉到它的存在。简而言之,它是一种"虚的实在"。

  节奏的运动大约包含以下内容:即"时值"上的长、短、连、断;"速度"上的快、慢、缓、急;"力度"上的强、弱、轻、重;"幅度"上的抑、扬、顿、挫;"密度"上的疏、挤、松、紧;"形态"上的动、静、开、合等。

  在物体运动时,以上这些内容可以组合建构出无穷无尽的节奏形态,如同音乐里 7 个音阶可以组合出无穷的旋律一样。当然,这些内容也是许多艺术节奏共有的。但对这些内容的具体组合运用,戏曲表演却有自己独到的理

---

① 张庚:《张庚戏剧论文集》,中国社会科学出版社 1981 年版,第 276 页。
② 周信芳:《周信芳文集》,中国戏剧出版社 1982 年版,第 288 页。

解和方法，形成了独特的运动形态和运动特点。

（一）从表达内容角度看，戏曲表演节奏具有时值上不平均分配；速度上不整齐划一；力度、幅度、密度、形态上变化多端的特点。

戏曲表演以表达人物情感为根本目的。人的情感节奏是一个极其复杂的深层心理活动，本身就具有一定的激动度、紧张度和复杂度。戏曲表演节奏所具有的时值上不平均分配；速度上不整齐划一；力度、幅度、密度、形态上的变化多端，正好与人的情感节奏形成了对应。这个特点在戏曲表演的唱和舞中表现得尤为突出，成为戏曲的唱和舞与歌舞的唱和舞的本质区别。

戏曲的演唱，表面看来与其他的歌唱有许多相同之处，如同样有歌词、有曲谱、有节拍、有伴奏，同样讲究发声技巧等。然而，戏曲的演唱听起来却又别于其他任何歌唱，这个区别就在于它那独有的节奏运动形态。举京剧的【快板】为例：【快板】在记谱上是1/4拍的节奏，但实际演唱起来它的节拍时值和速度不是平均式的律动和整齐划一的行进，而是长短不一、快慢交错，在力度、幅度上更是变化多端。演员在演唱时可根据唱词的内容灵活处理节奏变化。什么地方快，什么地方慢，什么地方重、强，什么地方轻、弱，什么地方催紧，什么地方平稳，都以人物的内心情感为基点。如京剧《白蛇传》中白素贞的一段【西皮快板】"你忍心将我伤……"刘秀荣的演唱是这样处理的：第一句"你忍心将我伤……"唱的比较平稳；第二句"你忍心将我诓……"速度加快，力度加强；第三句"你忍心叫我断肠"速度和力度更快更强；第四句"你忍心见我命丧……"又慢了下来，到"只杀得云愁雾断，你袖手旁观在山岗"更慢，表达白素贞满腹的委屈与怨情；紧接"手摸胸膛想一想，有何面目"速度突转催紧、力度加重，带出了对许仙的责备；最后"来见妻房"四字速度大撤慢结束唱段，此时白素贞已是声泪俱下、泣不成声了。这段唱的节奏变化完全与人物内心情感的起伏相合，虽然是"唱"，但近似"说"，是满含深情的诉说与责备，将人物又爱又恨、又怨又伤、百感交集的复杂心境，表达得既准确又极具艺术感染力。

众所周知，戏曲演唱的节奏记谱无法标示清楚，原因正是它这种变化多端的特性。清代徐大椿在《乐府传声》中指出："曲品之高下，大半在徐疾之分，唱者须自审之。"这里一是强调节奏的重要，二是指出节奏的把握在演唱者自身。戏曲舞台上经常出现这样的现象，同样剧目里同样的唱腔唱段，不同的演员可以有不同的处理。有修养有研究的演员能把人物的情感融入演唱之中，使演唱节奏随着人物情感的变化而变化，唱出来既感人又动听。

不光是唱，舞的节奏也是如此。戏曲的舞蹈在风格上与歌舞的舞蹈绝然不同，主要是因为舞蹈节奏的不同。京剧梅派弟子胡芝风将芭蕾舞的舞姿运用到李慧娘这个人物身上，观众并没感觉她在跳芭蕾，原因就在于她的舞姿虽然是吸收芭蕾的，但运动节奏和神韵却是戏曲的。是将借鉴来的洋舞蹈"吃"进来，消化吸收为戏曲的骨血，演变为戏曲化的舞蹈了。

（二）从辩证法则角度看，戏曲表演节奏又具有两两对应、相反相成、对立统一的特性。

两两相对应包括快与慢、强与弱、轻与重、长与短、连与断、缓与急、松与紧、动与静、抑与扬，等等。这种对立统一的结构组合，在戏曲表演中随处可见。像激烈的武打结束后的突然静止亮相，更好地表现了人物在交战时的精神状态。圆场的先慢后快，由慢衬托出行进的急速。还有念白讲究抑扬顿挫，唱和舞讲究欲快先慢、欲动先停、欲开先合、欲放先收、欲强先弱、欲紧先松（亮相时是紧，亮相前是松）等。

在此仅举"动与静"的对立统一为例。

"动"有内在的动，有外在的动。"静"也有内在与外在的静。在戏曲表演节奏中，这两者常常是静中有动、动中有静、外静内动、外动内静、似静实动、似动实静的运动形态。涂玲惠主演的赣剧《斩娥》出场的一段表演，在节奏处理上正是完美地运用了"动"与"静"的这种辩证关系。

开场乐后是一静场，然后传来刽子手粗浑低沉、一字一拖的长呼："闲人闪开，决斩窦娥！"一开场就在平、静、拖的节奏透出一股阴冷的杀气，外在"似平"，内在"烈"。接着，紧张激烈的打击乐响起，窦娥被两名刽子手旋风般地拖至台口，一个托举，又迅速压跪。这时舞台节奏突然一个长长的大停顿，只见窦娥跪伏在地一动不动，乐队一声不出，压抑之势扑面而来，令人窒息。这一大停大静恰恰营造了戏剧的气氛，将紧张压抑的情绪渲染到极点。表演节奏的"大静"之中饱含"大动"，最激烈的动！

（三）从戏曲表演整体看，戏曲表演节奏又具有层次变化起伏跌宕、起承转合、错落有致、整体风格协调统一的特点。

变化多、起伏大、不简陋、不贫乏；层次变化起伏跌宕，起承转合错落有致；整体风格协调统一是戏曲表演节奏的最大特点和亮点。层次变化的起伏跌宕，是通过速度行进的快慢缓急变化、力度运用的强弱轻重变化、幅度起伏的抑扬顿挫变化、密度容量的疏挤松紧变化、形态呈现的动静开合变化展示出来的。起承转合的错落有致和整体风格的协调统一，是通过音乐，特别是打击乐的衔接贯穿得以实现的。

戏曲表演非常擅长运用大起大落、层层递进的手法，将生活中不十分明显的东西表现得明显，将强烈的东西表现得更为强烈。正像《毛诗序》中说的："言之不足故嗟叹之，嗟叹之不足故咏歌之，咏歌之不足之手之舞之，足之蹈之也。"这实际上也是节奏的层层上升。如赣剧《斩娥》中窦娥喊出："苍天！我窦娥死的好不明白呀！"之后，似乎冤屈表达得还不够，又用急速的甩发和强烈的打击乐进一步抒发，紧接着一段激越昂愤的唱词："叫声屈动地惊天！"使这段表演节奏达到顶点。人物的满腹冤屈和满腔怨愤如同开闸洪水，倾泻而下。随着唱词中情感的转折，节奏又渐次减缓下跌。见到婆婆又催紧加强，一声呼唤"婆婆！"双膝跪地，婆媳被生生扯开时窦娥一个"转体僵尸"晕倒，节奏又一次冲向顶点。总之，一出戏的表演节奏始终在不断的起伏变化中行进。许多剧目的演出都体现了这个特点，只是由于剧情内容的不同，变化的程度、形态各不相同而已，都是依戏而定，依情而定，手法既多又灵活。

从上述举例我们可以概略感觉到，戏曲表演节奏的丰富、多变、规范、灵活确是非同一般。如此复杂的内容戏曲是如何使之具有协调统一风格的呢？这就是音乐，特别是鼓和其他击乐尤为重要。鼓和击乐除了参与渲染剧情气氛、表现人物情感外，另一个重要作用就是使节奏的起承转合达到融贯统一。特别是在唱与念的交接、舞与做的交错时，它能使节奏的转化不突兀、不别扭，使表演节奏在起伏错落中形成一个融贯而富变化，不齐之中有"大齐"的完美有机整体。

以上从三个角度分析了戏曲表演节奏的运动形态与特点，但这远远包括不了它的全部内容。因为戏曲表演节奏是一个复杂的、闪烁不定的、变化万千的动态系统。无论是它的各要素的相互组合，还是它的运动规模、变幻形态、复杂程度，都远非用概念化的语言能表述尽、描述清。只有当它在表演过程中以"现在进行时"的状态展现在我们的面前时，我们才能对它有客观实在的把握和感知，才能体察到它那无穷的艺术魅力！

（刘作玉：福建京剧院）

点金成铁改《西厢》[*]

[新加坡] 沈广仁

王实甫的元杂剧《西厢记》屡经改编。本文讨论影响较大的五种改编本，即明代崔时佩、李日华改写的《南西厢》，陆采重写的《南西厢》；1949年后大陆剧作家创作了三部深受好评的改编本，即1953年苏雪安执笔的越剧《西厢记》，1958年田汉重编的京剧《西厢记》，1982年马少波改写的昆剧《西厢记》。文本证据和剧场实验显示王版《西厢记》之不可逾越，而改编本似乎每下愈况。

一、"王西厢"不可逾越

古人笔下，王实甫《西厢记》之不可逾越，从来就是主流的、无可辩驳的，好比西方人眼中莎士比亚的《哈姆雷特》。

《西厢记》之在明清：学者称誉，史不绝书；戏台弦索，不绝于耳。贾仲明评"《西厢记》天下夺魁"。王骥德称王实甫"令前无作者，后鲜来兹，遂擅千古绝调"。元明戏曲，汗牛充栋，而金圣叹仅将《西厢记》与《史记》、杜诗等并列。曹雪芹的《红楼梦》人物也是同调。宝玉读了"王西厢"，对黛玉说："真是好文章！你要看了，连饭也不想吃呢！"黛玉则是"从头看去，越看越爱，不顿饭时，已看了好几出了。但觉词句警人，馀香满口"。

---

[*] 本文部分内容见笔者《中国古典戏曲的翻译和配乐》一文中有关本真性的讨论。详见"Libretto Translation and Musical Arrangement in a Classical Chinese Opera", *Chinese Literature*: *Essays, Articles, Reviews* 35: pp. 177-207, 2013。

沈德符推崇《牡丹亭》备至，说："汤义仍《牡丹亭梦》一出，家传户诵，几令《西厢》减价。"（《野获编·词曲·填词名手》）然而，从语义学着眼，不难看出他的潜意识仍然尊崇《西厢记》，无以复加。

元末明初，北曲已然趋于式微。嘉靖（1521—1566）隆庆（1566—1572）之际，更有魏良辅改良昆曲，梁辰鱼以昆曲编《浣纱记》，声名大噪。自此，明传奇常为昆曲而谱，多以昆曲而演。北曲杂剧作为舞台艺术，难免消歇。幸有一二私家戏班，逆戏曲音乐之潮流时尚，传唱北曲。① 明代后期，维系着北曲元杂剧舞台生命一息尚存的，只有《西厢记》。万历三十二年（1604），马湘兰尚帅家班十五六人，在苏州、杭州两地巡演"北西厢"。同年，马湘兰逝世，她的家班风消云散（沈德符《顾曲杂言》、钱谦益《列朝诗集小传》）。北曲杂剧终于音乐失传，舞歇歌沉。

纵然北曲消亡，王实甫《西厢记》仍以其不可企及的文学魅力，在地方剧种中原封不动地演出。李渔《闲情偶寄》云："予生平最恶弋阳、四平等剧，见则趋而避之，但闻其搬演《西厢》，则乐观恐后。何也？以其腔调虽恶而曲文未改，仍是完全不破之《西厢》，非改头换面、折手跛足之《西厢》也。"李渔对"王西厢"之好之甚，压抑了他对地方剧种之恶之极。

由此可见，"王西厢"之不可逾越，并非区区笔者私见，实乃明清文人共识。

元杂剧中，唯有《西厢记》，能夠逆戏曲音乐之潮流时尚：或增减字句，流行于昆曲戏场；或一字不改，搬上弋阳、四平等地方剧种的舞台。须知中国戏曲，如同英伦莎剧，在它们的全盛期，靠的是商业运作。平民观众未必能留下他们嗜好的文本证据，但是商业剧团的剧目选择不得不取决于观众的喜好。所以，《西厢记》打破音乐、剧种界限而流行，表明了文人的尊崇，更验证了平民的拥戴。

二、明代改编本

明代《西厢记》改编本有"李西厢"和"陆西厢"。崔时佩和李日华的"李西厢"，专注于为原曲配乐，大部分场景尽量保留"王西厢"原文，几百年来传唱不息。

---

① 如明人何良俊的家班。当时戏曲舞台上常演的并不是王实甫的"北西厢"，而是崔时佩、李日华改编的"南西厢"。

陆采除成名作《明珠记》外，尚有《怀香记》《椒觞记》《分鞋记》各一本。他的"南西厢"，脱离"王西厢"，自出机杼。他的学问才情固然超出崔时佩、李日华，但是显然不及王实甫。《陆西厢》没有演出记载。

"李西厢"的创意不多。其中《幽会》一出，对应于"王西厢"四本一折之《酬简》。流行至今，广为人知。昆曲名角也多以此叫座。《幽会》几乎全然出于崔李笔墨。

（一）《幽会》的文学价值

《李西厢·幽会》一出，舞台上呈现的并不是崔张情爱，而是红娘偷窥崔张密戏。《幽会》的高潮在【十二红】。以下引文，除划线词句来自"王西厢"外，其余都是崔李创作。

> 【十二红】小姐小姐多丰采，君瑞君瑞济川才。一双才貌世无赛。堪爱、爱他们<u>两意和谐</u>。一个<u>半推半就</u>，一个<u>又惊又爱</u>。一个娇羞满面，一个春意满怀。好似襄王神女会阳台。<u>花心摘</u>，<u>柳腰摆</u>。似<u>露滴牡丹开</u>，香泛游蜂采。一个斜敧云鬓，也不管堕折宝钗；一个掀翻锦被，也不管冻却瘦骸。今宵勾却相思债。竟不管红娘在门儿外，待教我无端春兴倩谁排？只得咬、咬定罗衫耐。犹恐夫人睡觉来，将好事翻成害。将门将门叩，叫秀才。（念白：嗳，秀才！）你忙披衣袂，把门开。低低叫，叫小姐吓（红娘念白：小姐啦），你莫贪馀乐惹飞灾。（念白：阿呀，不好了啦）看看月上粉墙来。嗳，莫怪我再三催。

头两句，"小姐小姐多丰采，君瑞君瑞济川才"。姑不论它俗不可耐，且问莺莺的"丰采"亦即风度，或张生的"济川才"亦即做官的本事，和他们两位的第一次做爱有什么关系？

接下去的"才貌无双""两意和谐""娇羞满面""春意满怀"，无非老生常谈。

至于"好似襄王神女会阳台"，将宋玉《神女赋》中襄王的意淫，所谓"欢情未接，将辞而去"，比作崔张的性爱，无异于隔靴搔痒。

又几句陈词滥调后，观众迎来了崔张幽会的高潮。"王西厢"作"檀口吻香腮"，暗示"张生的香吻压抑了莺莺的娇啼"，一片旖旎风光。"李西厢"

作"冻却瘦骸",仿佛灾民惨状,不解风情,大煞风景。

就文学价值而言,《幽会》和京剧唱词,如《苏三起解》之"苏三出了洪洞县,将身来在大街前"之类,不相上下。大抵为陈陈相因的艺人口吻,未经文人润色,缺乏文化底蕴。【十二红】中出彩的寥寥数句,都是"王西厢"《酬简》的原文。

(二)《幽会》的舞台价值

说唱以第三人称报告人物;戏剧以第一人称扮演人物。说唱描述情节;戏剧"模仿行为"(据亚里士多德《诗学》定义)。

《王西厢·酬简》以第一人称扮演张生莺莺,模仿他们的性爱行为。"李西厢"《幽会》以第三人称报告张生莺莺,描述他们的性爱情节。

换言之,"王西厢"始终采取戏剧的表现形式:演员扮演人物,模仿人物行为。"李西厢"大体沿用戏剧形式,但是到了其高潮,突然让一个人物采用说唱形式,报告其他人物的行为。就舞台价值而言,"王西厢"从诸宫调进化为元杂剧,"李西厢"《幽会》一出又从明传奇退化为说唱。

(三)《幽会》的美学价值

"王西厢"的《酬简》折,用四支曲,【元和令】【上马娇】【胜葫芦】【幺篇】写崔张欢爱。好色而不淫,尽情而不荡。崔张性爱的高潮,也成了全剧的高潮。中国戏曲史上性爱的动感、美感,无出其右。而"李西厢"的《幽会》一出不仅见不到崔张,还将红娘害得火烧火燎:"竟不管红娘在门儿外,待教我无端幽会春兴倩谁排?只得咬、咬定罗衫耐。"几乎把崔张的高潮弄成了红娘的手淫,贬低了整出戏的美学价值。

(四)《幽会》的道德价值

世界戏剧史上,观众"偷窥"剧中人的生活秘密,由来已久。自从斯坦尼斯拉夫斯基提出"第四堵墙"的理论以后,观众之透过这堵无形之墙偷窥,已是约定俗成的艺术享受。而演员之被偷窥而仿佛浑然不觉,也成了尽人皆知的心理现实主义的演技。

但是,戏剧是对行为的模仿。剧中人的偷窥,就是对现实生活中偷窥的模仿。因此,红娘的偷窥,形同变态,缺失美感,违背道德价值。

换言之，观众"偷窥"崔张私密，并无道德之考量。因为观众并非模仿人物行为，只是享受戏剧艺术。而红娘偷窥崔张做爱，便是模仿偷窥行为，须接受道德之考量。

综上所述，"李西厢"《幽会》一出，于文学价值、舞台价值、美学价值、道德价值，一无可取。不由得令人怀疑崔李怎么可能弱智到那种程度。何况从文本证据来看，崔李并非少年轻狂的个性。他们改编"王西厢"其他部分可谓小心谨慎、亦步亦趋，截然不同于陆采大刀阔斧、自我做主的风格。那么，人们有理由怀疑崔李删改模仿性爱的《酬简》为偷窥性爱的《幽会》，可能受制于政府的意向。明朝不是唯一的例子。日本歌舞伎的艺术家们就长期生活在德川幕府的猜疑、高压之下，歌舞伎的演出形式、内容，无不深受政府的钳制。

三、当代改编本

1949 年后有影响的《西厢记》改编本有三。

（一）越剧改编本

在何人改编本的基础上，苏雪安于 1953 年创作了颇受好评的绍兴戏（或曰"越剧"）《西厢记》（以下简称苏本）。在本文论及的当代改编本中，苏本保留了最多的"王西厢"因素，因此是最好的一部。值得一提的还有，苏本选取了更为婉约柔美的唱词，适合于越剧女子剧团的演出需要。

苏本调节了一些人物对话。如，红娘说到张生要离开普救寺，莺莺几经犹豫，说道："红娘你去对他说，叫他再住几天。"① "王西厢"中让张生暂住的是老夫人。这一变动看似无关紧要，却让莺莺向红娘坦承心事，与后来她竭力掩饰她对张生的爱意不合。而莺莺犹豫良久，还找不出一个借口，多少伤及人物形象。

苏本唱词的调整也有问题。《离宴》一幕，张生唱道：

莫道男儿心似铁，
离绪千端恨重叠，

---

① 华东戏曲研究院编《华东地方戏曲丛刊之二：西厢记（越剧）》，新文艺出版社 1954 年版，第 61 页。

君不见满山红叶染秋林，
尽是离人眼中血！

而莺莺唱：

碧云天，黄花地，
西风紧北雁南归，
柳丝长玉骢难系，
倩疏林挂住斜晖。①

苏本把"王西厢"名曲，莺莺唱的【正宫端正好】，"碧云天，黄花地，西风紧，北雁南飞。晓来谁染霜林醉？总是离人泪"，分拆改写。真可谓有胆无识！苏本让张生"离绪千端"后就没来由地泣血，实在显得张生太多愁善感。何况苏本改写的"红叶染秋林"已经排斥了"离人眼中血"的可能，因此连文理也不通。

苏本更不知"西风紧，北雁南飞"中莺莺的潜台词是在埋怨她的母亲："西风紧，天气冷了，连北方的大雁都要向南飞。而我新婚的丈夫却要被逼北上。"所以她才紧接着有离人泣血的悲诉，和什么"柳丝系玉骢""疏林挂斜晖"没有一点儿关系。

苏本主要的改动在于翻潜台词为台词，这种做法可能见仁见智。比如，"王西厢"《赖简》一折从未明言莺莺严拒张生的原因。观众只能从人物关系之间和情节发展之中逐步意识到或感受到莺莺的动机。这样就以潜台词构筑了一条伏线，维持了外表的悬念和内在的张力。苏本却不厌其烦地分析、辩论莺莺的拒绝，暴露、批评莺莺的动机。这样莺莺女儿家的羞怯、生怕人知的胆怯、利用红娘传信的狡黠，一下子简化为莺莺的性格弱点和缺点。红娘占据了道德制高点，而莺莺在自己的爱情中无奈矮化。

潜台词变成了台词，复杂的人性变成了一目了然的优、缺点。苏本明快好懂，但是人物冲突变成了价值判断，经典名著变成了大众读物。

---

① 华东戏曲研究院编《华东地方戏曲丛刊之二：西厢记（越剧）》，新文艺出版社1954年版，第107页。

（二）京剧改编本[①]

1958年，田汉创作了京剧《西厢记》（以下简称田本）。他技巧高超地将元杂剧的长短句改编成以七字句、十字句为主的京剧唱词。但是他的改编远不只文字变动。"王西厢"的张生对莺莺一见钟情。莺莺的"倾国倾城貌"使张生不顾前程、不求功名，只要莺莺。田本则不许莺莺打扰张生的学业。不仅如此，莺莺还表现出四个优点，让张生不仅仅因为她的美貌而爱上她。

1. 莺莺教欢郎读《木兰辞》；
2. 两次抱怨她的包办婚姻的未婚夫为纨绔之辈；
3. 学习骑马；
4. 落落大方地看着张生——一位陌生男子，毫无羞怯之容。

张生现在必须爱上一位现代化的革命女青年。而莺莺呢，她新学的本事让她可以骑马私奔去找张生。张生考试失败，正好证明他们爱情的坚贞。

两位主人公的变化也许纠正了古人的个性弱点，传达了满满的正能量，只是王实甫肯定认不得他的莺莺和张生了。

和苏本不同，田本保留的"王西厢"成分大为减少。

和苏本类似，田本也有"润色""王西厢"的习惯，并且毫不忌惮作王实甫的"一字师"。比如，崔张隔墙联吟，张生诗曰：

月色溶溶夜，花荫寂寂春。如何临皓魄，不见月中人？

"皓魄"，田本改一字作"皓魂"。"魄"为阴，"魂"为阳。月宫嫦娥所居，张生以嫦娥比他的女神莺莺。田本所改何为？

莺莺和诗云：

兰闺深寂寞，无计度芳春。料得行吟者，应怜长叹人。

"行吟"，田本改一字为"高吟"。岂不知"行吟"出《楚辞·渔父》的"屈原既放，游于江潭，行吟泽畔"？张生以女神况莺莺，莺莺以屈原影张生，

[①] 见《中国京剧戏考》，根据《田汉全集》第九卷整理，http://scripts.xikao.complay70801119。

乃互诉爱慕也。"行吟者","举世皆浊我独清""举世皆醉我独醒",屈原也,皎皎出尘者也。而"高吟者",嗓门大,信心足;所能者众,凡夫也。"行吟者"改为"高吟者",失却莺莺原意了。

(三) 昆剧改编本

1982年,马少波重编了昆剧《西厢记》(以下简称马本),从而背弃了音乐经典"李西厢"。同时,马本没有忘记超越王实甫的时代局限性,因而背离了文学经典的"王西厢"。比如,马本的莺莺先救了一只小燕子,表现出她的"菩萨容颜,更兼菩萨心田",以免张生仅仅因为容貌而爱上她。

和田本不同,马本并未凸显崔张的革命性,但是其时代性还是很明显的。莺莺的救护动物的爱心,"王西厢""李西厢"无所用之,苏本、田本匪夷所思,马本则举以明志:时代不同了。

和田本类似,马本并未刻意保留"王西厢"的剧诗。可想而知,田本、马本的文学性不如苏本,正如"陆西厢"不如"李西厢"。

结　语

元明曲家受曲牌体限制,唱词必得谨守格律,不越雷池。苏、田、马三剧,尚属合辙押韵,不致荒腔走板。对于当代剧家,已属不易。格律之外,元明曲家尚须人物出彩,情景宛然,才能为他们的剧作留得甌覼一角之地。苏、田、马三剧,则难免人物教条,舞台生命力孱弱。田、马之作,尚不免语言枯寂之诮。

经典剧作和一般剧作区别之一在于潜台词之有无高下。"王西厢"的潜台词连篇累牍,现代三剧或不解,或误解,纵有一知半解,又翻潜台词为台词。其点金成铁之本事,令人莞尔。至于隐语、谐语、双关语,"王西厢"中比比皆是,现代三剧中则寥若晨星。

有趣的是,三部当代的改编本都删去了《西厢记》的高潮。苏本和马本保留了传统的折子名:一曰"酬简";一曰"佳期",但是并没有"王西厢""酬简"的相关内容,田本则是连名目都没有了。

和明代改编本不同，三本当代《西厢记》的红娘都不再泛报莺莺和张生的幽会了。这样，三位剧作家做出同样的选择，都阉割了《西厢记》的性爱，都舍弃《西厢记》的高潮，他们可能都有同样的原因。

（沈广仁：新加坡国立大学）

戏剧语境下的舞蹈创作

王绍军

在当今的戏剧发展当中，舞蹈已经成为重要的艺术形式，无论是西方的音乐剧还是中国的戏曲，特别是现代戏曲和新编历史剧中，都出现了越来越多的舞蹈化语汇。因此当下似乎也越来越需要戏剧舞蹈的编导人才，而且现在也的确有很多舞蹈编导进入戏剧舞蹈的创编领域。但是，戏剧与舞蹈的结合点在哪？其创作规律是什么？都是有待深入研究的课题。所以笔者想跟大家交流一下戏剧舞蹈的八个功能和六个属性，从而帮助大家深入地了解戏剧舞蹈的艺术功能和编创规律。

一、舞蹈在戏剧中的八个艺术功能

当下的戏剧创作编导们拿到一个剧本，首先他可能会想到这样几个问题，什么地方有舞蹈？舞蹈以什么形式出现？采用何种舞蹈语言？这些问题的解决涉及舞蹈在戏剧中将起到什么样的功能与作用？面对这些共同的问题，中外戏剧创作者们做出了异中有同的解答，而且，在某些方面具有惊人的相似性。剖析这种现象背后的艺术本质，对戏剧中的舞蹈创作将大有裨益。

（一）舞蹈开场、渲情造势

开场，是东西方戏剧都十分注重的戏剧形式。中国传统戏曲通常用副末开场和自报家门的形式，意在介绍人物、交待环境。这种方式同样被"样板戏"所沿用并发展成为序幕，在《智取威虎山》《奇袭白虎团》等剧中都采用了序幕的形式。

音乐剧在两幕的剧本结构基础上,建立了序曲—第一幕—幕间曲—第二幕—终曲的音乐结构。样板戏"为增强音乐的戏剧效果,借用了西方歌剧中的序曲、幕间插曲和情节剧等手法,并用不同的旋律和节奏来表现不同角色。"① 舞蹈,是音乐剧和"样板戏"开场中所使用的先声夺人的重要艺术手段。

在音乐剧《西贡小姐》第一幕的开场中,以"西贡小姐"选美为背景,在摇滚节奏的合唱烘托下,用酒吧舞蹈的形式,以激荡、粗野、淫秽的舞姿展现穿着暴露、浓妆艳抹的应召女郎和寻欢作乐的美国大兵相互挑逗、调情的场景,形象地营造了美国军队即将撤离西贡前那人心惶惶、紧张动荡的社会局势和人们寻求刺激、逃避痛苦的精神状态。

音乐剧《西贡小姐》开场(选美)

用舞蹈把传统程式技巧与规定情景中的人物行动有机结合,揭示人物的身份,展现人物的精神风貌,是"样板戏"序幕的一个显著特点。

《奇袭白虎团》"序幕"中的舞蹈吸取了舞剧《黄继光》、《罗盛教》的舞蹈语汇和创作规律,结合传统戏曲程式中的一些枪花技巧,战士由原来单一

---

① [美]希拉·麦尔文、[美]蔡进东:《为何怀念动乱时期的产物》,《纽约时报》2006年10月29日文艺版头条。

的双手握枪发展、演化成一系列灵活多变、流畅优美的持枪动作舞蹈组合。中、朝两国战士迎着硝烟弥漫的战火，高举着鲜艳的红旗，分别从"上场门""下场门"出场，此处借鉴了传统程式调度"二龙出水"两方同时出场的形式，但打破过去表现交战双方阵前对峙的旧格局，大胆创新，以对称的手法，表现了中、朝两国军队并肩战斗，共同打击美国侵略者的宏伟气势。

《奇袭白虎团》序幕

舞蹈，在音乐剧的序曲开场和"样板戏"的序幕中，起到了的渲情造势、交待情境的重要作用，正如古代美学家乔吉"凤头""猪肚""豹尾"之说，"凤头"即所谓"起势要响亮"，先声夺人，是任何戏剧追求的佳境，这其间手段很多，舞蹈，是不可忽视和功效卓著的一种。

（二）结构剧情、刻画人物

在中外戏剧创作中，创作者们将舞蹈、音乐、戏剧有机结合，使舞蹈的出现不着痕迹，成为戏剧结构、矛盾冲突的组成部分。

如音乐剧《歌剧院幽灵》中的"假面舞会"和"芭蕾排练"，《西区故事》中展现两个帮派青年比赛争斗的"体育馆舞会"，《艾薇塔》中表示女主人公混迹于各个社会阶层，不断攀升的"社交探戈"等，都让舞蹈成为剧中推动事件进展、展示人物性格的组成部分，使舞蹈的观赏性和其矛盾的推动力有机交融。

在"样板戏"中,让舞蹈本身成为剧情的组成部分也不乏其例,如《奇袭白虎团》中展现中、朝军民鱼水之情的朝鲜民族舞蹈"丰收舞"。志愿军京剧团的编舞陈心婉将自己在朝鲜时向朝鲜朋友学习的朝鲜民间舞蹈与京剧的形体动律相融合,编创了一组充满了浓郁朝鲜民间舞风韵的中、朝军民同欢共乐的舞蹈。在音乐上,采用了朝鲜著名的民间乐曲《桔梗颂》;在京剧舞台上,第一次大胆采用了类似于华尔兹的3/4拍的音乐节奏。那轻松欢快的旋律,韵味独特的拍手舞蹈确切地表现了中、朝军民血浓于水的深情厚谊。这段舞蹈,与紧接的敌机轰炸形成鲜明对比,成为展现中、朝军民同仇敌忾、休戚与共战斗关系不可或缺的重要形式。另外,从创作的角度看,也开创了"样板戏"里"开舞会"的先河。①

(三)揭示矛盾、展现冲突

"唱、念、做、打"是戏曲抒发人物情感,展现矛盾冲突的艺术表现形式。其中的"打"是戏曲表现冲突的基本手段。而在音乐剧中,则很少用直接的打斗来展现矛盾冲突,而是多用舞蹈等间接的形式来展现人物间激烈的内外部冲突。"样板戏"在表现敌对双方的斗争时,舞蹈更是不可或缺的手段。戏曲的武打,严格意义上讲是一种模拟打斗形态的舞蹈。经过长期的探索,现代戏(样板戏)舞蹈化的武打多规律性地被安排在剧终,即最终用武装斗争解决敌对双方意识形态的分歧。在武打形式上则呈现一种既脱胎于传统戏曲,又带有新时代武器特点的混合型武打,即热兵器的冷兵器化打斗。

创作者们注重舞蹈化武打设计中规定情景的制约,使其合理化。如一般不能在平原等开阔平坦的地理环境中开打。因为一览无余的地貌环境下,手持现代的武器而不发射子弹,这就有悖于生活的真实。因此,大多将环境设置成跌宕起伏、层峦迭嶂的丘陵山区,或洞穴屋舍,利用地形的复杂变化,使现代枪械的击射功能不能得到有效的发挥,从而将具有传统程式意味的现代枪械的击刺、徒手的对打合理地呈现出来。②

---

① 参见笔者《奇袭白虎团编导组成员周文林、郝建文、陈心婉创作访谈录》。
② 参见笔者《杜鹃山编导组成员石宏图、叶红珠访谈录》。

《智取威虎山》"打进匪巢"

另外,通过向舞蹈工作者学习,现代戏曲的编创者们打开了思路,摆脱了禁锢,在借鉴、学习舞蹈艺术的优长、韵律的基础上,充分发掘京剧艺术本身那丰厚的舞蹈资源,创作了一系列京剧传统技巧与现代军事动作有机结合的舞蹈。如《奇袭白虎团》第三场中的"侦察舞",创作者们将军事上的匍匐、卧倒等动作与传统程式中的"撒连""飞脚""蹦子""圆场"及"四门斗"的调度形式相结合,组成了有节奏、有层次的舞蹈,描绘了尖刀班的战士们侦察敌人工事、火力、兵力部署等一系列的军事行动。又如"卧倒"这一典型的军事动作,创作者们就编创了"旋子卧倒""虎跳卧倒""起跳卧倒""吊小翻卧倒""下叉卧倒",严伟才的"串儿翻身"接"蹦子""卧鱼卧倒"等一系列变化多样、逼真传神、优美舒展的舞蹈身段。[①]

以富有视觉冲击、激荡的舞蹈化打斗形态展现人物关系的对立和矛盾冲突,是中、外戏剧在表现形式上的共同选择。

(四)强化节奏、营造高潮

音乐剧所具有的集现当代流行音乐、舞蹈、舞美、题材于一身的综合性、开放性、多元性等艺术特质,及其商业戏剧的本质,促使其创作者们格外重

---

① 参见笔者《奇袭白虎团编导组成员周文林、郝建文、陈心婉创作访谈录》。

视营造跌宕的戏剧情境、动人的戏剧高潮以及快捷的戏剧节奏,从而将观众吸引进剧场。和好莱坞的电影创作一样,百老汇戏剧也十分注重对观众观剧心理节奏的把握,每隔三五分钟便有一个事件出现,诸多的事件形成跌宕起伏的高潮,将观众牢牢地"摁"在座位之上。而具有强烈视觉冲击力的舞蹈则成为达到上述目的的有力手段。

音乐剧《西贡小姐》"离别"

如在《西贡小姐》中,编导者运用群舞队列的流动、人群的奔跑与聚散,来表现美军撤离前疯狂的人们聚集在美国大使馆门前企图随飞机逃往美国。加之震耳欲聋的直升机从天而降,把男女主人公克雷士和金的生离死别,人类的求生本能和在战争面前的渺小无助渲染得触目惊心、淋漓尽致,形成全剧激荡人心的高潮段落,使观众在感叹主人公悲惨命运的同时,真切感受到战争的残酷和对人类自身的戕害。

相比于音乐剧舞蹈的渲情功效,戏曲在此方面更为源远流长。古典美学论著《毛诗·大序》所云:"言之不足故嗟叹之!嗟叹之不足故手之舞之、足之蹈之也!"这一舞蹈生发的动律历来为戏曲创作者们所遵奉。"舞以渲情""以舞造势"本来就是戏曲的看家本领。"样板戏"继承了传统戏曲的这一艺术品质并加以发扬。剧情酣畅之时,大都歌舞并茂,以主调音乐的烘托渲情,舞蹈的强势造型来完成高潮的强化。如《沙家浜》"坚持"一场中,18个伤病员缺医少药,但斗志弥坚,以"要学那泰山顶上一棵松"励志激励,在电闪雷鸣的音效烘托下,以多变的队形,各异的舞姿,众人的合唱,加之最后梯形的造型,形象地营造出18棵"青松"的巍巍英姿和屹立不倒的雄伟气势。又如《龙江颂》中的"抢险合龙";《智取威虎山》中的"打虎上山"和"急速出兵";《红灯记》中的"胜利前进";《杜鹃山》的"飞渡云堑";《海港》的"深夜翻仓";《平原作战》的"袭扰县城"等高潮段落。在现代戏曲中,高潮的设置因剧而异,有的设于剧中,有的设在结尾,但大都以舞蹈作为达到戏剧高潮的推动形式。

（五）刻画性格，外化心灵

舞蹈作为一种动态的人体艺术，在描绘人的外部形象方面具有得天独厚的优势。自音乐剧编舞家罗宾斯在《西区故事》中通过"交响编舞法"塑造出性格迥异的众生相以来，舞蹈愈加成为音乐剧编导者塑造人物性格、外化人物心灵的重要手段。

音乐剧《艾维塔》中，编导者以华尔兹、阿根廷探戈为全剧的主要舞蹈语汇，通过舞场的变换，舞伴的更迭，表示出艾薇塔由贫女、歌女、模特、影星到总统夫人的人生轨迹。在发现自己身患癌症，面对放弃还是坚持竞选副总统的两难境地时，舞蹈编导让—爱薇塔与切·格瓦拉以充满张力、较量的探戈舞步，外化了艾维塔内心激荡、尖锐的矛盾，表明了她最终继续竞选的决心，形象地刻画了人物不向命运低头的坚强性格。

在"样板戏"中，通过舞蹈来刻画人物性格，展现人物的精神面貌，更是贯穿全剧的核心任务。"样板戏"创作人员总结出"三个对头"即"思想感情对头，性格气质对头，时代气息对头"，以及"三个分析"即"分析英雄人物的思想、感情、性格、气质；分析英雄人物的生活环境特点；分析英雄人物与其他人物的关系"[①]。然后根据剧本的主题思想、情节结构等，找出这个人物在一定环境下内心世界的各个侧面及其发展，找出揭示这些内容的重要环节，在这些重要环节上设计舞蹈动作，以完整、深刻地体现人物的内心世界。

《奇袭白虎团》的舞蹈造型可谓明显地体现了这种创作精神。侦察排长严伟才作为本剧的主要英雄人物，其中心地位在舞蹈动作设计和舞台调度上都得到了极大的强化。他既是一个基层的指挥员，又是战斗员，有着机智勇敢的优秀品质和娴熟的军事素养。从人物的性格特征和精神气质出发，《奇袭白虎团》剧规定了严伟才的舞蹈基调：威武、挺拔、矫健、敏捷，并将这些基调鲜明地贯穿于他的一系列舞蹈动作和稳定的舞蹈造型之中。这些壮美的舞蹈造型，很好地表现了英雄人物的内心世界和精神气质。

又如《智取威虎山》创作者们确定以第五场的"马舞"、第十场的"开打"以及六场有关唱段中的舞蹈，作为综合地表现杨子荣既豪放勇敢又精细

---

① 上海京剧团《智取威虎山》剧组《源于生活，高于生活——关于用舞蹈塑造无产阶级英雄形象的一些体会》，见《红旗》杂志 1969 年第 12 期。

机智的性格气质的重点。如第五场的"马舞",从由于马闻虎啸蹿跳不已而引起的各种矫健、敏捷的勒马的外部动作上,可以看出他的豪迈气概;从杨子荣的面部表情、眼神和动作的稳练性上,又可以看出他的沉着冷静、精细机智的性格特点。因此这段舞蹈表现的是马慌人不慌,马动人静,急速奔放的外形动作和沉着冷静的心态神情达到有机的融合。

《智取威虎山》"打虎上山"

"神出于形,形不开则神不现";①"意在形,舍形何以求意"。② 中国古典画论的美学精神精辟地概括了音乐剧和"样板戏"舞蹈艺术的创作特点。"形"是角色物化的形体姿态,"神"是人物的内在思想、情感反映在形体上的生命。二者互为因果,但在表现程序上则是"知于内,而行于外"。斯坦尼斯拉夫斯基对此精练地概括为,"我们的目的,不单是创造人类的精神生活,同时是用美丽的艺术形式把它表现出来"。③ 这种用美丽的艺术形式所表现的人类的精神生活,就是音乐剧和"样板戏"舞蹈创作的内容与目的。

(六) 描绘生活、以舞传情

舞蹈原本源于生活,先人把农桑、狩猎的生活景象以舞蹈的形式予以再现,或是表达丰收的喜悦,或是炫耀赫赫的武功,众人击节附和,在鲜明的

---

① (清)沈宗骞:《芥舟学画编》,转引自杨非编著《梨园谚诀辑要》,中国戏剧出版社2003年版。
② (明)王履:《华山图序》,转引自杨非编著《梨园谚诀辑要》,中国戏剧出版社2003年版。
③ 转引自杨非编著《梨园谚诀辑要》,中国戏剧出版社2003年版。

节奏衬托下,生活动态演变为曼妙的舞姿。

在音乐剧中,把日常的生活形态加以提炼,赋之以符合生活原形的鲜明的节奏,用一种舞蹈化的身形韵律表现出来,是其舞蹈创作的重点之一。这种展现人们日常生活,或者说是从日常生活中提炼而来的舞蹈,大多不改变其原有的形态,较为简单,在不断的重复中将动作加以放大,使其具有音乐的节奏感和舞蹈的韵律感。

如在音乐剧《奥里弗》中,奥里弗在流浪儿亚狄的带领下去拜见盗贼师傅,沿途所见的各种景象。编导以两个孩子的眼睛为视角,向观众依次展现了市井百态:卖菜的摊贩、屠宰场的工人、卖报的报童、扫烟囱的孩子、巡逻的士兵、卖鱼的妇女、刷瓶子的女工,众人在统一的音乐旋律和节奏下,忙着各自手中的活计。生活化的动作,在音乐的映衬下,被加以夸张放大,变成了优美的舞姿。千姿百态的众生相,在统一的节奏下,变成了整齐的群体舞蹈,生动地营造了一派市井生活的繁忙景象。

如何把生活中的动作形态戏曲化、舞蹈化,形成具有戏曲化身形韵律的"摹形舞蹈"。即模拟生活动作,用富于戏曲韵致的舞姿将其表现出来。"样板戏"在这方面也取得了显著的成绩。

如《磐石湾》开场,众女民兵在明快的乐曲声中,身披彩霞,挥舞渔梭,编织渔网的"织网舞";《龙江颂》开场中,青年社员们肩背喷雾器喷洒农药的"打药舞"和手持簸箕挥撒化肥的"施肥舞";《海港》"翻仓"一场中的"扛包舞"等。

样板戏负责人认为舞蹈动作要突出京剧的特点,强调现实生活动作的舞蹈化、优美化、节奏化;讲究动作的造型感,亮相的雕塑感;强调舞蹈动作的生活依据,要求演员下部队学军事技能、下码头扛大包,下农村撒化肥、割麦子、挑担子,学各种农活。这样做的目的一是让演员要掌握剧情所需的生活动作,二是改变演员的气质,使之与人物贴切。在《龙江颂》序幕中,用"撒化肥"这种新的生产方式代替传统的犁地刨坑以表

《龙江颂》中江小英撑杆下船

现新农村的生活景象,这段舞蹈,动作是生活的,节奏是京剧的,上身是生活的,下身是京剧的。又如《龙江颂》中江水英出场时撑杆下船的剪身跳。在排演现代戏中,这种体验生活的方式显示了它的必要性。

把生活动作予以京剧化、舞蹈化,赋予其舞台艺术的美感和节奏感。① 以再现生活动作为主,由手、眼、身、法、步为基本元素组成一系列程式化的舞蹈动作。通过舞蹈形式或描绘人物正在从事的活动,或展现人物所处的环境。"样板戏"中这种模仿生活形态的舞蹈,编导者的真正用意还是为了抒发人物的内在情感和表现人物的精神状态,营造戏剧情境,烘托戏剧气氛。

(七) 提炼生活元素、生发状情舞蹈

从日常的生活动作中,提炼出一种形态作为种子,加以舞蹈化的放大、升华,使其既具生活情态之真,又具舞蹈仪态之美,从而最终达到壮怀抒情的目的。这是音乐剧和"样板戏"舞蹈创作中一个重要的方面。

音乐剧《雨中曲》

《雨中曲》,是一部 20 世纪 50 年代创作的美国音乐剧的杰作,其中的一段雨中舞蹈堪称这部影片的精华。无声电影明星唐·洛克伍德因为在有声电影中表演的失利而苦恼,在他的好友科斯莫·布朗的建议下,将失败的有声电影改为音乐电影,从而挽救了他的事业,同时也赢得了女友凯西的芳心。

---

① 参见笔者《龙江颂编导孔小石访谈录》。

行走在大街上的唐在雨中情不自禁地放声高歌，手舞足蹈，尽情地抒发心中的欢畅。这段舞蹈，以真实的街道为背景，以倾盆的大雨为情境，将街道背景中的行人便道、店铺橱窗、电线杆、排水管，空中的雨水、地上的积水、手中的雨伞，统统作为起舞的载体和对象，把雨中行走这一生活举动提炼升华，将自然的景观和人为的舞蹈有机结合，形象地外化、抒发了人物此刻欢快的心情。

"样板戏"在提炼生活元素，升华为舞蹈方面也是成绩斐然。如《智取威虎山》中第九场的"滑雪舞"就是根据剧情，从生活出发，创新设计的。这段舞蹈最初编创时，13个演员人手两根雪杖，在舞台上根本舞动不开，编导力图求真但不美。后来去掉雪杖，演员们便灵动起来，充分展开想象，发挥戏曲虚拟写意的艺术特点，创作出虚拟化的手持雪杖、脚扎滑板，冒雪行军，遇大风、攀悬崖、下陡坡等既具生活形态之真，又富艺术夸张之美，传神逼真的形体动作，配以台前纱幕上打出的缤纷雪花，形成极具电影视角的纵深感。从而使这场舞蹈既做到了与环境的有机融合，又形象地表现了追剿队官兵英勇顽强的战斗毅力，显示了革命英雄主义和乐观主义的精神面貌。

（八）巧用道具、起舞抒怀

如何发挥舞蹈特性，巧用道具，把它作为展开戏剧矛盾、展现人物风采、抒发情感、表明心志、外化人物精神气质的手段形式，成为人物情感交流的过程中不可缺少的物件和演员起舞的媒体，也是"样板戏"和音乐剧创作人员悉心钻研的课题。

在音乐剧中，桌椅板凳、门窗沙发、刀叉杯盘等景物和器具也是角色起舞的依托和契机，成为联结规定情境、人景合一、情景交融的载体。如《美女与野兽》中的"酒杯舞"，《油脂》中以长桌条凳为支点的摇滚舞蹈，都是音乐剧运用道具舞蹈的典范。

中国古典舞蹈美学有"不舞不授器"之说，意即但凡起舞，必持器具在手、渲情造势。这种借助道具，延伸肢体表现力的授器舞蹈在传统戏中可谓比比皆是。如翎子功、帽翅功、髯口功、水袖功，各种刀枪"下场花"等皆是抒情传神的舞蹈。京剧武生大师盖叫天认为，生活中有的（任何器具）都可以京剧舞蹈化，都可以舞动起来，但关键是要让道具成为这个戏，这个人物此时此刻抒发情感所必需的手段。

"样板戏"由于服装样式的改变，传统戏曲长袖善舞的艺术特性受到局限，因此使得表演中道具的舞蹈功能得到进一步加强。

如《奇袭白虎团》中的"探雷舞"，通过探雷针这一独特的工具，加以特征鲜明的排雷动作，以快速的节奏表现了尖刀班战士们熟练的军事技能和勇敢无畏的革命精神。编创者们以军事行动中的探雷动作为基础，又揉进了民间舞蹈的"盘腿跪步前进"和戏曲传统程式动作"乌龙绞柱"和"扫堂旋子"，以表现探雷工作的进程与地形的复杂变化。这段舞蹈突破了实际生活中探雷的缓慢节奏，充分发挥了戏曲写意的艺术原则。又如《杜鹃山》"劫法场"一场中，柯湘怒斥群敌的"镣铐舞"；《平原作战》赵勇刚假扮车把式的"马鞭舞"；《海港》中抒发码头工人壮志豪情的"搭肩布舞""缆绳舞"等，都是这类道具舞蹈的典型。

音乐剧《海港》

二、戏剧舞蹈的六个属性

（一）实拟舞蹈

即演员或通过逼真的模拟表演，或通过实物的道具来展现人物的精神面貌和生活状态。如上述戏曲舞例中的"洋车舞""挑担舞""镣铐舞""马鞭舞""搭肩布舞""喷雾器打农药舞""簸箕施肥舞""探雷舞""轮椅舞"

"电话舞""马球舞"等。这些舞蹈继承了传统戏曲以鞭代马，以桨为船，虚实结合的美学精神，又在此基础上予以发挥和延展，丰富、提高了戏曲表现现代生活的手段和能力。

（二）虚拟舞蹈

这是传统戏曲美学属性的核心，意即通过演员以虚拟写意的舞姿外化、展现人物内在的情感和心理状态，描绘人物所处的环境和正在从事的活动。如上述舞例中的"马舞""排雷舞""羽毛球舞""滑雪舞""自行车舞""龙舟舞""缆绳舞"等。

以上两种是从舞蹈的性质上加以划分的。

（三）状情舞蹈

也可称为抒情舞蹈，与芭蕾舞剧的那种情绪性的舞蹈类似，它主要不在于表现生活动作，而是重在把人物的心理状态外化为一组精心设计的优美的舞蹈语汇。把人物一刹那的情绪变化，在时间上加以放慢、延长来强调；在空间上加以放大、夸张来渲染，从而不受特定时间、空间的限制，获得充分"状情"的自由。①

在上述的肢体语汇实例中属于状情舞蹈的有音乐剧《雨中情》中的"雨伞舞""样板戏"《智取威虎山》中的"马舞""滑雪舞"，《海港》中抒发码头工人壮志豪情的"搭肩布舞"；《白毛女》中表现杨白劳悲愤欲绝的"僵尸""抢背"等舞蹈身段；《杜鹃山》中柯湘怒斥群敌的"镣铐舞"；《平原作战》赵勇刚假扮车把式的"马鞭舞"；《骆驼祥子》中的"洋车舞"；《家庭公案》中展现人物心理和情感交流的"羽毛球舞"等。

（四）叙事舞蹈

它以再现生活动作为主，由手、眼、身、法、步为基本元素组成一系列程式化的舞蹈动作。通过舞蹈形式或描绘人物正在从事的活动，或展现人物所处的环境。如《龙江颂》中的"喷雾器打农药舞"、社员手持簸箕"撒化肥舞"；《海港》码头工人的"扛包舞""缆绳舞"；《奇袭白虎团》中的"探

---

① 朱文相：《试谈创造表现现代生活的戏曲身段》，载于《戏曲现代戏导演表演艺术论文集》，上海艺术研究所1985年版，第325页。

雷舞""排雷舞""侦察舞"等。

在传统戏中,这种舞蹈又可称为生活程式型舞蹈,意即将骑马坐轿、行船泛舟、开门关门、上楼下楼、行动坐卧、吃饭饮酒、喂鸡养鸟、穿针引线、锄草种花等生活形态以舞蹈化的形式予以表现。它是戏曲表演程式系统中最小的单元动作,是生活动作的舞蹈化。在舞台演出中它可以单独成段成块地组合在一起,表示一定的生活内容。但更多的时候它是呈零散状态,与唱、念结合来描绘情节和人物。无论生、旦、净、丑各种行当的戏曲人物,只要往台上一戳一站,举手投足,均带有明显的戏曲化舞蹈韵律。生活程式型舞蹈可以说是戏曲演出中一种无处不在、无所不在的舞蹈化表演。由于它以描绘事物、叙述生活过程为主,所以更多体现为"再现"性质。

(五) 叙事寓情舞蹈

在有些戏曲舞蹈中,叙事与抒情因素往往是扭结在一起,交相辉映、彼此相融的。既描绘了人物所处的地理环境和正在从事的活动,又抒发了人物的情感。如上述《智取威虎山》中的"滑雪舞"、《打虎上山》一场中的"马舞";《华子良》中的"挑担舞";《张四快》中的"自行车舞";湖南花鼓戏《荷花洲头》中的"龙舟舞";京剧《药王庙传奇》中表现三个人物不同心态和情感的"轮椅舞";汉剧《弹吉他的姑娘》表现四个人物在不同的空间进行情感和心灵交流的"电话舞";新编古代戏《贞观盛事》中的"马球舞";《公司》中的"电脑舞"等。

这种类型从形式上看是在描绘事物的发展过程,但又不同于一般的叙述和交代,而是在描述过程中融入了人物强烈的感情色彩,因而又是抒情的,是寓情于事、以事显情。在传统戏中,这种类型的舞蹈也为数不少。如《乌龙院》中宋江寻找招文袋一段舞蹈,它是叙事的,所有舞台动作都具有明确的指代意义,形象地描绘了宋江"四处寻觅"以及回忆判断的过程,然而它又是抒情的,浓墨重彩地渲染了宋江意识到大祸将至时的惊恐和焦虑。川剧《秋江》的"行船舞蹈"也可以说是叙事的,生动地再现了剧中人从上舟到追舟的情景,使人如闻水声,如见舟船,然而它又是通过大量戏曲化的舞蹈语汇,表现了陈妙常与艄翁两个人纯情与善良、亦庄亦谐的人物个性以及幽默风趣的戏剧情调。这种舞蹈非常巧妙而有机地把叙事与抒情统一起来,达到了高度的戏剧化,具有戏曲再现基础上加以表现的艺术品质。

（六）技艺表演型舞蹈

专指戏曲演出中展示技巧的舞蹈化表演，如种类繁多的毯子功、把子功、水袖功等。技艺表演型舞蹈的作用一方面是刻画人物、抒发情感服务，另一方面是直接服务于观众的技艺欣赏要求。"欣赏戏曲，有时表演有惊人的绝技使一个剧中人产生了迷人的风度"①。

这是中国戏曲演出中一种特殊的现象，是戏曲反映生活而又同生活保持一定距离所带来的审美特性。用布莱希特的话来说就是"一个表演者和两个被表演者"的关系，②即演员既扮演角色，又表演自己。技艺表演型舞蹈从展示演员功力，塑造剧中人物这双重职能来看，它既是"表现"的，又是"再现"的舞蹈类型。

以上四种则是从舞蹈的艺术属性和表现功能来加以划分的。

在戏曲新创剧目的肢体动作创作中，导、演者要尽量做到将技艺的展示和"叙事""状情"因素的有机结合，即便技艺性是传统戏曲的重要美学特征之一，也应使其为塑造人物服务，而不是因技艺的展现而使戏剧情境中断，使戏剧情节松散。京剧《华子良》的"挑担舞"在这方面做到了较好的统一。但从人物创造的严格意义上讲，这段舞蹈中的技艺性成分与人物情感的抒发仍有"隔"的感觉。使观众正在专注于感受华子良那压抑许久，终得释放的激荡的内心情怀时，又不由自主地被演员高超的技巧所吸引，演员技艺的展现无形中达到了间离效果，造成观众对人物情感意蕴的审美中断。

梅兰芳、马连良、周信芳、李少春等京剧大师的表演，当他们运用一些舞蹈化的程式技巧时，你感觉不到是演员在展现个人技艺，而是觉得这个人物此时激荡的情感必须通过"卧鱼""吊毛""僵尸""抢背"等技巧才可表达。可见，使技艺化为人物行动、传达内心激荡情感的必然，达到情、理、技水乳交融的高度，才是戏曲演员塑造角色的佳境。

戏剧舞蹈的编创是一个广阔的领域，是一个在当下中国艺术舞台上亟待开发的一个舞蹈创作的新天地。所以笔者曾在中国最高的舞蹈学府北京舞蹈

---

① 张庚：《戏曲美学三题》，载于《文艺研究》1990年第1期。
② ［德］布莱希特著，刘国彬译：《论中国人的戏剧》，转引自《中国戏曲通论》，上海文艺出版社1989年版，第597页。

学院呼吁，希望专家们关注这个舞蹈形态，也希望有更多的舞蹈编导加入戏剧舞蹈的编创中，创作出更多更好的戏剧舞蹈，为舞蹈艺术的百花园中增添一株绚烂的花朵！

（王绍军：中国戏曲学院）

鼓声、鼓语、鼓情、鼓韵
——商洛花鼓戏《月亮河》导演艺术谈片

吴彦秋

一直以来,作为世界上三大古老戏剧艺术形式之一的中国戏曲,走的是一条不断吸纳、兼容、化生成丰富自我的创作之路。从审美角度上讲,是与中国传统美学思想相适应的,其中包括内容与形式。中国戏曲,恰好似幽幽空谷之中,飘来的一抹淡淡兰香,寂静处传来一两声唏嘘声响。却道有时观却无,只言声处寂不响,此时却已暗香凝定,此处却也音韵偶传,悠远异常。此情、此景皆关乎情。

德国哲学家恩斯特·卡希尔曾经说过这样的话:"语音和艺术都不断地在两个相反的极之间摇摆,一级是客观的,一级是主观的。"在时代背景、社会条件与创作者所处的整体氛围中的时候,有什么样的时代精神,便会产生与其时代相适应的特定的艺术表现方式。由此可见,一个人所处的历史时代,便会有相应的命运和时事。在艺术创作上,后来者也会有与当时所处的历史背景、社会环境和社会风貌相互依存的艺术表现方式,寄予了创作者的个人主观情怀与受众者的情感愿望,两者互为依存,又相互促进发展。举凡现存的、鲜活的艺术,无不具有穿越时空及艺术想象无限的经纬度,更有其发展传承的时效性。

陕西商洛花鼓戏,是中国国家首批非物质文化遗产保护和传承项目的剧种之一。大型商洛花鼓戏《月亮河》是根据中国著名作家贾平凹的小说《天狗》改编而成。故事发生在现代陕南月亮河畔高堡子村。高堡子村是一个山清水秀、环境优美的地方，同时又是深藏在大山中经济发展落后、封闭的小乡村。唯有靠打井为计的高立正手头较"活泛"，日子过得还算"滋润"，在村里人眼中是富裕户。高立正在一次打井时不幸受伤身残，从此家道中落，陷入困境。高立正之妻——月儿，一个善良、充满爱心的女人，她勤劳、坚强地支撑起了这个即将衰败的家庭。月儿和高立正的徒弟天狗乘着时代的大潮养蝎子，办蝎场，使这个家又一步步兴旺富裕了起来。该剧试图通过月儿、高立正和天狗三人的命运与感情纠葛，展现了在一定的历史时期和特定的生活情境中，人与人之间纯真的情感，充分展示了三人各自的心路历程。山里的人们还保存着"发乎情、止乎礼"像泉水一样纯净的心灵，像高山一样淳朴厚重的情感。由此，也映照和引起我们对现代社会人与人之间关系和现状的思考。

本剧采用了无场次、线性结构的表现方式。在二度创作的手法和处理上，场与场的转换、叙事与抒情、歌与舞的表演等，使剧情努力做到一气呵成、流畅无痕、完整统一。在各方面进行了全方位的大胆尝试，力图将该剧做成一出"献给现代观众看的诗意戏曲"，在不失去戏曲传统表现审美意蕴的同时，更要在综合表现上大胆采用现代艺术表现手段，赋予传统戏曲以新的生命力，为观众打造一台既优美又感人至深的戏曲艺术作品。

在排演《月亮河》时，作为该剧的导演，笔者选择和挖掘出这个戏在文学剧本中所存在的"意象"——月亮、河水、井、鼓（在原剧本中月亮和鼓是不存在的，包括剧名也是在二度创作中导演与剧作者商议后更改的结果）。排演中，将剧中的"河水"幻化成众仙子和月亮女神；努力在"月亮"的大与小、阴与晴、圆与缺的不断变化中，表达了人世间的分、合、聚、散，传达了人物和创作者的心灵、精神、情感等主观意念。"井"的存在，既是戏中实用的道具，也有其自身的舞台语汇，更是象征了山里人既深邃又狭隘的内心及精神世界。

在这些表现手段基础上，导演着重突出以"鼓"这一特别的道具，作为形象意象创造的核心和"种子"。全剧以"鼓"的各种各样的表演作为贯穿，采用了大小、颜色、样式不同的"鼓"，用以表现人物情绪情感的"媒介"，并与花鼓戏这一富有地方表演特色的戏曲艺术形式相结合，寻找出艺术表现的特定语汇，在诗一般的意境中，发挥想象，创造出富有个性特征、独具韵味的演出艺术。正如中国著名导演艺术家、教育家徐晓钟先生所说，导演艺术在创作中应该"努力在自己的形式中赋予自己的观念"。

在艺术表现中被形象化了的"种子",能够给予二度空间一个创造形象的依据和暗示。所以,在二度创作中,将"鼓"如何打得巧妙、自然、了然无痕,并能够以此为戏的基本基调,来把握戏的气氛、节奏、色彩、情调和风格。在这些形象意象"种子"的生发下,按照戏曲创作的艺术科学规律,在"继传统、新观念、好手段"的把握上,力图创造一系列既符合戏曲艺术创作规律,又合理、恰当、优美的鼓的语汇、表现手段和方法。与此同时,创作者试图在戏曲艺术创作中,从生活真实到艺术真实的把握上,内容与形式的结合与统一,寻求一条最佳途径和方式,既考虑到老观众又考虑到年轻观众的审美趣味,创造出好听、好看、好玩又有其深刻思想内涵和哲学思考的戏曲艺术形式。总之,在鼓上做足文章,是本剧导演艺术思维的焦点。

关于"鼓"的传说,源于人、神、兽三者不分的神话时代。中国堪称是打击乐器的故乡,"鼓"也是我国最古老的乐器之一,古代将乐器按发音质料分为八个种类,即所谓的"八音":金、石、丝、竹、匏、土、革、木。其中"革"即是"鼓"类乐器。由于"鼓"的音调高并富于穿透力,因此被人们视为八音之领袖。叩击出声,具有很强的穿透力。"鼓"可以用手或者用鼓杵敲击出声。它与吹管、弹拨、拉弦乐器相比,是最早成熟起来的乐器种类。古代的鼓,大都是以中空圆木覆上兽皮制成的木鼓为主。表演"鼓"和击打"鼓"时,常常以它的轻、重、缓、急,调动舞者和观赏者心中的律动感。在漫长的发展过程中,先后形成了风格各异、分布广泛的各类打击乐种类。打击乐器在中国具有悠久的历史,"鼓"类乐器出现在史书上有三百种之多。"鼓"既是一种打击乐器,也是一种通信工具。古代军队用以发号施令,传达信息。"鼓"更有其象征的意义,常用在宗教仪式、祭祀、田耕、娱乐等活动中。在音乐中是一种比较重要的乐器,有的乐队完全可以由以"鼓"为主的打击乐器组成。不同类型的"鼓"也都可以被调校至特定的音调中。同时"鼓"的文化也是一种古老而神奇的艺术形式,文化内蕴极其深厚。在千百年来的历史发展中,"鼓"文化上至天神祭祀,下到农耕军旅,渗透和进入社会生活的各个层面,影响广泛而深远。在古代作为神器的"鼓"可以通天入地,具有十分神秘的色彩。有些少数民族使用的神"鼓"就具有某些法力,乘坐它还可以上天入地。在中国不同的民族、不同的地区,"鼓"在各个领域里展现出不同的形式美感。它们或阳刚遒劲,或柔美悠扬,或灵动轻盈,或威风凛凛，或深沉激昂，"鼓"的应用得当，常常会给人们带来强烈的听觉震撼和视觉冲击，人们能够在接受心理上，充分得到审美享受。它所传达出的信息，从根本上说，就是一种个人或群体的精神风貌。同样，"鼓"在本剧中，也应该被表现得不同凡响。

在导演和创作过程中，"鼓"既是传达信息的工具，也是表达情感的一种方式，我们一定要把"鼓"的艺术魅力发挥到极致。使之既可作为听觉艺术上独特的戏曲舞台语言，又可成为视觉艺术上灵动鲜活的人物情感语汇。在演出中，既可作为商洛花鼓戏《月亮河》的主要演出道具，同时也是一件形象多样、最具表现力的表演载体。既用"鼓"来把握整个戏的气氛、节奏、色彩、情调等，又为"花鼓戏"贴上了一个鲜明的标签。在风格上，提炼出"鼓声、鼓语、鼓情、鼓韵"八个字，全剧在这八个字上大做文章，让"鼓"发人心声，拟人心语，在"鼓"的韵律中，抒发人的感情。

"鼓声"，是听觉艺术的重要组成部分，它以强弱、快慢、高低等不同节奏形式的变化，表现出人与自然等不同的情境，传达出人们心灵、情感、态度的一种表达方式。

例如，在序幕中的第一部分，我们设计了一段鼓舞。它的规定情境是：在月亮河边，天狗这一人物的梦境（既是剧中人的梦境，更是创作者旨在带引观演者共同进入一场美妙的梦境）。本段鼓舞由两部分组成：首先是一段男子独舞；欺与众仙女群舞。在本段的艺术处理中，叙事与抒情并举。主要表现的是，年轻的天狗经常在洒满月光的月亮河边孤独地打鼓，以"鼓"遣情，以排解自己对师娘的遐想，对月亮女神的想象，甚或有时自己常常将纯洁善良的师娘和美丽动人的月亮女神在丰富的想象中相混，竟分不清哪个是师娘，哪个是月亮。在一轮圆月照耀下的月亮河畔，银色月光泻下，把整个烟雾缭绕的山庄渲染得仙境一般，河水声由远及近、由小渐大，在山谷中回响。孤独的天狗，在静寂中慢慢地敲起花鼓。随着"鼓"声由弱渐强、由慢渐快等鼓点的击打方式的不同和在丰富的舞蹈动作的变化中，远处慢慢飘来一队河水女仙和一个月亮女神，她们渐渐走近，与此同时山谷中传来缥缈的山歌。

    天上的月儿一面锣，
     锣里坐了个美嫦娥。

月中嫦娥柔似水，

水月情洒月亮河。

在美妙的乐声和歌声中，月亮女神舞动长袖，与河水女神们同舞。此时，月亮女神嫦娥忽然幻化成天狗的师娘月儿，飘飘欲仙。天狗击鼓而舞，当看到女神们后，由沉静、期待渐渐转入兴奋，与女神们同舞。这里，鼓声、水声、歌声、乐声组成声音的交响，烘托了舞台气氛。

天狗在追逐寻找女神中最美丽的月亮女神，在恍惚间寻也寻不见，天狗在众河水女神与月亮女神之间穿梭，无论怎样寻找、追逐，总是一次次错过，众女神簇拥着月神渐行渐远。天狗望着众女神们渐渐飘远，渐渐消失。这时，鼓声、歌声顿然消歇，空余下山谷间的流水，犹如哀婉的叹息，伴着梦中的天狗。

"天狗！"师父的一声断喝，将他从梦境中唤醒。醒来的天狗怅然若失。

总之，导演努力把鼓声与歌声、乐声、天籁之声，化合为一，作为血脉，贯通全剧。

"鼓语"，是借用一种物质的载体，传递出人物复杂丰富的情绪情感，更是表述人与人之间内心的只可意会、不可言传的心语。使人的情感在含蓄中愈显深刻，浅显中更加丰富确切，充分地展示了人类除语言之外所表达的复杂的人类感情。

天狗和师娘在村口告别的一段戏，我们设计了一段鼓舞。天狗因暗恋师娘，被村里人在玩笑中说起闲话，因此被师傅高立正从家中撵走。一直以来，师娘月儿像对待自己的孩子一样关爱天狗，但是面对倔强脾气的丈夫也很无奈，师娘只好鼓励天狗去城里自己去闯闯，月儿千叮咛万嘱咐在村口为天狗送别。多年来天狗没有什么可以报答师娘的养育之恩，临行时只有真诚、深情地为师娘打一场"告别鼓"，以表述自己的心迹。天狗慢慢地起舞击鼓，围着师娘庄重、投入地打起花鼓。天狗此时似梦似醒、如醉如痴，（有"醉鼓"的意味），从开始时的庄重—深情—暗自心痛，到面对师娘时既怕被发现自己的伤心，同时又要努力装出快活、振奋，转换成依依不舍等几种情绪后，以双手举起"鼓"的造型作为结束。在声效处理上，开始时采用无伴奏，整段告别鼓舞打完之后，使用了一个大的舞台停顿，而后突入音乐和伴唱。"鼓语"即"心语"，犹如一种别样的语言，填补了人与人之间无法用通常语言表达情感的缺憾，成为人物之间交流的媒介。如言若语的鼓音，增强了舞台表演的生动性，丰富了艺术的表现力。

"鼓情"，以鼓传情之谓也。人与人之间的情感表达，一靠口头语言，二靠肢体语言，三靠眉目语言，在此基础上，《月亮河》创造了第四种语言——鼓语。《月亮河》中的鼓，不但发声、发言，还必须传情。

师傅打井时伤残了身体，天狗回到家乡，和师娘通过共同努力而发家致富，家里一片欢庆。高兴之余，高立正提议，叫徒弟天狗和妻子月儿共同打段花鼓，以助酒兴。在欢快的"鼓子词"中，天狗和月儿打起了花鼓。他们边唱边舞：

> 我唱一，你对一
> 什么开花在水里，
> 你唱一，我对一，
> 莲米子开花在水里。
> 情哥你唱得好，
> 妹妹你对得妙，
> 二人玩耍好不热闹……

月儿和天狗先是兴高采烈、双双忘情地打鼓。本来，月儿和天狗都十分喜欢玩花鼓，可以说这个共同的爱好，也是他们萌生爱慕情感的诱因。这对年龄相差无几的青年，在艰难苦楚中渐渐萌生出来的一种复杂的情感，是共同因对"鼓"的喜爱所碰撞出来的心灵的火花。二人因"鼓"结缘、用"鼓"传情、因"鼓"达意，终至因"鼓"而知心。在这个喜悦的时刻，长久以来的亲情、友情甚至渐渐产生和慢慢转化成的爱情，交织在一起，却又不得不"发乎情、止乎礼"的难言、难过、难于倾诉表达的复杂情感，等等，一切都用共同打鼓、相互击鼓的表演淋漓酣畅地展示出来。

恰在此时，两人突然看到了高立正难堪而阴沉的脸色……这里，导演给出一个骤然停顿的舞台调度。二人面面相觑，相对无语。

人类发明创造的应对问题的所有方式方法，无不具有局限性，语言也如此。对本剧来说，试想，有比"鼓"更能发挥弥补作用的手段吗？

"鼓韵"，即鼓的神韵。严羽在《沧浪诗话》中曾提倡"神韵说"，要求诗须有情趣、有韵致。这里，我们把严沧浪的主张拿来作为对鼓的运用之最高境界，即鼓打得要有情趣与韵致。情趣与韵致来自哪里？来自击鼓者，来自击鼓者在击打不同的鼓以及在不同戏剧情境时击鼓的身段、表情等，一言以蔽之，来自击鼓演员的表演。我们运用"鼓"的大小不同（小鼓鼓面直径有 40 厘米；大鼓直径有 120 厘米）、颜色不同（戏中有红色、黑色等鼓）、击打方式不同等手段，结合人物的处境和思想情感，编排出多种击鼓者的形体、戏曲的特殊技巧、表情等表演手段，以单人鼓舞、双人合打、对打鼓舞、多人鼓舞等形式，把戏中的"鼓声、鼓语、鼓情、鼓韵"融为流畅丰富的舞台艺术语汇；运用鼓声的强、弱、快、慢，音程的高、低及节奏的变化，击打出时而轻灵，时而欢快，时而激扬，时而阴森神秘，时而悲怆凝重等不同声响，力图让全剧的所有鼓声无不韵味十足。这里，最要紧的不仅仅是演员打鼓的技巧，而是演员与鼓的关系认知。鼓不再是演员的道具，而是与剧中人物融为一体的内在之物。鼓成为演员的喉舌，它并非悬在腰际，擎在手中，而是镶嵌在胸腔之内的另一种具有生命力的符号；鼓声不是敲击所得，而是从心底流出。于是乎，鼓每发一声，都是人物心理活动的外化，不是欢悦，便是呜咽；不是绵绵细雨，便是雷霆万钧。

　　戏的结尾采用"开放式"的结构方式。当高立正觉得自己是"多余的人"，而欲走向自我毁灭的时候，天狗和月儿则用心在呼唤他的回归。此时，三人定格在与生命、心灵、情感等的一切挣扎中，走向复杂的内心世界——关于选择这一生命的重大课题，从而完成了人物和创作者对现代社会人与人之间关系和现状的思考，当代社会中的价值观的取舍。此时三人逐个慢慢地打起鼓来，众人从四面八方庄重、肃穆地涌入打鼓的队伍中来，渐渐地进入打鼓的行列，"鼓"的舞蹈越来越热烈激荡，震人心扉。鼓点丰富、节奏鲜明、富于变化。当群体"鼓"舞达到整齐热烈高潮时，"鼓"的舞蹈戛然而止，主题音乐重入。

天上的月儿一面锣，
锣里坐了个美嫦娥。
月中嫦娥柔似水，
水月情洒月亮河。

最后的"鼓"舞,既与开始时的戏剧结构首尾呼应,又结合月儿、天狗、高立正三个人物丰富复杂的思想情感,加之击鼓者的形体动作、技巧、表情等表演,使戏中的鼓声、鼓语、鼓情、鼓韵,都汇集了艺术表现的独到的舞台语汇,更是将"花鼓戏"这一戏曲剧种,贴上了一个"老酒换新装"充满情趣、意蕴的特殊标签。

商洛花鼓戏《月亮河》用"鼓"诠释了人的错综复杂的情感,演绎出剧中这几个特别人物许多"只可意会,不可言传"的最为隐秘的内心世界。

(吴彦秋:中国舞台剧、影视剧导演)

瓦格纳"音乐戏剧"艺术理想的成功结晶：
20世纪中国"样板戏"舞台实验的美学意义

[新加坡] 俞唯洁

　　长期以来，20世纪中后期中国戏剧舞台上出现的"样板戏"，从其总体艺术文化现象及至具体作品的内容与形式，在政界、学界及文化界的官方解读中曾经被简单负面地认作是那个时代政治文化及思想意识形态的御用工具，后又被包容地认为是那个时代的特定文化艺术现象。在民间，"样板戏"亦褒贬不一。不少深受"文革"迫害者多从"样板戏"的各类艺术符号的再次出现联想起当年的不堪精神折磨愤而贬之，也有当年纯然从艺术角度浸染于"样板戏"的爱好者仍对其热衷褒扬。时至今日，"样板戏"的旋律、清唱、片断、折子戏乃至全剧仍可在各类音乐会、专场演出及至街头"大妈舞"中不断再现，音韵绕梁。

　　其实，摒弃政治文化意识形态领域的各类"形而上"论述，也暂时搁置当年政治语境下的个人境遇，纯然从艺术及美学的角度来对"样板戏"现象从创作实践到舞台呈现进行全方位的考察，方能窥见中国几代戏剧工作者当年所从事的"样板戏"舞台实验的艺术成就及其现代意义的美学语境。

　　本文试图对"样板戏"产生时代背景及其发展历程做一梳理，并从德国戏剧及舞台革新艺术家理查德·瓦格纳（1813—1883）在19世纪所从事的"歌剧革命"试验进而所取得的"音乐戏剧"（Music Drama）硕果及其美学论述来尝试对"样板戏"现象进行再次观照，抛砖引玉，探索讨论。

　　事实上，现代"样板戏"的出现是20世纪中华人民共和国成立后经由艺术家发起后由政府倡导的戏曲改革运动的必然成果。早在1950年底，梅兰芳、盖叫天等表演艺术家，作家沈雁冰、周扬及剧作家田汉等召集了各戏曲剧种专业代表二百多人，在北京召开了"全国戏曲工作会议"，并在会上向文化部提出了戏曲改革的建议。周恩来据此于1951年向全国各戏曲团体签发了戏曲改革工作的指示，其主要任务是审定流行最广的旧有剧目，并建议每年举行戏曲竞赛和公演。1952年，"第一届全国戏曲观摩演出大会"在北京举行，其间，有23个不同剧种的众多剧团演出各类剧目一百多出。

在此基础上，文化部于1956年和1957年举行了两次"全国戏曲剧目工作会议"，先后挖掘出能开列名目的传统剧目5万多个，完整记录的剧目1万多部，加工整理剧目4000多出，能上演剧目达1400多部。1960年，在北京举行的"现代题材戏曲观摩演出"活动中，时任文化部部长的剧作家兼舞台导演齐燕铭代表文化部正式提出"现代戏、传统戏、新编历史剧三者并举"的戏曲剧目改革方针：即大力发展现代剧目，积极整理改编和上演优秀传统剧目，提倡用历史唯物主义观点创作新的历史剧目。

在当时的社会政治气候条件下，这一戏曲剧目改革"三并举"框架中的"传统戏"和"新编历史剧"的实施先后遇到了不同程度的挫折。而"现代戏"的剧目创作则得到了空前的发展。1964年初夏，"京剧现代戏观摩演出大会"在北京举行，为期两个月的6轮演出推出了来自全国各主要京剧院团共由五千多名艺术工作者参与演出的35部京剧现代戏。其中以《红灯记》《智取威虎山》《奇袭白虎团》《芦荡火种》（后更名为《沙家浜》）为代表的一批剧本内容与艺术形式方面相当成熟的京剧现代戏得到了专业与普通观众的欢迎，为运用传统京剧艺术形式在舞台上表现现代生活作出了示范性的尝试。这其中也包括了由宁夏京剧团和北京京剧团根据上海青年话剧团同名话剧改编演出的两台《杜鹃山》。1965年春，"华东区京剧现代戏观摩演出"在上海举行，其间，来自华东地区六省一市的京剧工作者两千余人演出了24个京剧现代戏，其中也包括了后来成为第二批"样板戏"之一的现代京剧《龙江颂》。至此，除了《杜鹃山》和《龙江颂》外，前述4个剧目连同另一个京剧现代戏《海港》以及现代芭蕾舞剧《红色娘子军》《白毛女》和交响乐《沙家浜》一起被称为八个"革命样板戏"。

在此基础上，北京京剧团的《杜鹃山》则重新整理排演，由青年昆曲演员杨春霞担任剧中女主角柯湘，于1973年在北京公演并被拍摄成彩色舞台片于 1974 年上映。

由此可见，现代京剧"样板戏"的诞生，确实是当年全国戏曲院团剧目改革创新"三并举"举措之一的现代戏创作热潮发展之硕果。从当时政治文化背景出发，通过对上述大规模京剧现代戏会演剧目的刻意挑选并在全国范围内全力组织艺术精英对其作进一步加工改进，这批剧目追求并达到了在反映现代生活内容及京剧艺术表现手法之舞台传承创新两方面的高度统一，故曰"现代京剧样板戏"。而在这一剧目创新过程后期所推出的《杜鹃山》则更是在第一批现代京剧"样板戏"的实验基础上，得到了进一步的提高，亦被视为现代京剧"样板戏"发展创作之巅峰。

从舞台演剧发展史来看，对京剧新剧目的创造以及对京剧传统表演手段的革新以反映近现代生活的追求与试验并非仅起始于新中国的诞生。早在 20 世纪前半叶，梅兰芳等四大京剧名旦已开始同文人学士合作，率先进行了这方面的尝试，其中尤以梅兰芳的实验更为显著，其早年创意并试验的"时装戏""古装新戏"以及"昆曲传统戏"当可被视作后来"三并举"剧目开拓构想的发轫与滥觞。几乎在同一时期，欧阳予倩与田汉等一批留学海外归来的剧作家和导演也先后加入了京剧新剧目创作与演出的实验行列，抗战时期于 1944 年在广西桂林举行的"西南第一届戏剧展览会"推出的六十多部各类舞台剧中就有 29 出新创作或改编的京剧剧目；而在延安的京剧创新活动则更产生了如《逼上梁山》和《三打祝家庄》等深受欢迎的京剧新剧目。

再往前看，对京剧等传统戏曲剧作内容的创新及其舞台表演形式的改造，可追溯到 19 世纪末以降的新文化运动以及其后的"新剧"与"文明戏"试验及至早期中国话剧的诞生。如此，便可了解对现代京剧剧目的创造及其舞台表演形式的革新乃为数代中国文艺工作者的自觉选择与不懈追求，而现代京剧"样板戏"则是戏曲发展自我更新改造过程在 20 世纪 60 年代特定社会政治条件下的成功结晶，而并非仅仅是某一个人政治活动之产物。

不可否认，这先后两批现代京剧"样板戏"在将中国社会近现代社会政治生活作为剧目内容所进行的创作过程中，乃从当时社会的政治标准出发，使得这些作品深深地烙上了那个时代的印记。其实也无可非议，因为在进行戏曲革新的同时，中国政府也进行了对戏曲乃至所有演艺团体的"改制"建设，即对各类艺术团体及其从业人员进行国有化收容接纳与资助，从根本上解决了由于剧目贫乏以及舞台表演手段陈旧落后而带来的戏曲演艺业的凋零及其从业人员难以为生的困难局面。作为由政府财政拨款而进行营运的国有演艺团体当视政府使命为己任，面向大众而服务于社会。

事实上，当时戏曲改革及京剧现代剧目创作的指导性纲领，乃是毛泽东于1942年《在延安文艺座谈会上的讲话》中所提出的，"文艺为人民大众服务"的方针。无论是从戏剧的审美功能或是其艺术本质来说，或从演艺业界实践直至今的文化创意产业角度来看，这一文艺方针确实是十分内行的专业认知和业界运作的规范指导。由此，便不难理解现代京剧"样板戏"从当时社会政治标准出发所反映的中国近现代社会生活的剧作内容及其立场。

另一引起业内人士对于现代京剧"样板戏"颇具争议的话题便是其凸显的舞台特色和审美本质及其是否具有永恒的艺术价值，即对于"革命现实主义和革命浪漫主义相结合"创作风格的褒贬。1958年，毛泽东在谈到中国新诗发展时提出了"现实主义和浪漫主义对立统一"这一颇具专业内涵的诗学论述。该命题后被进一步发展为"革命现实主义和革命浪漫主义相结合"的普遍文艺创作原则，在1960年召开的"全国文学艺术界代表大会"上成为政府指导文艺创作的纲领。

从戏剧观和美学层面来看，"现实主义和浪漫主义相结合"的美学精神恰恰从本质上反映了作为诗剧的中国戏曲不同于西方话剧拟或歌剧的自然主义或是现实主义的艺术特点和审美风格。中国近代文艺理论家王国维对中国戏曲的描述为"以歌舞演故事"，而"浪漫主义与现实主义相结合"的表述则在文艺理论上更加形而上地揭示了中国戏曲的剧种本质及其审美特性。

现代京剧"样板戏"首先仍然承继了传统京剧以"歌舞演故事"的剧种样式来努力反映现当代社会生活。传统京剧"以歌舞演故事"的表现方式集中地体现在每个演员对其所扮演行当人物"唱、念、做、打、舞"五功的全面驾驭并融于其"手、眼、身、发、步"高度统一协调的程式化表演规范中。现代京剧"样板戏"同时也发展并拓宽了各个行当人物表演的基本程式规范，从塑造现当代人物形象出发，程度不一地借鉴了其他行当人物的表演特点以丰富其特定人物的表演手段。

例如，相对于第一批现代京剧"样板戏"，《杜鹃山》中的人物形象创造则更进一步创造性地突破了京剧传统人物行当的严格规范，从表演程式到唱腔设计，均从特定人物形象塑造需要出发，调动一切艺术手段，形象有效地塑造人物。在音乐唱腔上，亦采用民间音乐素材为女主角柯湘设计了清新简洁的人物主旋律，其作用有如理查·瓦格纳（Richard Wagner）源于音乐戏剧的艺术理想所提出并实践的人物音乐之"主导动机"（leitmotiv）。在灵活地套用现有京剧曲牌的基础上，作曲兼导演对全剧进行了总体唱腔设计及相当程度的谱曲，运用川剧的帮腔手段设计并谱伴唱、齐唱与合唱。在器乐伴奏上，除了保持传统京剧的三大件乐器外，还相当规模地运用了西方乐器和交响乐队编制来加强唱腔和声与整体音乐的感染力。在剧本台词方面，现代京剧"样板戏"的台词均用韵白替代京白，而《杜鹃山》的台词则更进一步全部运用了诗歌性韵白，使得音韵凝练而更富节奏，在凸显诗意的同时也隐现了其特有的音韵美，从而达到了念白与唱腔衔接自然流畅而无衣无缝的赏悦效果。

将中国"现代京剧样板戏"的舞台现象放在世界戏剧革新发展的宏观视野中来考察，更能发掘其非凡的历史和审美意义。19世纪中，德国作曲家理查·瓦格纳因不满于欧洲当时歌剧创作现状及其舞台演出样式从而提出了"整体艺术作品"（gesamtkunstwerk）的"音乐戏剧"（musikdrama）艺术理念，并认为这一新型的舞台演出样式应当涵盖并贯穿从反映民族文化命题的诗剧创作包括文本诗韵与音乐谱曲的整合，乐队设置与演奏及至演员的念白与演唱，乃至表演风格和舞美设计与剧场演出规范等全方位的高度和谐统一。从这个角度来看现代京剧"样板戏"的创作理念以及"样板戏"中的样板《杜鹃山》的艺术实践所取得的舞台成果包括其所反映的美学理想，不难认为，中国现代京剧"样板戏"的艺术实践不仅将中国戏剧和舞台演出的革新推向了一个空前绝后的巅峰，且也在世界"音乐戏剧"的发展史上，树立了一个用东方戏剧演出样式实现瓦格纳"整体艺术作品"美学理想独一无二的历史里程碑。

（俞唯洁：新加坡南洋艺术学院）

第三编 传统戏曲的传承与发展

舞台与银幕之间
——20 世纪五六十年代闽粤地方戏曲电影研究

海 震

一、为什么要研究 20 世纪五六十年代的闽粤地方戏曲电影

20 世纪五六十年代，严格说是从 50 年代中期到 60 年代前期，是中国戏曲电影的黄金时代。这一时期也是戏曲舞台表演艺术的重要时期，出现了一大批优秀的戏曲作品和戏曲演员。而这一时期的戏曲电影，在很大程度上记录了许多优秀戏曲演员的精彩表演，在电视还未普及的时代，为我们留下了戏曲表演艺术的珍贵影音资料。如何看待和研究这批资料？它们在多大程度上记录了戏曲表演，特别是舞台艺术的特点？这些是本文关注的问题。至于以闽粤地方戏曲电影为具体研究对象，与会议在新加坡举办、闽粤地区流行的戏曲剧种也与新加坡流行的戏曲剧种有关；同时也是因为，本文涉及的多数戏曲电影都曾在新加坡及东南亚华人地区上映，有的电影还曾十分流行，对这些电影的探讨和研究，可能会引起与会者更多的共鸣。当然最重要的还是学理的考虑，即包括闽粤地方戏曲电影在内的戏曲老电影在戏曲研究中的意义。

戏曲电影作为"物质文化"电影与"非物质文化"戏曲的结合，不但有其重要的艺术价值，还有其以往未被充分注意的史料价值及在戏曲传承中的作用。在录像技术没有发明之前，电影是唯一能对戏曲舞台表演影像记录的技术手段。20 世纪五六十年代的中国戏曲虽然因"戏曲改革"等社会政治的

影响而在戏曲艺术的保存和传承方面留下不少遗憾，但五六十年代的戏曲舞台上的表演艺术，则因为出现了一大批非常优秀的演员而大放异彩。我们都知道，舞台上的表演艺术都是转瞬即逝的，但幸运的是，随着电影艺术在中国的发展和普及，活跃在五六十年代戏曲舞台上的许多优秀戏曲演员的表演，很幸运地被为数不多的戏曲电影记录了下来。在大力保护非物质文化遗产的今天，虽然传统戏曲的传承以"口传身授"（不是"口传心授"）为主要传承方式，但五六十年代拍摄的戏曲电影，则为我们记录了一代戏曲大师和表演艺术家的精彩表演。这些珍贵的影像资料，也是我们学习戏曲表演传统不可替代的重要影像资料。

二、20 世纪五六十年代的闽粤地方戏曲电影

20 世纪五六十年代，中国共拍摄 108 部戏曲电影。① 其中闽、粤两省（含当时属于广东的海南）有 10 部戏被拍成电影。它们是：

闽剧《炼印》，上海电影制片厂 1955 年摄制；
粤剧《搜书院》，上海电影制片厂 1956 年拍摄；
梨园戏《陈三五娘》，（上海）天马电影制片厂 1957 年拍摄；
莆仙戏《团圆之后》，长春电影制片厂 1960 年拍摄；
粤剧《关汉卿》，（上海）海燕电影制片厂、珠江电影制片厂 1960 年拍摄；
潮剧《荔镜记》，珠江电影制片厂 1961 年拍摄；
潮剧《王茂生进酒》《闹开封》，珠江电影制片厂 1962 年拍摄；
琼剧《红叶题诗》，珠江电影制片厂 1962 年拍摄；
潮剧《刘明珠》，珠江电影制片厂 1964 年拍摄。②

虽然闽、粤地区共有 10 部戏被拍成电影，与其他省区的被拍成戏曲电影

---

① 参见高小健《中国戏曲电影史》附录三"中国戏曲电影目录"，文化艺术出版社 2005 年版。
② 1964 年拍摄的潮剧《刘明珠》完成后已是"文革"前夕，当时未在中国上映，1965 年由香港鸿图影业公司出品，在中国香港和东南亚地区上映。中国观众看到此片，已是"文革"结束之后的 1977 年。关于琼剧电影《红叶题诗》，笔者论文《被整理改编的传统戏——以琼剧〈红叶题诗〉和〈搜书院〉为例》，已刊《戏曲艺术》2011 年第 1 期，亦收入《琼闽粤台及东南亚地区闽南语系局长交流研讨会论文集》，南方出版社 2015 年版。

的剧种和剧目相比数量并不算少，但与同一时期香港一地曾先后拍摄过八百多部粤剧电影和近100部潮剧的数量相比则是相差甚大，数量的悬殊发人深省。是什么原因使两地戏曲电影的数量产生这么大的悬殊？为什么内地和香港两地所拍的潮剧电影数量有如此大的差异？是香港的电影工业比内地发展水平高吗？不是。50年代上海一地就有数个电影制片厂，电影工业的规模和制作水平不比香港差。在日本侵华战争期间成立于长春的"满映"基础上建立的长春电影制片厂，当时在亚洲也是一流水准。

其实产生这种差异的原因不在电影及电影工业本身，而是与戏曲和电影相关的社会历史背景造成的。关于戏曲方面的原因下面会专门分析。先简要说一下电影方面的原因。说到50年代中国的电影拍摄，对电影《武训传》的批判是不能不提的。《武训传》1948年开始由上海的"中国制片厂"筹拍，1949年以后由编导者孙瑜根据当时的政治形势做了内容上的修改，如增加一女教师用给学生讲故事的形式对武训的一生进行有保留的评价，并增加了武训的朋友周大带领农民武装进行反抗斗争的线索，于1950年由昆仑影业公司完成。影片中的武训由著名演员赵丹扮演，据说上映后北京、上海等地的报刊曾有数十篇赞扬文章发表。但好景不长，1951年5月，《人民日报》上发表一篇名为"应当重视电影《武训传》的讨论"的文章，掀起一场长达数月的批判浪潮。此批判对中国电影拍摄的影响是故事片产量大减。据《中国影片大典》记载，1952年中国电影的数量从前一年的23部跌到只有8部，直到1956年才恢复为31部。

三、戏曲"改革"及闽粤地方戏曲电影的题材和主题

我们都知道，20世纪50年代开始的戏曲改革，在戏曲发展的历史上是具有里程碑意义的。虽然在此之前，在自宋代以来的中国古代，戏曲在中国社会生活中一直具有教化、祭祀、娱乐以及艺术欣赏等多重作用，而且作为舞台表演的综合艺术，它流行中国各地，且形态众多，复杂多样，很难一概而论。不过从总体上看，历代流行的戏曲艺术大致可以分为文人戏剧和民间戏剧两大类。这里所说的文人戏剧是广义的，当中包括部分宫廷戏剧。这是自宋代到清末的戏曲的大致情况。及至近代，文人戏剧式微，民间戏剧繁荣，以北京和上海为例，戏园、剧场上演的都是在民间戏剧发展起来的，具有商业色彩的京剧、梆子、评剧、越剧、沪剧等剧种。这些剧种虽然形成于民间，

但都是在历史悠久的戏曲艺术的传统中形成和发展，特别是其中的京剧，受昆曲等古老剧种的影响，在艺术上精益求精，已具有很高的观赏价值。但从总体上看，它们都是以娱人为目的。这不但是戏班建立的目的（当然不排除个别班主以传承弘扬戏曲传统为己任），演员主要也是以演戏为谋生手段。

这种情况到1950年彻底改变了。早在1949年中华人民共和国成立之前，政府已开始准备进行戏曲改革。1948年华北的《人民日报》即发表"有计划有步骤地进行旧剧改革工作"的专论。1949年人民政府成立以后，即在文化部设立了专门管理全国戏曲改革工作的领导机构"戏曲改进局"。在1950年文化部召开的全国戏曲工作会议上，戏改局局长，后来的全国戏剧家协会主席田汉在会上作了题为"为爱国主义的人民新戏曲而奋斗"的文章。1951年中央人民政府政务院发布周恩来签署的"关于戏曲改革工作的指示"。其主要内容即"改戏、改人、改制"。其中提道"戏曲应以发扬人民新的爱国主义精神，鼓舞人民在革命斗争与生产劳动中的英雄主义为首要任务"。戏曲及文学艺术成为社会主义文化事业的一部分。用毛泽东的话说，就是"要使文艺很好地成为整个革命机器的一个组成部分，成为团结人民、教育人民、打击敌人、消灭敌人的有力的武器"①。于是传统戏曲的面貌开始有了非常大的变化。从1958年"大跃进"时期的大演现代戏，到"文革"中京剧现代戏成为"样板戏"等大家熟悉的历史。笔者在此想强调一个与本文有关的问题，即50年代戏曲改革开始以后，对戏曲传统戏的整理改编就已经全面展开。被拍摄成戏曲电影的闽、粤地方戏曲剧目，虽然都被看作传统戏，其实都是戏曲改革以后被整理、改编的传统戏，与戏改以前的传统戏是不一样的。因为"整理改编的传统剧目是新中国戏曲创作的一个重要组成部分……整理改编传统戏是一种再创造"②。这是权威的当代戏曲研究者的说法，事实也确实如此。③

五六十年代的中国戏曲舞台上演出的传统戏，其内容在总体上可分为两类：一类是揭露封建统治腐败和封建伦理害人；另一类是歌颂古代男女自由恋爱。它们可以说是当时戏曲演出剧目的两大主题。被拍成戏曲电影的戏基本不出这两类，闽、粤地方戏曲电影也是如此。

---

① 毛泽东：《毛泽东选集》，人民出版社1964年版，第805页。
② 薛若琳、王安奎主编：《中国当代百种曲·前言》，凤凰出版传媒集团2007年版，第1页。
③ 详见笔者《被整理改编的传统戏——以琼剧〈红叶题诗〉和〈搜书院〉为例》。

五六十年代拍摄的闽、粤地方戏曲电影,基本是整理改编的传统戏,只有一部《关汉卿》是新编戏。其中闽剧《炼印》、粤剧《关汉卿》和潮剧《闹开封》《刘明珠》表现封建统治及官场的腐败,莆仙戏《团圆之后》是表现封建伦理道德造成的悲剧。粤剧《搜书院》则既表现统治阶级蛮横的压迫,也表现了被压迫者丫鬟与善良书生的爱情。潮剧《王茂生进酒》则以诙谐的手法表现小民生活的窘迫和机智、门官的贪婪和统治者的念旧(这种对统治者的肯定在当时是比较少见的)。当然最受观众欢迎的题材还是表现男女恋情的而且有情人终成眷属的梨园戏《陈三五娘》和潮剧《荔镜记》。这两部戏曲电影五六十年代在东南亚华人地区也曾广受欢迎,好看的爱情题材应该是一个重要因素。粤剧《搜书院》虽然也涉及男女恋情,但主要情节是表现丫鬟所受的欺压和书院掌教和道台的斗争。《搜书院》和《关汉卿》也是当年在香港和东南亚华人地区非常受欢迎的戏曲电影。

四、舞台与银幕之间——从舞台艺术的角度看闽粤地方戏曲电影

(一)四部黑白戏曲片——《炼印》《团圆之后》《闹开封》和《王茂生进酒》

1955年拍摄的闽剧《炼印》是最早一部被拍成电影的闽粤地区的戏曲剧目。这是一部讽刺喜剧。但遗憾的是,此片有一个现在看来匪夷所思的做法,即为剧中讲福州话为基础的闽剧念白的人物均做了类似普通话的京剧念白配音!虽然配音者是上海电影制片厂会唱京剧的电影演员和配音演员,其实际效果是听念白像是在看京剧,与用闽剧演唱语音演唱的唱腔完全不能衔接,更不用说声音听起来很明显就不是同一个人。考虑到导演张天赐虽然是上海电影制片厂的专职导演,其实出生于福建漳州,就更让人费解。如果说此举是为了让观众听懂念白,完全可以用字幕的方式解决。张天赐是1938年毕业于日本东京都电影艺术研究院导演系的资深电影导演,他的这一处理显然不是技术问题,而是反映了当时对地方戏曲看法的偏差。类似的问题还有电影部分播放演职员字幕时西洋风格片头曲中加有用美声唱法演唱的男女生无词合唱。这可能出自该片的音乐指导陈歌辛。陈歌辛是40年代在上海写流行曲十分有名的作曲家。张天赐后来还拍摄过楚剧《葛麻》和湘剧《生死恨》,都没有再为地方戏念白配音,说明此做法只是其当时不成熟的尝试,但却给这部五六十年代唯一的闽剧电影留下了永久的遗憾。

1960 年拍摄的莆仙戏《团圆之后》由长春电影制片厂陈戈导演。《团圆之后》是一出戏剧性极强、情节大起大落的悲剧。它一反传统戏的大团圆结局，实际上是一部以改编名义进行的新编剧目。从总体上看，导演在用电影手段表现剧情、人物和戏曲表演方面做得较好。首先，对照舞台演出的剧本看，① 导演根据电影特点对剧本结构做了调整。如重新调整了郑司成与叶婉娘深夜约会一场的结构，在减少二人对唱的同时，用闪回手法表现叶婉娘婚前已与其表兄郑司成有恋情，极不愿意与后来的丈夫结婚，是其兄将一这对情侣生生拆散，以及其子施佾生童蒙时司成对其悉心教导的情景，将电影手法和舞台表演的特点做了较好的配合。司成喝毒酒后又用闪回镜头表现其想起佾生幼时伏案读书睡着他为其披衣的情景，手法简洁。虽然电影中用立体布景搭建了类似生活实景的房间及回廊、院落，但空间大于真实的生活空间，演员有充分的空间进行舞蹈性戏曲表演，甚至跑圆场，戏曲载歌载舞的表演特点得以充分展现。人物演唱和表演时也时有中近景，甚至特写镜头的运用，但自然流畅。二官吏审问儿媳柳懿儿，在情节关键处多用电影镜头从不同角度强调。佾生服毒身亡前也是同样手法处理。但到剧终柳氏碰壁自尽和二官吏受惊倒地时，则用全景镜头展示。纵观整部电影，镜头的运用和戏剧情节和人物表演的关系总体上是恰当的。

　　潮剧《闹开封》和《王茂生进酒》是两部小戏，拍成电影合称《韩江花似锦》。1962 年由珠江电影制片厂拍摄，导演为珠影的副厂长谭友六。此片拍摄于阶级斗争的鼓噪甚嚣尘上的 1962 年，其鲜明的阶级意识与当时的主流意识形态十分合拍。片中剑拔弩张不断升级的戏剧性及没有结局的结尾，不是传统戏的路数。影片的开头和结尾处用了两次外景：开头是巡天侯之子李天福在城中骑马；结尾是同一条路上开封府尹王佐拉着被锁的李母诰命夫人上殿面君。片中把舞台上表现王佐与诰命夫人剑拔弩张戏剧冲突的戏曲表演手法都生动地拍摄了下来，是一部颇具戏剧张力的戏曲电影。

　　《王茂生进酒》是一部意味深长的潮剧喜剧。片中的门官公开索贿。王茂生之妻有一句台词是："他是官，不是人！"幽默而耐人寻味。影片中的薛仁贵是传统戏中少见的有情义的君王形象。片中的薛仁贵和王茂生不用髯口，改贴胡子。王茂生家门前的水池和薛仁贵王府前的高台阶虽然都与情节有关，

---

① 薛若琳：《中国当代百种曲》第 1 卷所收剧本，江苏美术出版社 2007 年版。

但演员的表演空间因此缩小，舞蹈化的戏曲表演也未能充分展开。最后一场薛仁贵府中设宴的戏则又因桌椅摆放不当而限制了薛、王二人的身段表演。

（二）两部经典——梨园戏《陈三五娘》和潮剧《荔镜记》

《陈三五娘》和《荔镜记》是同一个故事的两个名称。1957年拍摄的梨园戏《陈三五娘》由上海的天马电影制片厂摄制，由执导过锡剧《庵堂认母》的杨小仲导演。在《陈三五娘》之后，他还执导过绍剧《孙悟空三打白骨精》和京剧《周信芳的舞台艺术》。潮剧《荔镜记》1961年由珠江电影制片厂拍摄，编导是导演过电影《清宫秘史》等著名电影、晚年在香港导演电影的朱石麟。梨园戏《陈三五娘》和潮剧《荔镜记》两个剧本比较，梨园戏的文学性稍强，保留此剧的古老传统也多一些。全剧剧情舒缓，层层递进，具有较强的抒情性。它的剧本后被收入《中国当代百种曲》，这可能是一个重要原因。梨园戏《陈三五娘》开始即是元宵节热闹的群众场面，场面热闹但调度得秩序井然。其后有两次陈三骑真马行路的镜头，还在马上唱了一段。这种戏曲人物在电影中骑马演唱的情景与戏曲舞台上以道具马鞭和身体动作表现骑马的表演差距太大，在后来的戏曲电影中很少出现。五娘和丫鬟益春在室内和回廊、花园中的唱念和表演都是戏曲舞台上的路子，导演对电影手法的运用低调、自然而不夸张。最后陈三和五娘带着丫鬟离家逃婚前往福建，导演用行路中三个场景的变换表现其长途跋涉。整部影片节奏流畅自然，风格清新淡雅，充满诗情画意。

相比之下，1961年拍摄的潮剧电影《荔镜记》后来居上。鲜明的戏剧节奏、演员出色的表演和电影镜头的灵活运用，是电影的突出特点。电影一开始，当空的明月，结彩的牌楼，如潮的游人，舞动的鱼灯队，营造了热烈的元宵节日气氛，小姐五娘带着丫鬟益春如出笼之鸟飘然而至，一下将观众带入戏剧情境中。五娘与陈三再次不期而遇则是在五娘住的高楼和陈三经过的小路上。五娘从楼上向陈三抛荔枝传情，陈三仰望高楼向五娘表白爱意，镜头在楼上和小路间俯仰转换，充分显示了电影镜头的表意作用。不过在高楼和小路的环境中，演员戏曲化的舞蹈身段表演并未受影响。片中电影镜头，特别是空镜头运用得最充分而且效果较好的地方是陈三虽以长工身份进入黄家，但却与对其充满爱意但已与他人订婚的五娘难得接触，二人因此异常惆怅。在一段表现二人爱慕之意难以发展的忧郁伴唱声中，镜头用分隔院内外的门和高墙表现二人间的阻隔，然后镜头对着坐在楼上凭栏沉思的五娘从远而近逐渐缓慢推移，再随着五娘转头仰望天空；接着用树枝干枯、发芽到开花的变化表现冬去春来。然后镜头转到五娘卧室，镜头中五娘仰卧床上不思茶饭。镜头再转到陈三的居室，陈在灯下难以专心读书，起身到窗前仰望明月。随后镜头再转到五娘卧房，五娘也正在对月伤情，低头叹息。一组镜头的转接流畅而富有深意。电影中一段五娘问陈三家中有几口人的风趣对话，镜头将对坐谈话的二人处理成对着镜头前后谈话，生动而别具匠心。这是一部在充分表现演员戏曲表演特点的同时又恰当地运用和发挥了电影手段特长的精彩的戏曲电影，堪称戏曲电影中的经典。

（三）戏曲电影中的大师表演——粤剧电影《搜书院》和《关汉卿》

粤剧《搜书院》原是根据同名琼剧改编，其改编与原作最大的不同是两点：一是强化阶级斗争和官场斗争；二是雅化。① 粤剧演出本在很大程度上是为马师曾和红线女二人量身打造。电影《搜书院》拍摄于1956年，由上海电影制片厂摄制，导演徐韬。影片一开始是立体布景的书院。众书生在庭院中等候由马师曾扮演的掌教谢宝。谢宝出现，与众生点头、寒暄，一副大首长的派头，然后上轿离去。整个过程是音乐中的无声表演，是戏曲《搜书院》舞台演出中没有的。然后是红线女扮演的丫鬟翠莲放风筝。翠莲及小姐放风筝基本不是戏曲式的舞蹈身段，而是话剧式的表演，原琼剧中无此情节（而是丢失及找寻金钗）。被毒打和关押的翠莲女扮男装逃到书院投奔对其处境同情的书生张逸民，红线女对人物有上乘的表演。其扮相虽然是男妆男相，但举手投足的一招一式又显现出女性特点，将人物在特定情境中的复杂心理和神情表现得恰如其分。相比之下，马师曾扮演的谢宝则显得有些不尽如人意。这其实是有原因的。马师曾当然是非常有名的粤剧演员。他在香港时（他1955年回广州定居）曾拍过六十多部电影，其中大多数是时装粤剧片。其扮演的多是市井小人物，在表演上也多运用丑生的表演技巧。马师曾早年擅演丑生，表演诙谐、风趣。晚年，严格说1955年从香港回广州以后才开始改演

---

① 详见拙文《被整理改编的传统戏——以琼剧〈红叶题诗〉和〈搜书院〉为例》。

老生。①

红线女也曾是一位红极一时的影、剧两栖演员。在1955年回广州定居之前，她在香港曾演过八十多部影片。其中除粤剧电影之外，她还主演了不少粤语故事片，显示了其出色的表演才华。②红线女在粤剧电影《关汉卿》中有非常出色的表演。她嗓音甜美，吐字行腔清晰婉转，表演端庄秀丽，身段优雅婀娜，在同时代的戏曲女演员中是比较少见的。

粤剧电影《关汉卿》影片一开始窦娥的原型朱小兰被刽子手沿街押往刑场，其群众场面和立体布景都是话剧式的。马师曾扮演的关汉卿是挤在人群中观看游街示众，然后在朱小兰被押走后只重复说了一句"哪有人间正义"即匆匆下场。相比之下，红线女扮演的珠帘秀的出场则是比较典型的富有节奏感的戏曲形式。虽然红线女的出场是室内的立体布景中，但她在音乐声中亮相，动作富于节奏而不失自然。电影中的"戏中戏"——《窦娥冤》中窦娥在刑场上叱责天地的表演在电影中长达10分钟，其中酣畅淋漓的唱腔以及高难度的甩发和跪步等戏曲表演程式在影片中得到充分的展现。不仅如此，红线女还巧妙运用戏曲表演程序的出色表演也贯穿于整个电影之中。例如，在珠帘秀身着不带水袖的戏装出场时，红线女便创造性地运用了珠帘秀头巾的长带辅助身段表演。相比之下，马师曾在电影中的表演则不乏可议之处。马师曾在电影中的表演常缺乏戏曲的节奏感。由于追求生活化，其表演动作常显得琐碎凌乱，有时又过于夸张。这虽然与其早年擅演丑角有关，但最重要的原因当然是电影中的关汉卿被塑造成一个大无畏的"斗士"，于是丑行出身的马师曾在电影中尽管竭尽全力地表演坚强的斗士，但却时时显出装腔作势之态（真是难为他了）。

在今天看来，20世纪五六十年代的中国戏曲，最突出的还是演员的表演艺术。同样，五六十年代根据新编戏曲舞台剧拍摄的中国戏曲电影的最重要的价值，恐怕还是它记录了当时那段戏曲舞台艺术相对比较繁荣的时期一批

---

① 在一篇名为"我演谢宝和关汉卿"文章中，马师曾曾坦言："要同时创造出（谢宝和关汉卿）这两个人物的不同形象，我觉得非常棘手的。我原来是演丑角的，几十年来，一直演丑；头一回演老生戏，还是搜书院中的谢宝……接着演关汉卿。"见《粤剧大师马师曾》，中国戏剧出版社2000年版。

② 据说红线女1955年回广州后，曾向领导提出希望继续演电影。但时任广东省省长的陶铸的一句"粤剧需要你，你还是要干粤剧"，中断了其颇有成就的银幕生涯。此事曾见于许多文章。最近的一篇是《陶铸一句话，令她放弃电影生涯》，刊于《南方都市报》2013年12月10日。

优秀戏曲演员的出色表演，为我们留下了宝贵的戏曲表演音像资料。具体来说，粤剧《搜书院》《关汉卿》和两部《陈三五娘》等闽、粤地方戏曲电影在戏曲电影史上最大的价值，是它们记录了五六十年代闽、粤两地地方戏曲著名演员出色的戏曲表演。

（海震：中国戏曲学院）

关注中国 21 世纪主流戏剧的健康发展
——戏曲导演在其中应做的思考和作为

裴福林

首先，我们要廓清什么是主流戏剧。王晓鹰导演曾经在"反叛、融入、异化——关于实验戏剧与主流戏剧的关系"一文中指出："主流戏剧在欧美戏剧中是一个经常使用的概念，也许可以这么说：主流戏剧传承着戏剧艺术（包括这个国家的各种戏剧艺术）的传统，以所谓的现实主义表演为基础的艺术语汇，表达的是大多数人认同的表达方式与认同方式，戏剧专家、评论者包括主流媒体能够接受，同时它与社会的主流价值观以及主流意识形态至少不是相背的。"我认为他的表述和概括非常到位，虽然他这番话是针对欧美戏剧而言，但同样也适用于中国，不同的是，我国的主流戏剧往往更多地服务于社会的意识形态和传统的社会道德观念，在我们司空听惯的"三性统一"（思想性、艺术性、观赏性）对于作品评判的标准中，思想性永远是第一位的，其次才是艺术性、观赏性。也许，对于戏剧艺术作品来说，这样的排序无可厚非，但是，如果让思想性主要围绕意识形态或主要来为政治服务，那么，这样的艺术作品的真正价值，就必然会大打折扣。

以中国的本土艺术——戏曲为例，从 20 世纪 40 年代"延安戏改"开始，到 50 年代的全国性现代戏创作，直至"样板戏"产生、传播，发展到高潮，戏曲已经彻底由草根文化变为政治喉舌，成为那个"红色"时代的主流戏剧代表。其间，由于高压政策和意识形态的绝对化，戏曲导演艺术家们沦为了创作机器，自然的创作规律被打破，而代之以对首长意志的绝对执行。虽然在今天看来,"八个样板戏"就其创作上严谨的治学态度和缜密构思来判定,它依然是戏曲创作一度的巅峰之作,至今在艺术上仍然有其独特的价值,但其思想内容上鲜明的政治烙印,却已经大大地超出了艺术范围而变质为宣传武器,因此很难成为真正的戏曲艺术精品而世代流传,所以,那时的"主流戏剧"就是政治的代名词。

同样是 20 世纪,改革开放不仅给中国的经济带来了腾飞,由此而来的思想解放也给戏剧艺术注入了无限的生机和希望。一度被压抑和扭曲的戏剧艺术得到了释放,艺术家们如饥似渴地吸收一切外来思潮。特别是在 20 世纪的八九十年代,戏剧艺术进入了一个极度活跃的改革创新时代,以话剧艺术为先锋,戏剧创作求新求异,以打破和颠覆传统戏剧概念为创作主导,不断刷新舞台演出的样式和规模,出现了许多令人耳目一新的话剧创作。其间,戏曲艺术也不甘寂寞,迎头追赶,努力抛开传统的演剧样式,积极探索改变戏曲传统程式化表演,出现了许多以歌代唱、以舞代演的创新剧目,舞台美术追求日新月异,在时尚华丽的外包装下,各个剧种的个性特征在逐步削弱,舞台样式的多元化在增强,导演、艺术家们在尽情释放对艺术的想象,以"新"为美,以"大"为强,一时间舞台上花样百出,让人应接不暇、眼花缭乱。应该看到,20 世纪八九十年代的主流戏剧创作的特殊形态,是一种由于"文革"时期过度压抑之后的文化大爆发,这种大爆发带有激情、热力和冲动,可以创作出具有革命性、颠覆性的作品,如上海京剧院演出的《曹操与杨修》,上海淮剧团演出的《金龙与浮游》,上海昆剧团演出的《长生殿》等,均在当时引起了轰动。但同时也出现了一批带有盲目性和主观臆想性、缺少冷静和思索的作品。

应该说,尽管 20 世纪八九十年代这些戏剧改革的初衷是良好的,也取得了相应的一部分成绩,但戏曲实验的结果忧喜参半,后遗症渐次出现——由于太过于追赶时尚和潮流,导致剧目创作和生产进入了瓶颈状态,那就是戏剧艺术的日渐小众化和脱离市场化,往往是叫好的不叫座,剧场成为了戏剧人自娱自乐的场地。加上经济的飞速发展,收看电视节目和上网"冲浪"成为人们主要的娱乐方式,戏曲艺术被迅速推向边缘化,戏曲剧团在市场经济中难以为继,从业人员在逐步减少,戏曲艺术亮起了"危机的红灯"。由此判断,那一时期出现的"主流戏剧"和欧美国家所谓的"主流戏剧"的概念相去甚远,反而离"实验戏剧"非常相近,具有强烈的反叛意识,追求非常规的、非大众的演出形式,关注的是艺术上的标新立异,而置观众和市场于不顾,这并非是一种成熟的代表真正意义上的主流戏剧。

从 20 世纪末到 21 世纪初,戏曲艺术在经历了低谷徘徊之后,开始了痛定思痛,艺术家们都在认真地思考何去何从,在继承和发展的道路上如何更好地进行戏剧创作。那么,要使 21 世纪的主流戏剧成为真正意义上的主流戏剧,成为时代精神文明的代表,让戏曲艺术能够成为名副其实的中华民族优秀传统文化代表,身为新时代戏曲演出的组织者、创作的统帅——戏曲导演,又该如何去作为?这就需要我们既要以崇敬的心态来审视我们中华民族的优秀传统文化,让传统文化的精神之火再次点燃观众对戏曲艺术的热情,同时,又要恰到好处地运用现代化的舞台技术和具有现代意识的演剧观念去重塑戏曲艺术,使戏曲艺术发扬光大。

这些思考和行为我们在 21 世纪初的戏曲舞台创作中都有所发现,出现了许多令人兴奋的戏剧作品,从中我们可以发现几个特点:首先,剧作开始通过写人,追求立体化地挖掘人物内心情感,用塑造活生生的人物形象来传递作品的思想,深刻地反映复杂的人性,而不是简单、概念地塑造人物,主题先行,文艺为政治服务;其次,在二度创作上,追求形式和内容的高度统一,形式是由内容来决定,而内容又要依托形式来表达,形式大于内容带来的必然是艺术上的苍白,但只有内容缺少形式感也会使演出流于干涩,因此,戏曲导演能否从内容中提炼出独特的艺术形式,成为了这些创作中成败的关键,表现出导演创作思维的日趋成熟;最后,题材的不断拓展使戏曲舞台上开始活色生香,给导演艺术想象力的发挥提供了广阔的平台,因此,出现了百花齐放的场面。虽然,从表面上看,似乎和 20 世纪五六十年代的"三并举"方针(大力发展现代剧目;积极地整理、改编、上演优秀的传统剧目;提倡以历史唯物主义观点创作新的历史剧目)有些接近,但其创作的概念和作品的精神风貌却有了 21 世纪的特色和风范。

首先,对经典名著的改编再一次成为戏曲舞台的热点。其中一大部分是对中国传统经典名著的再演绎,如《牡丹亭》、《长生殿》、《桃花扇》、《红楼梦》、《西厢记》、《程婴救孤》(《赵氏孤儿》)、《梁山伯与祝英台》等戏剧,从这些传统经典名剧的重新上演中,我们看到了一种创作上的总体动向,那就是重建传统经典必须站在尊重传统、追本溯源、复兴传统文化的基础之上,而不是去做颠覆或解构的创作,在保留挖掘传统经典的唱段和表演的基础上去进行全方位的二度再创作，使经典名著以全新的面貌再次征服现代的观众，让现代观众既体味到了传统戏曲的词曲、表演之美，又感受到了现代艺术气息和创作者所传递的人文精神之新。因此，这类演出广受好评，获得的是事半功倍之效。以 21 世纪初苏州昆剧院打造的"青春版"《牡丹亭》为例，由于主创人员将昆曲的艺术精髓与当代的审美意识相融合，使遥远、舒缓的美好重新焕发青春的甜蜜与光芒，创下了 4 年内全球巡演 141 场，一百余次进校园的惊人成绩，再次在 21 世纪显现"昆曲热"的现象。

除此之外，对外国名著的改编也形成了一股热潮，如，根据雨果同名小说改编的京剧《悲惨世界》、根据同名小说改编的越剧《简·爱》、根据话剧《贵妇还乡》改编的越剧《风雨祠堂》和京剧《贵妇还乡》及根据美国剧作家奥尼尔名剧《榆树下的欲望》改编的川剧《欲海狂潮》等创作都有不错的收获。这些改编之所以获得观众的认可，是和编、导演的创作理念和对原著的深刻理解及其怀有崇敬之意有着密切的关连。比如我们在进行京剧《悲惨世界》的创作中就遇到了许多棘手的课题，首先摆在我们面前的就是关于未来剧本走向的"中国化"与"中国版"的问题。所谓"中国化"，就是为了更好地或者说是更有利于运用中国戏曲的表现形式，而将外国的戏剧、故事、人物等改为中国的戏剧、故事与人物，即外国戏剧、故事、人物等"中国化"。所谓"中国版"，就是运用中国戏曲的表现形式，演绎取材于外国的戏剧故事及其人物，并保留其思想内容与人物的原貌。这两种不同的走向与处理，在我国的戏剧舞台演出实践中，均曾留下过自己的足迹，如越剧《第十二夜》、京剧《血手记》等。可以说，不同走向的存在皆有其存在的道理，如果说非要选一条捷径的话，"中国化"的走向，对于每一个创作部门来说，都应该是轻车熟路，且不容易引起更多的非议。但是，具体问题必须具体分析，首先，我们针对这两种不同走向的利弊进行了认真的剖析和研究，认为走"中国化"的道路，利在以我为主，容易构建内容与形式的和谐统一，而弊在其原作的精神品质、思想内涵、风格特色等必将会受到一定的制约乃至损伤。而走"中国版"的道路，虽然可以相对完整地保留原作的精神风貌，但在具体的表现形式上，又必将面临方方面面的挑战与困难。经过仔细斟酌，大家一致认为，选择了"悲惨世界"，就意味着选择了雨果，而选择了雨果，就不能不顾及雨果及其作品在世界文坛的地位和作用。所以，尊重原作并力求把原作的精神实质，尽最大可能地开掘和表现出来，应该是我们进行这次创作的目的和意义所在。至于在表现形式上所会遇到的挑战与困难，不正是我们在创作实践活动中抓住了一次难得的探索与机遇吗？

再就是改编时的内容节选问题，舞台剧演出毕竟是受到时空限制的，如何让《悲惨世界》小说中的经典场面和情节出现在两个多小时的舞台上，又要保持戏剧的贯通顺畅，以及采用什么样的演出形式，既能保持原作的精神风貌，又要体现出京剧艺术的特殊魅力。为此，我们做了许多实验，最后，我们的创作宗旨定位为，集现实主义和浪漫主义于一身，融中西方文化精神为一体，充分运用和调动戏曲写意的表现手段，以洗练、浑厚、凄惨、凝重的风格样式，着力刻画并彰显人物的心路历程、情感历程、命运历程。

在内容上，要以刻画人物形象为原则，突出强调主人公——获释罪犯冉·阿让试图赎罪的心路历程，删除与此无关的情节，使舞台行动相对集中，人物脉络相对清晰，戏剧节奏相对紧凑；在形式上，我们采用了"换形不移步"的具体处理手段和总体表现方法，力图使原作深邃的思想内涵、人文精神能与戏曲优美的表现手段、美学精神，相互融合，彼此贯通；在主要人物造型和服饰上尽量靠近原著的风貌，突出时代感，细节上强调戏曲元素的存在，加强写意性，使演员的表演不会有突兀感，特别是群众演员身上，我们采用的是一种中性服饰的处理，不强调现实主义的真实；对于人物表演的处理，是力求扎根在戏曲传统程式上的重建和组合，以创作出既有戏曲节奏又有法国韵味的人物形象；在音乐上，既强调了音乐性，增强了交响效果，又以京剧的主奏乐器和武场锣鼓为基石，让观众依然能听到熟悉的西皮二黄，感受到一种现代感的音乐形象；在空间上，尽量把戏曲的写意性发挥出来，不去营造一个写实的空间，而采用钢架结构来组合出一个灵动变化的中性空间，既能代表19世纪的法国，又不是任何一个具体的环境。由于我们的精心设计和百倍努力，最终，出现在舞台上的京剧《悲惨世界》深得京剧爱好者的喜爱和专家们的认可，更使一大批学子在观赏名著的同时感受到了京剧艺术的魅力，开始关注京剧演出。有观众在《文艺报》撰文写道"如何将一个西方社会的故事搬上戏曲舞台，如何将一种叙述体的、充满心理描写的长达百万字的典型的西方小说，变幻为一种'特别东方'的充满古代文化积淀和规范性极强、'程式'极严格的戏曲舞台演出。在这里，皮黄和华尔兹联奏，枪炮声同锣鼓点齐鸣；穿上燕尾服摔'抢背'，身着法式长裙跑'圆场'。这里需要的是：内容上的移植，形式上的嫁接。从内容上讲，改编者继承'立意取象'的传统，撷取的是易于煽情的部分，把重点放在感情线上，这就给刻画人物、安排唱段、表现内心世界、撼动观众心灵留下了足够空间"。

  继承和发展是戏曲一直保持旺盛生命力的法宝，两者是相辅相成的关系，继承为根，发展为本。但在20世纪，曾经一度在戏曲界出现了两股对立的势力，保守派死守着戏曲传统艺术，对任何的改变深恶痛绝；革新派一切为我所用，以改革创新为目的，漠视传统戏曲程式表演，本末倒置地去借助歌舞来表演戏曲。由此，给戏曲艺术带来的是一种重创，一方面，由于老艺人的不断逝去，后辈学艺者的条件有限，使传统艺术的传承空间变得越来越狭窄，甚至日渐萎缩，面临失传的境地；另一方面，由于过度地强调改革创新，使戏曲艺术的特质在这些创新剧目中逐渐消失，反而更像载歌载舞的西方音乐剧，使戏曲有了面目全非之感。因此，在21世纪的今天，如何健康地明确继承和发展之间的关系，是所有戏曲人都应该深思的问题。今天，优秀传统剧目的整理上演已逐渐成为一种常态，这是为了不丢掉老祖宗留下的宝贵遗产，但在整理这些传统剧目时，我们的戏曲导演们也要有更多作为，如对传统切末精致化的处理；对人物形象塑造增加其立体化、优美化；对传统音乐元素进行扩展和丰富；有效地运用现代舞台技术和灯光艺术，在突出演员表演艺术的同时，使演出增添视觉上的美感和韵味等，以此来吸引更多的观众，重新认识或进一步体味传统戏曲艺术的精美。

  与此同时，除了改编经典名著和搬演传统剧目，戏曲导演要挑战的是另一部分的创作，那就是创作新编历史剧和现代戏，这些新编历史剧和现代戏的创作是根植于剧作家对当代生活的理解体会和对现代人思想困扰的敏感捕捉，反映的是一种现代的人文思想，往往是借古喻今，是更能代表当前主流戏剧的创作。因为这些剧目的现代性更强，在精神层面和当今的社会思潮更加接近，在戏剧审美上更容易接近现代观众的审美需求，所以，对这些原创戏剧从一度到二度，在综合艺术创作的整体把握上尤见功力。

  针对20世纪末的戏曲改革求"新"做"大"的概念及为此所付出的代价，21世纪的戏曲原创剧目的创作相对要谨慎得多。这些现象，一方面，体现在对戏曲传统艺术的高度重视，不论是新编历史剧还是现代戏，首先重视的是舞台上运用戏曲节奏和戏曲舞台的技术技巧，表演上借助戏曲程式化动作，并根据剧情和人物的需要去重新设计组合，对重新创编的唱腔强调流派特点，以获得大部分戏曲观众的感官认同；另一方面，导演者在努力寻找剧本的精神内核，运用最适合该剧风格样式的舞台处理，来展现剧作中所反映的当代人文观念和社会价值观念，以挖掘人性、展现人性之光辉为主导，同时也展示出生活的复杂性、人生之无奈和人性的弱点，借舞台上的悲欢离合，来抒发生活中的甜、酸、苦、辣；在舞台样式的处理上，此类创作更显示原创性的力量，需要导演站在更高的层面来把握全局，强调一戏一格、统一全剧的风格样式，突出人物性格的塑造，使现代戏曲观众在观剧时，既能被故事情节所吸引，也能为人物刻画所动情，更能时时刻刻跟随着戏剧情节的发生和人物命运的发展而前进，在欣赏优美唱腔和表演的同时，还能对人生有所感悟。只有这样，这类创作才更能打动人心，赢得更多的观众走进剧场观看戏曲演出。如京剧《骆驼祥子》《华子良》《廉吏于成龙》，川剧《金子》，越剧《陆游与唐婉》，昆曲《公孙子都》等 21 世纪创作的戏曲作品，都有上佳的表现。就笔者个人的体验来说，在创作北路梆子新编现代戏《黄河管子声》时，我们主创人员就在继承与发展方面做了许多努力和尝试。我们在文本的基础上强调戏曲音乐的地域特色，要求音乐上、唱腔上要有鲜明的晋西北特色，同时把黄河管子的特殊音色加以强调，来衬托出黄河岸边那一群朴实无华的男男女女们的火辣辣的激情和酸楚楚的悲凉；在表演样式上的处理，是融合了北路梆子和传统二人台的艺术特色，使整个戏剧充满了浓烈的北路梆子剧种风格，同时又有更加鲜活靓丽、生趣盎然的表演产生。这样做的目的是为了让新编现代戏的创作既扎根于传统的基础之上，但又不等同于传统戏，在内容和形式上均有着明显的变化和发展，让观众在剧场既能寻找到亲切的感受，又能产生全新的观演体验；在导演舞台调度的处理上，除了充分运用戏曲舞台节奏，还加入了影视手法，如利用窑洞的窗户灯光和剪影来传递人物内心复杂的情感变化，产生特写镜头的感觉，运用灯光来切割不同时空，使人物对唱产生平行蒙太奇的意境，来展现人物内心的思想斗争；利用舞队拟人化的表演来烘托戏剧气氛、营造舞台情景，让人物情感外化、延宕；对舞台空间处理的原则把握是建立在戏曲舞台大写意之上的细部真实，以增加现代戏的特质，加强时代气息和环境感。该剧的创作之所以获得观众和专家们的一致好评并荣获了第八届中国艺术节"文华剧目奖""文华导演、表演、音乐奖"及山西省戏剧节的各项大奖,是和我们所有创作者无时无刻不在强调全剧的人文气息及对生命的终极关怀有关,更与我们强调戏剧首先要塑造人物性格、创造活生生的人物形象有关,让人物活在当今,具有现代感,同时在演出样式上又完全是戏曲的,是具有浓郁地方特色的演唱和表演。尽管《黄河管子声》的创作获得了许多的赞赏,但笔者认为,作为戏曲人更应该思考21世纪的戏曲创作如何能更加深入人心,使新编戏曲,特别是戏曲现代戏的生命力得以延续,不至于昙花一现。

国家话剧院原院长周志强在"凝魂聚气充分发挥主流戏剧社会功能"一文中谈道:"戏剧艺术的生命力来自它自身的价值,也就是戏剧所特有的社会功能。一方面,戏剧艺术通过戏剧创作—戏剧演出—戏剧欣赏的全过程,影响着人们的思想感情,对社会生活的各个方面产生作用和影响,最终实现其社会功能。另一方面,戏剧艺术所具有的社会功能始终建立在其最本质的审美娱乐功能的基础之上,具有'以情感人''寓教于乐''潜移默化'的独特之处。这是戏剧和其他艺术形态最根本的区别。正是因为具有这种独特的社会功能,才使得戏剧艺术有了更高的存在价值,始终保持着旺盛的生命力。"尽管从20世纪末到21世纪初戏曲艺术已经逐步摆脱了危机的阴影,开始焕发新的生机,但要在21世纪中真正成为主流戏剧,代表着社会的主流意识,受到更多人的关注,还需做出更多的努力。首先,创作者要以人为本,要关注当代观众的审美需求,要把戏曲艺术原本的娱乐性和艺术性相结合的特点充分发挥出来,要重视戏曲艺术的商业功能,在市场经济中积极谋求发展,争得一席地位。其次,既不能再一次走入孤芳自赏、唯我独尊的境地,对观众的审美不管不顾,也不能出现自怨自艾的怨妇情结,认为戏曲艺术已然日暮西山,而以低声下气的方式对观众曲意迎合,这样做都是一种不自信的状态,等待的是一种自取灭亡的结果。一方面,我们要建立积极乐观的职业自信,作为戏曲创作者,要坦诚地以健康阳光的心态去面对一切,努力用智慧去让戏曲艺术这块瑰宝在21世纪发出夺目的光彩,引导观众由关注戏曲到热爱戏曲,要重视和加强精品创作意识,让戏曲艺术口口相传的特点继续发扬光大,不能短视,更不能急功近利,仅满足于某些专家和领导的好评而做出很多"应景文章",要永远精益求精。另一方面,我们要打开眼界,"东张西望",积极地向其他的艺术门类学习,借他山之石以攻玉,来丰富和提高戏曲艺术，用发展的目光去坚持继承，使戏曲艺术在 21 世纪走向精致化、人文化、现代化、多样化，为中国 21 世纪的舞台带来和煦的春风，让戏曲艺术在 21 世纪的主流戏剧百花园中更加夺目灿烂。

（裴福林：中国戏曲学院）

民族特色 VS 普世价值：
中国戏曲可能在世界各地可持续发展吗

孙惠柱

关于这个标题的前一半，有个常见的说法：越是民族的，就越是世界的。这个判断对吗？似乎过于笼统了，不妨来看一个具体的问题，就是标题的后一半：极具民族特色的中国戏曲有可能在世界各地得到发展，而且是可持续发展吗？要回答这个关于未来的问题，肯定要先看看过去的历史。

说起中国戏曲在海外的传播，尤其是在非华人聚居的欧美国家的传播，很容易想到梅兰芳访美的空前成功。那还是在1930年，那时候的中国一穷二白，各方面的实力都完全不能和现在相比，而且梅兰芳出访完全是个人行为，没有一点国家的赞助。现在，中国已经是即将超过美国的世界第二大经济体，有了更强大的实力，而且政府明确提出要开发文化艺术及公共外交方面的"软实力"，计划投入大量资金和人力来向全世界推广。这样看来，是不是戏曲海外发展的前景会更好呢？

来看一个最近的例子，2015年9月的张火丁访美演出，距当年梅兰芳访美整整85年。张火丁是最接近笔者想象中的梅兰芳那一辈大师水平的戏曲演员——我生已晚，从未有幸亲眼欣赏到老一辈大师的精彩表演，看到张火丁，一下子明白了为什么当年会有那么多人迷梅兰芳、程砚秋。很难用理性的文字来描述她的表演究竟高妙在什么地方，但就是耐看耐听，魅力无穷。过去几十年来，无论是在学校还是在院团，戏曲演员要想提高技艺都以拜师学某派为途径、为目标，谁也不能提超越或创造流派，结果是连学像也很难做到。

沉寂了几十年的舞台上突然冒出了个张火丁，请她访美演出是再自然不过的选择。虽然她演的是两台大戏，有中国戏曲学院的二十多位演员和乐师配合，整个活动也像当年梅兰芳访美一样，突出的就是张火丁这位超级明星。

然而和梅兰芳访美最大的不同是，梅兰芳1930年那次跑了好几个城市共演了72场戏，"大致有五十几天满座，其余至少也有七八成，所以票价由五元涨到了十二元，由此可见观客的拥挤了"①。那时候的观众几乎是百分之百的白人；而张火丁这次一共只演了两场，都在纽约，观众更多的是华人戏迷——要知道现在纽约附近的华人就足以包下好几场演出，可是《锁麟囊》和《白蛇传》各自只在林肯中心演了一场。难道85年来，美国的华人人口增长了，而戏曲市场反而缩到了只有当年的1/36吗？

其实，这两次京剧明星访美很难用两个数字来简单类比。上一次京剧访美完全是梅兰芳自家剧团的活动，没有任何政府机构替他埋单，全靠他的专家"粉丝团"帮忙，工作做得特别认真仔细，前后筹备了六七年才成行。而张火丁这次访美全部由文化部下属的中国对外演出公司以及她任教的公立大学中国戏曲学院操办，财力雄厚得多，准备的时间也就短得多。现在的美国剧坛和1930年最大的不同是，当年全是由票房决定演出长度的商业戏剧，而现在商业戏剧跟非营利性剧院分得清清楚楚。短时期的戏曲巡演只可能是非营利性的，必须事先定下演出日期，这就排除了到当年梅兰芳演过的任何百老汇剧院演出的可能；纽约的非营利性剧院大多是中小型的，大剧院很少，林肯中心显然是最合适的。因为访美演出用的是国家财政的经费，当年的钱年内必须成行用掉，林肯中心剧院是年的档期也只有这么几天了。所以演出比当年少很多，并不完全是因为市场缩小了那么多。还有一个原因是，张火丁团队不像当年的梅剧团本职就是全职演戏，只要有人买票就可以延长演出；张是中国戏曲学院的教授，有全年的教学任务，和她配戏的也有不少是中国戏曲学院的老师和学生，都不能过多地影响教学。

尽管如此，当年给了梅兰芳极高评价的《纽约时报》在这一次的推介文章中也没忘记把这两个历史性事件做个比较，而且，拿来做对比的并不只是他们两个人的演技。

---

① 齐如山：《梅兰芳游美记》，辽宁教育出版社2005年版，第65页。

京剧受欢迎的程度正在下滑，未来的戏曲明星可能永远不会像张火丁这么有名。著有多部戏曲专著的李世强说，一定程度上由于政府的支持，戏曲并不会完全消亡，但一些最优秀的传统和故事不断地在失传。他说，"无论什么时候一个演员去世，部分传统也会随之逝去，因为传统的戏以及表演是靠口传身授的，很多情绪和手势剧本里找不到。"

1930年，一代京剧大师梅兰芳也曾来到纽约演出，那时候的情况太不一样了。当时人们还觉得中国的戏曲可能会传到海外，甚至还会影响到全世界的艺坛……

上星期接受采访的时候，张火丁感叹道，京剧的黄金时代可能就要结束了。①

这样的比较难免令人沮丧，在这位《纽约时报》记者的眼里，梅兰芳访美给了世人那么大惊喜的85年以后，中国戏曲海外发展的前景不但没有变得更加光明，反而暗淡了太多。难道真的是如此今非昔比吗？

让我们先来看看85年前梅兰芳成功访美的前因后果。1930年刚好是美国大萧条开始的时候，也就是说梅兰芳筹备了六七年之久的访美之旅开局时运气并不好；但从长远来看，20世纪上半叶是历史上中美关系最好的时期——中、美两大盟国联手最终取得了抗日战争的决定性胜利，同时那几十年也是两国文化交流的"蜜月期"。早在梅兰芳访美之前，1912年百老汇就推出过一部被编剧和导演称为是"按中国仪态演出的中国戏"《黄马褂》（*The Yellow Jacket*），其实编、导、演全是美国人，两位剧作家哈利·班里莫（J. Harry Benrimo，同时兼任导演）和小乔治·黑泽腾（George C. Hazelton, Jr.）从未到过中国。该剧的原创剧本是他们根据对中国的想象编出来的，演出形式则参考了当时能找到的各种资料。开场前，检场人来到大幕前面敲三下锣，然后说书人上来介绍剧情，全由白人饰演的角色陆续上场以后，检场人还不时上来检场布置道具。②《黄马褂》这个冒牌的"中国戏"在20世纪上半叶竟成了美国剧坛的一个经典，于1916年、1921年、1926年、1928年、1934年、

---

① David Barboza, "Zhang Huoding of Peking Opera Takes a Turn in the United States", *The New York Times*, Aug. 30, 2015. 此处中文为笔者翻译，后同。
② George C. Hazelton and J. Harry Benrimo, *The Yellow Jacket*, in *The Chinese Other*, 1850—1925: *An Anthology of Plays*, ed. Dave Williams (Lanham, MD: University Press of America, 1997), p. 233.

1941年间多次重演,还曾去英国、俄国、西班牙等国演出。① 就在梅兰芳访美的第二年,出生在中国、前后住了几十年的赛珍珠(Pearl S. Buck)的英文小说《大地》(*The Good Earth*)在美国出版,立刻畅销;《大地》1932年得到普利策奖,1937年又拍成好莱坞电影,获奥斯卡奖;1938年,赛珍珠获得诺贝尔文学奖。所有这些奖项都是第一次授给了一个中国题材的作品,而且是一个非常真实的关于中国农民的故事——尽管主要电影演员都是白人。梅兰芳访美之后的三四十年代,百老汇还上演过好几出英文的中国戏,包括中国人熊式一编剧、美国白人表演的《琵琶记》和《王宝钏》,都很受欢迎。应该说这和梅兰芳访美造成的正面影响也有一定的关系,但那几个戏都只是在舞台上讲了中国内容的故事,并没有像梅剧团那样真正呈现戏曲表演的形式,说到底都只是文人的作品,缺乏戏曲表演艺术家的参与。所以总的来说,比起梅兰芳在美国巡演当时他个人受到的那种空前绝后的欢迎,如果要问京剧对美国戏剧留下了什么影响,那么,套用一句著名的京剧台词,可以说是"人一走,茶就凉,不思量"。

　　这样的评价是不是太苛刻了?很可能是——如果我们没有一个十分相近的比较对象可资参照的话。而这个参照的对象恰恰是中国人也很熟悉的,俄国大师斯坦尼斯拉夫斯基。斯坦尼访美比梅兰芳早了六七年,从1923年1月到1924年4月,他带着62个人的剧团在美国12个城市巡演,一共演出了13个剧目380场——这个数字大大超过了梅剧团的72场。和梅剧团一样,这个俄国剧团在台上讲的也是外国话——演的还是话剧,那时候又没有字幕,所以他们赴美前对美国观众是否接受也完全没有底;但大大出乎意料的是,评论家的反应也是十分的惊喜,卖座比梅兰芳还要高出好几倍。美国《戏剧》杂志还把他们和美国本土的演出做了一个比较:美国导演霍普金斯1922年推出用英语演的高尔基剧作《底层》,每天票房只卖了二百美元,而第二年斯坦尼带去的俄语版《底层》不但全部满座还要卖站票,每周收入超过五万美元——按每周八场算每天要有六千多元,是前者的三十倍以上!② 评论家注意到莫斯科艺术剧院的全体演员表演都好,这一点和当时特别讲究突出明星的美国剧坛很不一样,和后来去巡演的梅兰芳的京剧更是截然相反。评论家们

---

① James Harbeck, "The Quaintness—and Usefulness—of the Old Chinese Traditions: The Yellow Jacket and Lady Precious Stream", *Asian Theatre Journal* 13, No. 2 (1996).

② Mel Gordon, *Stanislavsky in America: an Actor's Workbook*, New York: Routledge, 2010, p.21.

并没有特别称赞斯坦尼本人演得多么出色,《名利场》杂志的亚历山大·乌尔考特写道:"我从来没有看到过一个这么好的整体的演出,全体演员在舞台上把整个剧呈现得如此的真实——他们不仅个个都演得好,而且是作为一个集体演得好。"①

虽然斯坦尼作为主角演员并没有像梅兰芳那样引起美国社会那么大的轰动,但他的剧团作为整体在美国巡演的城市和演出场次却大大超过了梅剧团,更重要的是,他的演剧方法在美国大地上生根、发芽,长成了参天大树。在这方面,之前已经来到美国的斯坦尼的学生泽德尼基起了非常大的作用,他在斯剧团抵达前就积极地奔走张罗;巡演才开始十来天,他联系的美国的制作人就安排了一系列讲座,让泽德尼基用英语介绍老师斯坦尼发明的表演方法——这也是促销戏票的一个有效手段。在讲座中泽德尼基甚至宣传说,要在斯坦尼指导下为十个百老汇的资深演员上课和排戏。这件事虽然没有马上实现,不久后却变得更大了——不但有好几家俄罗斯学派的表演学校在美国诞生,而且逐渐成为美国戏剧表演方法的主流。除了比斯坦尼早去美国"打前站"的泽德尼基外,还有一些没有随斯坦尼返回莫斯科而留在了美国的剧团成员也出了大力。其中的 Richard Boleslasky 和 Maria 在美国成立了自己的剧团,他们教出来的美国学生中包括李·斯特拉斯堡和哈罗德·克勒门——后来成为美国表演教学大师、传播斯坦尼"方法派"的主将。

和梅兰芳令人惊艳无比然而人走茶凉的访美演出相比,斯坦尼剧团访美演出更重要的意义是,他们的表演方法引起了美国演员长期学习的浓厚兴趣。斯坦尼还在美国巡演时就接受了一个出版社的邀约,开始写艺术自传《我的艺术生活》,详细地解释他的表演体系,包括其创造过程和具体特点。后来他带着剧团回国了,但有几个演员留了下来,再后来又有一些他的剧院的演员去了美国定居,他们都成了向美国人传播斯坦尼方法的重要力量。这些俄罗斯表演老师们远不如斯坦尼有名,他们刚去美国时大都只是想当演员,但是很难找到适合他们表演的角色,就开班授课变成了老师,先是教出了一批专门传授斯坦尼方法的美国表演老师,再通过他们教出了一些后来非常有名的美国"方法派"演员,包括马龙·白兰度、玛丽莲·梦露等人。② 这些演员又通过好莱坞电影把他们的方法传遍世界各地。

---

① Mel Gordon, *Stanislavsky in America: an Actor's Workbook*, New York: Routledge, 2010, p. 20.
② Mel Gordon, *Stanislavsky in America: an Actor's Workbook*, New York: Routledge, 2010.

和斯坦尼访美留下的影响深远的礼物"方法派"表演相比较，梅兰芳访美给人留下印象最深的却是诸如"比女人的手还要软的手"等那些奇闻逸事，让人叹为观止、敬而远之，对同行演员来说差不多是可望而不可即；如果要想找出些能对美国戏剧及文化产生持久影响的"遗迹"，还实在是无迹可寻。

中国戏曲学院的刘璐博士在论文《梅兰芳与斯坦尼斯拉夫斯基访美比较研究》中得出了如下的结论。

> 这就使我们必须正视戏曲自身的欠缺：内涵单薄，人物平面，尤其是选出来的出访剧目，往往只突出外在技巧，有时候几乎沦为无思想的杂技表演。焦菊隐先生说得好："它善于用粗线条的动作勾画人物轮廓，用细线条的动作描绘人物思想活动。像《拾玉镯》、《评雪辩踪》，故事很单纯，但它用富有表现力的手法，揭示人物丰富的内心活动。"他是在讲戏曲的表现手法好，可是无意间也流露出戏曲的一个弱点，那就是"故事很单纯"。确实，很多取材于中国传统民间故事的戏曲人物性格比较单一，如白脸的曹操、红脸的关羽、黑脸的包拯，很多角色在刚一出场的时候就已经让观众明确了他所处的身份地位是好人还是坏人了。而且，由于戏曲故事大都家喻户晓，观众到剧场看戏并不是要想了解剧情的推进，看人物的命运和性格如何发展，更多的是欣赏唱念做打，是视听的综合享受……

进入到二十一世纪，戏曲走出国门进行跨文化交流已经不像当时梅兰芳访美时那样艰难，需要准备好多年才能漂洋过海、大费周折，剧目的选择和交流的目的也应该可以更加完备和周详。可是，看一下近年来各大院团出国访问演出的剧目表，竟然与当时梅兰芳访美的并没有太大的区别。特别是一些技巧性剧目，如《三岔口》、《天女散花》、《借扇》等等，都是出国常演的剧目。这些折子戏语言交流比较少，通过戏曲独特的技巧和程式性的舞蹈，让演出场面火爆，容易让外国观众接受和喜欢。但是，我们是不是就应该停留在这儿，满足于观众对于戏曲的服饰、化妆和各种身段技巧的惊叹呢？从梅兰芳访美至今的80余年里，我们在国际交流方面所追求的还只是这些表面的喝彩声吗？作为中国民族传统文化的主要代表之一，戏曲是不是可以更多地追求一些精神层面上的传达呢？特别是在对照了斯坦尼访美所产生的巨大的持久的影响以后，我们是不是更应该深思一下，我们有没有可能也让外国人真正地喜欢上我们的戏曲，来认真学习我们的戏曲呢？①

这是中国戏曲人的愿望，实现的可能有多大呢？事实上这次张火丁带去美国的剧目恰恰是不同寻常的文戏《锁麟囊》和文武兼备的《白蛇传》，并没有纯粹展示形体技巧的动作戏，其中《锁麟囊》更是集中展示张火丁最突出的唱功的程派名剧。美国是怎么看这两个戏的呢？美国最权威的媒体《纽约时报》的评论家 James R. Oestreich 这样写道：

> 戏曲是中国基本的戏剧形式，和西方歌剧很不一样，不仅包含声乐、器乐和表演，还有哑剧、带曲调的吟诵、贯穿全剧的舞蹈及杂技动作。这些多姿多彩的表现形式就足以吸引西方人了——尽管要他们的耳朵适应戏曲音乐还不那么容易。②

讽刺的是，这位评论家还是个熟悉歌剧的乐评家——因为京剧的英文名字是"北京歌剧"，但他对张火丁演出的视觉部分的兴趣却远大于音乐部分。他认为：

> 对还不熟悉这种形式的观众来说，《锁麟囊》的娱乐效果要比《白蛇传》差很远。情节动作太单调。我能理解为什么观众中张火丁的粉丝们一次又一次地叫好，这出戏是给那些有雅兴能看出舞台上微妙之处的鉴赏家看的。对笔者来说，这两个半小时的"微妙"有点长。甚至连剧中的喜剧部分也一会就变得无聊了——两个拌嘴的丑角就像我们的 Abbott 和 Costello 那种俗套的小丑，我想看的把子功夫和杂技般的打斗场面却一直没出现。③

---

① 刘璐：《梅兰芳与斯坦尼斯拉夫斯基访美比较研究》，载于《戏剧艺术》2012 年第 5 期。
② James R. Oestreich，http：//topics. nytimes. com/top/reference/timestopics/people/o/james_r_oestreich/index. htmlZhang Huoding Makes American Debut in Two Operas，The New York Times. Sept. 4, 2015.
③ James R. Oestreich，http：//topics. nytimes. com/top/reference/timestopics/people/o/james_r_oestreich/index. htmlZhang Huoding Makes American Debut in Two Operas，The New York Times. Sept. 4, 2015.

显然，想要一个外国音乐评论家看两个戏就能品出张火丁表演的微妙之处，是有点难为他了。张火丁不像当年的梅兰芳——一个男演员能把旦角演得那么"娘"，本身就是个大"卖点"，当年的美国观众哪怕没看出太多微妙之处，男演女这一点是看清楚了的。在没有这样的特殊卖点的情况下，为外国观众选剧目看来还不能完全按照国内戏迷的审美趣味。估计现在这两场演出主要考虑的是纽约的华人戏迷观众，所以《锁麟囊》是当然的不二之选；但如果主要考虑不熟悉京剧的美国观众的话，也许就应该考虑不同的剧目了。总的来说，中国戏曲在对外的跨文化交流中最容易被接受、被欣赏，甚至被学去的是风格化、舞蹈化的肢体动作——比自然状态的话剧动作更美化，而且表现力更强得多，更适合体现高于普通人的"大写的人"（larger than life characters），但音乐就不那么容易被很快接受，尤其是京剧中太响的锣鼓。梅兰芳当年就是把传统的以老生的唱为主的京剧变成了歌舞并重，甚至更加突出舞蹈之美；这个革新本来是为了更好地向国内观众展现他自身的特长，但无意中也刚好更适合国外观众的口味。相比之下，那些以长篇唱段为主的文戏，就不容易让外国人听出味道来，除了音乐风格不熟悉外，还有一个原因是多数的唱段往往只是反复地咏叹角色的心情，多半并不能推进剧情，会使得习惯于看剧情进展、角色冲突的西方话剧观众很不耐烦。

这好像只是个文化差异的问题，但同时也是一个代沟的问题，对于中国的年轻观众也同样存在。戏曲剧目虽说有好几千个，但在习惯了美剧、日剧、韩剧的年轻人眼里，大多数故事老套、主题重复、人物类型固化。所以，连出国演出的张火丁本人竟也向《纽约时报》直言慨叹，"京剧的黄金时代可能就要结束了"。为了给张火丁的纽约演出做宣传而特地从纽约请到国家大剧院来提前观看演出的《美国戏剧》杂志主编吉姆·欧奎恩是年5月第一次到北京，就注意到了这一点。

> 尽管有着丰厚的传统、学术的体系、国家文化战略中的重要地位，以及壮大中的粉丝团，但事实上京剧的影响力还是相对有限的。北京的两千四百万人口中，只有很小一部分看过京剧，现在他们中的很多人都听说了张火丁现象。①

---

① Jim O'Quinn, *Beijing Opera Star Zhang Huoding Packs 'Jewelry Purse' for the U. S.*, American Theatre, September 2015.

这么说，京剧人现在的一切努力只不过是在勉强延长一点它的寿命吗？令人振奋的张火丁现象难道只是京剧的回光返照吗？笔者并不这么认为，京剧乃至中国戏曲的寿命还长得很。笔者对它们的前景相对乐观不是因为现在国家财力雄厚，可以给行将就木等待被贴上"遗产"标志的一个个戏曲剧种强力输血输氧。不，笔者更看重的是戏曲的普世价值（未必是价值观），尤其是对于历来以现实主义为基石的西方戏剧的创新意义。

和一般观众相比，有些西方大戏剧家对中国戏曲的兴趣要更浓得多。20世纪的知名导演中，德国的莱因哈特和布莱希特、俄国的梅耶荷德、英国的戈登·克雷和布鲁克、波兰的格洛托夫斯基、意大利的巴尔巴等都对迥异于欧洲现实主义戏剧的东方戏剧传统兴趣极浓。布莱希特和巴尔巴对戏曲的研究最多，布氏写下了名为"中国戏剧表演中的间离效果"的长篇论文，兴奋地解读他在莫斯科看到的梅兰芳的表演；巴尔巴创办的"国际戏剧人类学学院"长期和来自世界各国各文化的演员共同探索一种超越文化差异的"欧亚戏剧"，曾和梅葆玖、裴艳玲等戏曲演员多次合作、研究。他在与人合著的《戏剧人类学辞典：表演者的秘密》一书中指出，在来自所有文化的表演中，有一点是相通的，那就是"前表意性"（pre-expressivity）。他说：

> 不同国度和时代的不同表演者，尽管有各自的传统风格，总是会有一些共同的原则。戏剧人类学的首要任务是探究这些反复出现的原则，那是一些非常有用的"良方"……传统的东方演员都有一个完整的、经得起考验的"专门方略"，亦即使表演风格体系化的艺术规则，这种风格与特定戏剧类型的演员必须遵守的一切密切相关。
>
> ……戏剧人类学认为，对所有演员来说，只存在一个共同的结构基础水平，戏剧人类学把这种水平界定为"前表意的"……它涉及到如何展现出演员在舞台上的活力，也就是演员如何成为一种在场（presence）的形象，直接吸引观众的注意力……
>
> 有一种超越了传统文化的"生理学"。实际上，前表意性正是为了获得这种"在场"而充分利用了各种原则……这些原则的结果在一些系统化的戏剧类型中显得更为明确，因为在这样的戏剧类型中，帮助肢体造

型的技巧是独立于结果亦即意义之外的。①

"前表意"是巴尔巴独创的一个新词,指的是演员在还没有表现剧情人物的情况下就已经在舞台上闪光的东西,或者说超越于剧情和角色内容的纯属演员自身的特色。这种难以捉摸的演员的魅力在各种文化的舞台上都存在,中国人、日本人、印度人、西方人分别用"气""花""味""能量"等不同的词语来形容它。巴尔巴认为前表意性在亚洲的传统戏剧舞蹈中表现得特别明显,例如梅兰芳的表演即便没有翻译,也可以让不懂汉语的外国人看得入迷,这里的秘密就是"前表意"的巨大能量。笔者曾为美国学刊 *Theatre Survey* 写过这本书的书评,肯定了巴尔巴这一理论的重大突破,但也指出其缺陷——以偏概全,把戏剧中的一个部分、一种特例当成了通例,把在传统亚洲戏剧中确实占去很长时间的"前表意"的演员训练和舞台呈现时"表意"甚至"强表意"的表演混为一谈。②

事实上,戏曲演员的训练、排练和表演所走的是一条"从前表意到表意再到强表意"的路:一开始要花很长时间学基本的动作程式,按不同的行当分门别类模仿,如生、旦、净、丑各不相同的走路步法,手的不同动作和指法等,确实是"前表意"的表演训练,类似于制作拼装之前的机器"零件"。一旦掌握了基本程式,拿到剧本开始排练的时候,演员就要尝试把前表意的零件拼装起来,就要开始表意了。到排练结束上舞台演出的时候,这些动作就会呈现话剧往往难以体现的"大写的人"。

本来,"从前表意到表意再到强表意"的路并不是中国戏曲独有的,甚至也不是亚洲传统戏剧的专利;西方的芭蕾和歌剧也是这样,但它们早已告别了戏剧独立出去了。而西方人当年演希腊悲剧、莎士比亚时所用的非写实、程式化的表演风格,在一次次社会和文化的更新换代中已然烟消云散无迹可寻。自19世纪末以来,许多有远见的西方戏剧家想要打破现实主义戏剧的局限,否定之否定,重新探索古希腊和莎士比亚时代曾经有过的开放"写意"的舞台手段,但他们的历史并没有提供多少东西可以借用。相比之下,中国

---

① 见 Euginio Barba, *The Secret Art of the Performer: A Dictionary of Theatre Anthropology*, London: Roultedge, 1991, p. 8, pp. 187—188。

② William H. Sun, "The Art of the Performer: A Review on A Dictionary of Theatre Anthropology by Eugenio Barba et al." *Theatre Survey: The Journal of American Society for Theatre Research (Seattle)*, Nov. 1994.

古代相对"超稳定"的社会结构倒为我们保留了不少舞台上的"活化石"。这个现象在印度和日本也都存在，但印度保留的主要是较少叙事成分的舞蹈，而日本的能剧和歌舞伎则相对精英化，不如中国戏曲普及，其种类风格也专一得多。我们的戏曲不但剧种丰富多样，对新故事的适应性也强得多，更容易融入其他文化的元素，既可以给中国人自己看，也可以为外国人所用。所以，用戏曲的形式来展现外国经典的故事是一个可以让各相关文化都得益的好办法，例如戏曲形式的希腊悲剧、莎士比亚、易卜生等。西方观众看他们耳熟能详的经典时，更注意的是极富表现力的中国式演绎方法，中国戏曲程式化动作传达出的中国美学精髓，能吸引更多的外国人进一步了解中国文化。因此，把西方经典改编成中国戏曲便有了两层意义：在国内为中国观众所用，拿西方文化的精华来丰富我们的艺术；"走出去"为传播中华文化所用，有助于中国戏曲走向世界。

希腊悲剧和莎士比亚的作品已经有了很多戏曲版，以现实主义为主的西方现代戏剧曾经被认为很难和戏曲融合，但近年来也有了好几个成功例子。"现代戏剧之父"易卜生的《海达·高布乐》和《海上夫人》被改编为古代中国的故事，成了杭州越剧院的保留剧目，十年来已在国内外几十个城市演出，引起了一批本来不看戏曲的大学生的强烈兴趣。这两出戏里载歌载舞的"焚稿"和"夜奔"把原来受限于客厅戏一堂景的主人公的内心世界更加充分地展现出来。越剧保留原作情节，突出渲染写意的成分，将口语对话浓缩成有韵律的唱词，用行云流水的场景变换将客厅戏扩展到户外，还加了闪回，为表现人物关系和内心的复杂性提供了新的空间。海达的关键道具手枪在古装戏曲里变成了鸳鸯剑，当她一身红衣，用长剑刺入身体，象征鲜血的加长红水袖在舞台上铺展飘舞开时，挪威首都奥斯陆的观众被震撼了。西方人既发现了中国戏曲体现的中国传统的审美意趣和文化内涵，也对这个引起当代中国人共鸣的具有普世价值的现代主题有了新的领会。挪威制作人看到此剧的成功，特地找到该剧主创，委约制作了又一部越剧版的易卜生《海上夫人》。

上海戏剧学院的京剧版《朱丽小姐》，借用另一位"现代戏剧之父"斯特林堡塑造的人物，在中国戏曲的人物群像中增添了两个特别能引起当代青年反思的多层次的圆形人物——发生情感纠葛的孤独的小姐和强壮的男仆；同时，京剧的唱和舞也为剧情提供了更丰富的表现手段，将人物的内心展现得更加淋漓尽致。除了国内的许多演出,该剧还曾八次出国演出,包括在斯特林堡的家乡瑞典的三个城市。更重要的是,该剧成了上海戏剧学院戏曲学院京剧课的教学剧目之一,而在我们专门为外国学生开的京剧暑期学校和冬季学院的京剧课上,《朱丽小姐》经常是选的学生最多的剧目——超出了《打渔杀家》等传统剧目,二十来人的班上,有一次竟出现了9个版本的"朱丽"。

当然,源于改编的"西戏中演"绝不会是戏曲未来的唯一道路,我们还应该有更多传递现代精神的原创剧目——现代精神并不意味着一定要像"样板戏"那样讲现代故事、穿现代服装。就是古装戏也应该具备能与现代人精神沟通的内涵,表达普世哲理和美学价值,那样就能打动年轻的国内外观众。上海戏剧学院专门为青少年创作了一组《孔门弟子》戏曲系列短剧,让大家看到三个虚构的、渴望成熟的学生,一个真实的、诲人不倦的夫子,在周游列国途中演绎出一个个令人啼笑皆非又发人深省的故事。该系列剧选择精辟的夫子语录,讲出一些为人处世的道理,让生、旦、净、丑演绎孔子思想,用唱、念、做、打传递中国文化;把众所周知的"三个和尚""田忌赛马""河伯娶亲"之类的故事变成了孔子用以启发学生体验、思考、讨论的普世性、开放式的寓言。这个系列剧还吸引了不少外国人参加学习和演出,保加利亚国家戏剧电影学院、美国剑桥公学、澳大利亚墨尔本大学的学生分别排演了《己所不欲,勿施于人》《三人与水》《比武有方》《巧治贪官》等8个剧目,在人类表演学国际大会上分别展示,又带回到各自的国家去巡回演出。

只要找到把传统审美特色和现代精神结合起来的方法,戏曲可以成为中国文化走向世界的一条捷径,中国戏曲演绎西方故事和古装新戏都可以,关键是:形式必须尊重戏曲,内容不忘面向现代。要向世界传播戏曲,像梅兰芳和张火丁这样的超级明星出国演出经典当然是个好办法,但不是唯一的办法,甚至不是最重要的办法,因为最喜欢这个办法的是已然爱上戏曲的华人戏迷,而不是我们希望去"发蒙"的当地观众。要想让有好奇心但还有陌生感的外国人喜欢上戏曲,更重要的是,用戏曲独有的动作纷呈、色彩斑斓的表现形式来演绎好具有普世价值又新颖动人的故事。这样的故事不但要让人看得有味道,还要人看了想学、想演,这样我们就可以教他们戏曲的方法——就像当年斯坦尼的学生那样,教他们演我们的戏。相信戏曲能够做到这一点,我们已经有一些这样的剧目,例如《白蛇传》,我们还可以创作出更多更好的剧目来。超级明星能够出国演出的时间有限,但遍布全世界的几百个孔子学院可以是中国的"泽德尼基"们用来教授戏曲的现成平台。将来中国戏曲不仅去外国巡演时会有人买票来看,而且还会在外国生根、发芽、结果——像斯坦尼的"方法派"一样。这就是笔者希望的中国戏曲在世界各地的可持续发展。

(孙惠柱:上海戏剧学院)

人类传统戏剧文化遗产保护的中国模式[*]

谢柏梁

一、世界三大戏剧文化遗产保护模式

21世纪伊始,联合国教科文组织将中国昆曲、日本能乐、印度鸠提耶耽梵剧、西班牙埃尔切神秘剧和意大利西西里木偶剧五大剧种,首批列入人类口头与非物质遗产代表作。15年过去了,回顾这五大剧种的保护与传承,基本上形成了日本模式、印欧模式和中国模式这三大阵营。

日本能乐模式的保护与传承与四个关键词紧密相连:一是"家传";二是"收徒";三是"财团法人支持";四是"国家的幕后支撑",包括在海外特别是在西方高等学府中不遗余力地推广。日本的老百姓,如果一辈子不登一次富士山,不看一次能乐与歌舞伎,几乎很难想象他是正宗的日本人。

印欧模式可以大体上看成一种宗教神秘戏剧模式,印度鸠提耶耽梵剧2000年以来一般都在印度教神庙中的库坦巴拉姆演出,西班牙埃尔切神秘剧600余年来,在罗马教皇的特许下,从未间断过在埃尔切圣·玛丽亚大教堂的演出。不管是2000年或者600余年不间断的演出历史,都是宗教戏剧的基本保存模式,作为一种文化奇迹都值得我们尊重。

2001年以来,特别是近十年来,中国昆曲的保护模式锻造成型。相比日本模式和印欧模式,以政府为主导、剧团与表演艺术家为主力的中国昆曲保护、传承与发展模式的全面凸显,已经成为人类口头与非物质遗产保护戏剧

---

[*] 本文是在第六届昆曲艺术节"纪念习近平总书记文艺座谈会讲话一周年座谈会"上的发言;参考、引用了中华人民共和国文化部艺术司戏剧处所提供的材料。

代表作当中，目前体现得最系统、最高端也最接地气的可持续发展模式。

中国昆曲艺术保护、传承与发展模式的特点，主要体现在政府的自觉主导与积极落实的一系列政策、措施、活动与诸般有效作为上。中国历代朝廷尤其是从后唐、元、明、清以来，历代政府或多或少都有关于戏曲文化活动的一些政策方针，有的王朝例如明、清两代关于宫廷戏曲尤其是对昆曲的倡导与支持，极大地促进了戏曲艺术的发展。新中国成立以来，早在 1956 年，浙江昆剧团改编演出的《十五贯》应邀进京演出后，在全国范围内产生了广泛的影响，周总理曾感慨地说："一出戏救活了一个剧种。"

近十年来，由文化部艺术司主要实施的"国家昆曲艺术抢救、保护和扶持工程"，在很多方面都体现出骄人的成绩，也体现出保护文化遗产、传承古老剧种之中国模式的卓尔不群。

比方说国家有选择、抢救性地录制了由当代众多昆曲名家主演，剧目内容丰富，表演形式各异，源自宋、元、明、清各个时期的昆曲优秀传统折子戏一共 200 出，确保了昆曲这一"活态传承"的"世界文化遗产"，能够通过现代科技手段得到更具真实性、稳定性和长期性的记录和保存。数字化的昆曲表演剧目遗产的记录，在中国台湾地区、在奥地利国家科学院、在英国伦敦大学，都先后形成了彼此间的呼应。今后在文化部的主导下，一个全球化的昆曲数字资源宝库，定会整合官方与民间、专业院团与票友"粉丝"、中国基地与国际团队的各方面力量，为昆曲表演艺术的基于本时代最为传统也最为精湛的真实场面，留下历史的永恒记忆。

近十年来，国家昆曲抢救、保护和扶持工程在实施过程中，还资助中国昆曲博物馆收集整理了一批具有历史价值和艺术价值的昆曲文物和文献资料，并在苏州大学建立了昆曲艺术理论研究中心，连续举办了六届"中国昆曲论坛"，共有近两百位海内外著名昆曲专家学者参加了论坛。共编辑出版了六届《中国昆曲论坛论文集》《昆曲与传统文化研究丛书》10 部。资助了《中国昆曲论坛论文集》《昆曲与传统文化研究丛书》和《张紫东昆曲抄本》《昆曲表演文献整理丛刊》《中国昆曲大典》等一系列史料和研究书刊的编辑出版。由文化部支持、北京市与中国戏曲学院主编的《中国京昆艺术家传记丛书》，已经出版了六十多部，其中将近一半是昆曲表演艺术大师。凡此种种，都从资料保存和理论研究等更高的文化层面上，为当代昆曲艺术的传承发展和舞台实践，提供了多元的学术指导和理论支持。

日本传统戏剧保护模式，以财团法人和家族承传作为主体，在传统的承传上居功甚伟，但是在戏剧的发展上表现乏力；印欧传统戏剧保护模式，以宗教神庙作为主体，在经济上处于相对匮乏的窘境。中国的传统戏剧保护模式以昆曲艺术作为代表，处于国家文化战略的主体方阵之中，又得到了昆曲工作者的积极响应、大力实践和社会上的广泛呼应与支持，在联合国诸多缔约国中具备领先精神和示范意义。

二、昆曲剧目的传承、创新与"中日合作"

在剧目继承与创新方面，以抢救和继承昆曲优秀传统剧目为切入点，每年有目标、有重点地资助扶持全国7个昆曲院团，恢复上演了一批传统名剧，推出了六十多台整理改编剧目和新创剧目。其中有《张协状元》《荆钗记》《白兔记》《小孙屠》《琵琶记》等宋元以降的南戏经典，也有《西厢记》等著名的元杂剧，有正式搬演于舞台的第一部昆曲大戏《浣纱记》，还有汤显祖"临川四梦"中的《紫钗记》《牡丹亭》《南柯记》《邯郸梦》，清初"南洪北孔"的《长生殿》与《桃花扇》，李玉的《一捧雪》，明清著名传统剧目《雷峰塔》等优秀剧目的演出，展示出传统昆曲经典的精华。《十五贯》的复排上演，又对20世纪中叶的里程碑式作品予以了再呈现。近年来涌现出来的《公孙子都》《红楼梦》《景阳钟》等改编与新创剧目，还入选"国家舞台艺术精品工程精品剧目"，获得"文华大奖""文华优秀剧目奖"。

2014年以来，由文化部主持的国家艺术基金，又先后通过不同项目支持了昆曲《李清照》《川上吟》《大将军韩信》等昆曲大戏，由国家和地方政府主导支持的昆曲整理、改编、创作与演出，已经成为昆曲剧目继承与创新的基本态势①。

---

① 2005—2014年国家昆曲工程扶持剧目有：（1）北方昆曲剧院：《百花公主》、《西厢记》、《关汉卿》、《王昭君》、《红楼梦》（上、下）、《续琵琶》、《李清照》（国家艺术基金）；（2）上海昆剧团：《邯郸梦》《长生殿》《紫钗记》《钗钏记》《南柯记》《一片桃花红》《伤逝》《血手记》《景阳钟》《占花魁》《潘金莲》；（3）江苏省演艺集团昆剧院：《小孙屠》、《绿牡丹》、《1699·桃花扇》、《白罗衫》、《梁山伯与祝英台》、《伯龙夜品》、《红楼梦》（折子戏）、《魏良辅》；（4）江苏省苏州昆剧院：《西施》、《牡丹亭》（青春版）、《玉簪记》、《长生殿》、《西厢记》、《烂柯山》、《满床笏》、《白蛇传》；（5）浙江京昆艺术中心昆剧团：《西园记》《十五贯》《公孙子都》《徐九经升官记》《红泥关》《乔小青》《十面埋伏》《红梅阁》；（6）湖南省昆剧团：《比目鱼》《荆钗记》《湘水郎中》《雾失楼台》《宣华夫人》《白兔记》《党人碑》《义侠记》；（7）永嘉昆剧团：《永昆折子戏组台》《折桂记》《琵琶记》《荆钗记》《浮沉记》《金印记》《一捧雪》《牡丹亭》（永昆版）；（8）上海戏剧学院戏曲学院：《寻亲记》。

与日本的能乐剧目来比较，例如"观世流"传承自集能乐之大成者"观阿弥""世阿弥"，约六百年以来成为能乐传承发展过程中的最大流派。观世能乐堂有其"社团法人观世会"加以支撑。若论其剧目，几乎都是传统剧目的继承，极少有新创剧目的开拓。

昆曲演出与发展的"中日合作"，至少从20世纪起，就一直谱写出一段段佳话。从20世纪在日本社会轰动一时的1919年、1924年的梅兰芳访日演出，其中就包含了部分昆曲剧目。

1960年，日本新剧团在北京演出木下顺二的《夕鹤》。当时还是北方昆曲剧院学员班的洪雪飞心生感动，后来与日本教授向井芳树改编了昆曲《夕鹤》。从1990年的洪雪飞版到1996年的杨凤一版，还有1995年上海昆剧团梁谷音、计镇华的海派昆曲版本，《夕鹤》已经成为南北昆剧院争相改编上演的文化现象。

2001年，由中、日双方投巨资，由跨行业、跨国界的精英人才联手打造的大型新昆曲歌舞剧《贵妃东渡》隆重上演，这又是中、日两国基于昆曲层面的又一次盛大的艺术联盟。早在《贵妃东渡》剧在排练之中，日本前首相海部俊树、公民党主席神奇武法就发来了祝词。日本已与北京签约预订的演出场次达三十多场。业内认为，《贵妃东渡》的创新至少有三方面：其一，开创性地将昆曲与交响乐、歌剧、舞剧、话剧等西洋艺术相融合，创造出符合国际潮流的舞台艺术发展模式；其二，开创跨国合作的先河，熔中、日文化特点于一炉；其三，借助文化旅游热潮，发掘昆曲潜在的市场价值。

2005年成为"人类非遗"戏剧类代表作的歌舞伎，于2008年3月6日至25日，坂东玉三郎与中国江苏省苏州昆剧院合作的中日版昆曲《牡丹亭》及歌舞伎《杨贵妃》在京都南座公演20场，并在同年5月6日至15日在北京湖广大戏楼演出10场，在剧目创作上一直有所开拓创新。

昆曲艺术的国际合作除了历史较为悠久的"中、日合作"之外，还将推广到全世界更多的国家与地区去。2015年第四季度，中国北方昆曲剧院与俄罗斯雅库特共和国合作的"雅库特文化日"活动，俄方将以雅库特共和国传统文艺形式"奥隆霍"重新编排中国戏曲经典《牡丹亭》，中方将以昆曲形式重新编排雅库特英雄史诗《图雅蕾玛》。今后类似的文化交流活动，还将在全球范围内得到广泛开展。

三、中国昆曲的海内外演出状态

中国昆曲剧目不仅仅要继承、整理、改编和新创，同时还要在国内外保持一个宽幅度、大阵营、常态化的演出态势。没有一定规模的演出，所谓保护传承的意义和根基也就不够完善。相对而言，中国模式之于日本模式和印欧模式而言，在常态化的演出规模方面，可能具备较大的优势。

在国家昆曲艺术抢救、保护和扶持工程实施10年期间，共举办了六届国家层面上的中国昆剧艺术节，共有约五十台剧目参加了展演，并表彰了一批昆曲优秀主创人员、昆曲优秀理论工作者、对昆曲艺术做出突出贡献的单位，评选出了一批优秀中青年演员。在此期间，还举办了一系列重大昆曲展演活动，如2010年在南京举办的"全国昆曲优秀剧目展演周"，2011年在北京、上海、苏州等地举办的纪念昆曲"申遗"成功十周年系列活动，2013年在北京举办的"姹紫嫣红开遍——2013年全国昆剧优秀剧目展演"，2014年在北京举办的"名家传戏——2014年全国昆曲《牡丹亭》传承汇报演出"等。

国家昆曲艺术抢救、保护和扶持工程积极推动和资助全国7个昆曲院团持续进行公益性、普及性演出，10年来共演出五千余场。不仅使更多的优秀青年演员获得了舞台实践的机会，也让更多的年青一代能有机会近距离接触和欣赏到民族优秀传统艺术的风采，为昆曲艺术的传承发展营造出良好的生存环境与社会基础。同时，在这一举措的有效引导下，全国昆剧院团的公益性、社会性演出状况十分喜人，不仅演出剧目多、演出场次不断增长、观众面广、社会影响力大，同时演出的形式也呈多样化的趋势，既有定期、定点地进校园和旅游景点的常态化演出，也有走进地铁、走进真实园林、创立环球在线网络演出等，从而在总体上使昆曲舞台显得更加丰富多彩，构成了不同层次、不同样式、宣传昆曲、走进大众的演出形态，进而表现出了更为强劲的生机和活力。

在海外演出市场的开拓上，中国模式也做得比较出色。为进一步弘扬中华优秀传统文化，提高中华文化国际影响力，国家昆曲艺术抢救、保护和扶持工程在实施过程中，还十分注重推动和引导优秀昆剧院团、优秀昆曲剧目"走出去"。10年来，在国家扶持下，全国各昆曲院团已赴美国、英国、希腊、荷兰、瑞士、瑞典、比利时、日本、爱沙尼亚、拉脱维亚、土库斯曼等三十余个国家进行对外交流演出近七百场。同时还以昆曲为纽带，不断加强与港、澳、台地区的文化交流，积极推动港、澳、台地区的昆曲院团、专家学者和昆曲爱好者参与"中国昆剧艺术节""中国昆曲论坛"等重大艺术活动的演出、研讨和观摩活动，进一步促进了民族文化在国际上的影响力、竞争力的提升和近年来世界性"昆曲文化热"的形成。

2006年3月，杨凤一在意大利中部文化名城佛罗伦萨获得2006年度佛罗伦萨国际妇女奖。这个奖项是创立15年来首次颁给亚洲人。这个奖项是对杨凤一多年来不断把昆曲艺术推向国际舞台的肯定。杨凤一从1994年开始先后4次在意大利主演京剧《杜兰朵公主》，并参加了意大利罗马歌剧院的歌剧《杜兰朵公主》的演出。从2011年以来，昆曲《牡丹亭》的不同演出版本从林肯艺术中心到大都会博物馆，从北美到欧洲，几乎在全球范围内赢得了广泛的关注。

2014年，由文化部主管的国家艺术基金，又增添了到海外推广戏曲艺术的相关条例，相信有更多昆曲剧目在国家艺术基金的支持下，将会在海外主流戏剧市场上获得更多的青睐。

四、戏剧传承人的遴选与培养

古老剧种作为文化遗产传播下去，必须要有一代代表演传人生生不息地活跃在舞台上，以身展示，活态表演。

在戏剧遗产传承人的选定与培养方面，日本的能乐、歌舞伎基本上采用的是基于血缘背景的家族式承传方式，而且有着传男不传女的诸种规则。这种承传方式有其历史悠久、品牌响亮和风格独特的一面，但也有其相对保守和可选择面不广等问题。

据称具有两千多年历史的鸠提耶耽梵剧，其男演员（均出自察吉亚部落）的表演，均由师父单独密传，其剧目与教材一直由几个家族垄断式地保藏，秘不示人。作为印度唯一男（Chakyar）女（Nangiars）合演并伴随着打击乐（Nambiars）伴奏的剧种，在喀拉拉邦的Chakyar、Nambiar和Nangiar等几个部落代代相传，宗教性与神圣性被阐扬到极致，扮演的仪轨原则和剧目的不可变性极强。但是家族的过分垄断，地域化的特别彰显，还是使得剧种过于小众，影响力颇为有限。

中国保护模式体现在昆曲传承人方面，先后经历了两个重要阶段，体现为两种具体的传承方式。

一个阶段是基地加培训班方式。2005—2009年，"国家昆曲抢救、保护和扶持工程"分别在浙江、上海建立了昆曲创作人才培训中心和昆曲表演艺术人才培训中心，共成功举办了五届昆曲创作人员培训班，五届昆曲表演艺术人才培训班，一共有170余位昆曲编、导、音、舞美创作人员和200余位在职优秀青年演员接受了高规格的专业培训。比如说在上海戏曲学校设立的表演中心里，其小生培训班以蔡正仁、岳美缇等人为主教老师，旦角班以梁谷音、张洵澎、沈世华等人为主教老师，扎扎实实地为来自各大昆曲院团的学员们教会了一批剧目。为了体现办学成果，文化部先后于2007年和2011年，分别举办了"全国昆曲优秀青年演员展演"和"全国昆曲优秀中青年演员展演周"，集中为中青年演员展示继承传统的成果，搭建展示艺术的平台，为各大昆曲院团今后的发展提供了具备战略意义的骨干力量。

二是当代昆曲名家收徒工程。从2012年起，有感于京剧界和其他地方戏部分恢复了名家个人收徒制的拜师传统，文化部又创造性地启动了基于国家层面的"名家传戏——当代昆曲名家收徒传艺工程"，建立了政府主导层面上的昆曲艺术的人才传承创新机制。首届"名家传戏——当代昆曲名家收徒传艺工程"特聘蔡正仁、张继青、汪世瑜、侯少奎等11位老一辈昆曲名家，根据不同行当，采用"一带二"的形式，每位名家向2名学生传授两出经典折子戏。2013年，举办了"名家传戏——首届当代昆剧名家收徒传艺工程汇报演出"和"名家传戏——第二届当代昆剧名家收徒传艺工程拜师仪式"，聘请张静娴、张铭荣、石小梅、胡锦芳、雷子文、王世瑶等13位昆曲名家向28位学生收徒传艺，进一步扩大了"名家传戏"工程的实施范围。到了2014年和2015年，名家传戏已进行到第三届和第四届。从第四届开始，除了进一步延聘老一辈名家之外，一批中年昆曲表演艺术家例如王芳、罗燕和谷好好等人，也首度开始参加到收徒传艺的过程中。这样一种态势，也表明了名家传戏工程的系统性和连续性，预示着今后将有一代代的新的名家进入传承工程当中去，让昆曲传习工作一辈又一辈地延续下去。

当今的名家传戏，笔者认为这是对于古老剧种保护传承的最佳方式与范例。日本能乐、歌舞伎的传承传统当然很好、很古老，经受了历史的考验。但是基于血缘基础之上的家族传授制也有弊端。过去是只传男不传女，现在要不要突破，突破的幅度究竟有多大？绝艺只传自己家的血脉，到了某一代这孩子嗓子不好怎么办？没有兴趣怎么办？只传自己的孩子不传其他人家聪慧的孩子，就艺术天才的产生规律来看，在选材上不够科学和宽泛。所以尽管日本模式很古老、很美好也很神圣，但是也有其先天很好、后天唯恐不足的致命问题。我们昆曲名家传戏的收徒工程，先是以昆曲作为试点的代表剧种，现在已经扩展到京剧，扩展到全国大部分戏曲剧种当中。这一戏剧史上前所未有的创举具备荣誉感和责任感两个特点：第一，昆曲传承工作是文化部实施的国家文化工程，所有传戏的名家之报酬不高，但是比目前昆曲教戏的"市价"还是要低一些。但是这是以国家名义的郑重托付，让教戏者有尊荣感和使命感，这样的国家级托付，中国历朝历代没有过，西方各国也没有过，从国家与民族层面给学生荣誉感，报酬经费不算高，但是荣誉很高。第二，是责任感和使命感，教学生不是口头上说说的花架子，而是在文化部主持下要看老师教学的成果，衡量教学的成果就是学徒的汇报演出，如果学生的汇报演出效果不好，那么在座的教戏名师可就芒刺在背，滋味不美。因此这几年来教戏的各位大师都如履薄冰，认真教学，因为学生要真演不好第一个难受的就是老师。所以说在传承人的选材、拜师、教学与汇报演出等方面，中国目前应该是做得较好，可以说在全球独领风骚。

五、中国昆曲保护模式的国际化审视与思考

如上所述，保护"非遗"代表作的中国模式，目前确实在全球范围内比较完善，但是在可持续性上还能持续多久？这需要政府和昆曲从业人员，更需要社会各界的大力支持。与大教堂中连演600年的神秘剧相比，与梵剧神庙中的从未熄灭过的香火相比，昆曲的薪火相传，在历史上时断时续，常常濒临灭亡的地步。我们在中国有没有一个国家级的剧场，每天都有常态化不间断的昆曲演出，真正体现出经典的力量，艺术的高度，体现出人类口头与非物质文化遗产代表作的中国模式之先进性？西班牙的教堂神秘剧团能做到，印度的梵剧也可能做得到，中国的8个昆曲院团在政府的统一文化资源调配下，究竟能不能做得到不间断的常态化演出？

在今天的昆曲院团中，好多老师都人云亦云地说，我们昆曲历代不分流派和风格，昆曲就是没有派。其实这是不够准确的一种化传，也是不够准确的一种描述。在明、清以来的昆曲文献记载中，昆曲从来是分派的。过去我们常说的吴江派、临川派、北昆与南昆，南昆当中的松江派、昆山派、常熟派与嘉兴派都有不同的差别。昆曲演唱当中的清曲家和场上的曲家，流派风

格明显不同。即便是传字辈老艺人之间、传字辈与俞振飞之间的风格流派都有诸多差异。差异化就是流派化,流派化就是风格化。北昆作为宫廷化的昆曲路数,吐字一向偏于中州音湖广韵,与京剧的吐字较为相似。上昆的吐字也偏于京剧,江苏的昆曲团队与苏州语音联系更大。有位笔名"花雅京昆"的先生说:"昆曲其实不分流派的,但听了诸位大家的唱段,有些疑惑,希望各位能够解决。张继青、王芳等苏昆省昆演员皆字依吴音,生、旦如此,如'人'读如'神','在'读如'塞',凡以韵母'偶'收韵的都念作'鱼',丑自然念苏白的。上昆的华文漪、北昆的蔡瑶铣却依中州韵,如京剧唱念。梅兰芳也不读苏音。"

一个剧团,一位演员,如果没有自己的风格与流派,就很难在历史上留下清晰的烙印。京剧流派的众多与繁复,为京剧声腔艺术的发展提供了极好的范例。更大的问题在于没有流派就没有风格,没有风格就没有分工,就会在剧目上、在有限的保护传承与创作空间内自己挤压。目前我们七大昆曲剧团,不算台湾剧团在内,我们很多剧目是相互"撞车"的,很多题材是彼此"打架"的,许多看起很冠冕堂皇的艺术行为实际上是彼此之间的重复性模仿。如果文化部能够有一个总体规划,根据每一个昆剧院团的长处有一个差异性规划和彼此之间的分工,可能七大昆曲院团的发展会更加正常、更加顺畅,七大院团当中那些德高望重、艺术精湛的表演大师也完全可以开宗立派,成为风格化、流派化的新一代大家。

在纪念习总书记在文艺座谈会上的讲话一周年的时候,在7月11号国务院颁发的21条戏曲政策的带动下,笔者认为在实现中华民族伟大复兴的征程中,经济复兴走在了前面,文化复兴中的国学复兴也很有特色,但是昆曲和戏曲文化的复兴最能传中华民族文化复兴之神韵。昆曲又在戏曲界一马当先地创造出人类口头与非物质文化遗产保护过程中的中国模式,为铸就中华民族的传统之神和审美规范率先做出了开拓之路、奋进之路,值得全国的戏曲界,也值得全世界的戏剧家们关注并重视,不仅为中国的传统文化的复兴,也为人类古老文化的保存与精神家园的重建,提供一个可资借鉴的典范。

(谢柏梁:中国戏曲学院)

传统戏曲在现代社会中的发展
——以闽剧的发展现状为例

周 虹

在日新月异的现代社会里，随着娱乐方式的多元化、审美心理的变化等多方面因素的影响，传统戏曲受到严重冲击。作为传统戏曲家庭中的一分子，闽剧同样受到了冲击。但在这一过程中，闽剧在不断调整自我来迎接冲击。下面就从当今闽剧的生态生发开来，回顾闽剧形成的过程，展示闽剧"现代化"的历史，思考戏曲的继承与创新。

一、当今闽剧的生态

闽剧有着四百多年历史，是用福州方言演唱、念白的戏曲剧种，因而又称"福州戏"，为福建省五大地方剧种之一。2006年被列入首批国家级"非物质文化遗产"名录。

闽剧是福建省最重要，也是影响最大、受众最广的地方剧种。闽剧具有悠久的历史和浓郁的地方艺术特色，是闽都文化的集中体现，也是福建地域文化的重要表征。它流行于闽中、闽东、闽北等二十多个县市以及中国台、港、澳地区，还远播东南亚以及美洲、澳洲等华人旅居地。据不完全统计，目前，闽剧除4个国有剧团外，另有民营剧团150多个，每年演出量近5万场，观众达500万人次，是福建所有地方剧种中拥有剧团数量最多、演出场次与观众也最多的剧种。以福建省实验闽剧院为例，每年除在剧场举行的低票价惠民演出及政府接待性演出，还有下基层、进社区、进部队、进校园等多种形式的公益性演出及下乡演出，每年演出总计两百多场。此外，在中国台湾、中国香港地区以及美国、菲律宾、马来西亚、印度尼西亚等国家和地区也有当地的闽剧民间剧团。

通过以上数据，也许很多人觉得闽剧现在的生存状态良好，但从大环境来看，闽剧在繁荣发展中透露出诸多的问题，尤其是观众老龄化的问题。有戏迷曾在我们剧场做过问卷调查，在2013年3月22日（星期五）的一场演出中，60岁至79岁的老人占到69%。虽仅是一次调查，但是从中却反映出闽剧观众老龄化、年轻观众稀缺这个不争的事实。我们再仔细想想，这些老年观众还能看多少年戏，再过20年、30年，哪怕10年，这些老年观众中还剩多少？细思极恐，即使到时台上还有人在演，台下又有多少人在看呢？相信，这不是闽剧这一个戏曲剧种面临的问题，戏曲观众老龄化存在于各个剧种中，这是一个普遍的现象。要应对观众的老龄化就要培养年轻的观众，而现在的年轻人真正自主走进剧场去看戏的少之又少，像京剧、昆曲这样的大剧种，年轻观众的群体还相对多一些，像我们这样的地方剧种，很多都和闽剧一样面临着年轻观众的匮乏。观众是戏剧的三要素之一（另两个要素分别为演员、剧本），没有观众就没有真正意义的戏曲演出。

戏曲该如何面对现代社会，如何面对现代社会的观众？这些问题在戏曲界一直在探讨，笔者觉得不只是现在，戏曲在发展的过程中一直面临着"现代化"的问题，每个时代有每个时代的戏剧，每个时代的戏剧在经过扬弃继承后，形成了符合那个时代审美要求的戏剧，代代延续积累下来呈现了如今我们看到的戏剧面貌。

二、闽剧"现代化"的进程

了解闽剧"现代化"的进程首先要了解闽剧的形成过程。明万历三十七年（1609），在外从政多年的曹学佺，因拒绝皇室宗藩动用国库私建藩邸而遭削职遣返故里。他在闲居福州西郊洪塘乡时，组织府中僮婢办起了曹氏家班，邀请儒士文人观赏娱乐，后人称为"儒林班"，是闽剧最早的前身。但后来因清兵入关等原因，昔日夜夜笙歌、艺伎聚唱、名人云集的场面再也看不到了，儒林班从此沉寂了很长一段时间。

明代末年，弋阳腔传入闽中，与当地的方言小调逐渐融合，形成江湖调，因戏班长年累月走乡闯寨流动演出，所以被称为"江湖戏"，由于江湖戏唱白均操土官话，在福州方言地区流传时受到一定限制，因而得不到发展，于是一种纯用福州方言演唱的"平讲戏"便应运而生。平讲戏的兴起，促使了儒林戏的复苏。清末，平讲班和演唱昆腔、徽戏等外来声腔的唠唠班及福州演唱儒林戏的儒林班合流，最终形成闽剧。

从闽剧的形成过程，我们不难看出，其实"现代化"这个命题一直与闽剧相生相伴，闽剧一直在寻求一种最适合自己生存的姿态，不只在形成时期，在其发展过程中乃至今天闽剧都在寻找一种最适合自己的生存方式。从本质上看，闽剧从来都善于迎合时代要求，始终保持一种开放的姿态，来顺应时代的潮流。

（一）闽剧历史上的"现代化"

闽剧作为一个多声腔剧种，它先天具备的剧种个性使之更易于也更适合接受改良。闽剧自身内部的改良从未间断，大到标志性的改革如儒林班走向高台，并与平讲班、江湖班相互渗透、融合，形成所谓"前三合响"，以及吸收徽班、京班剧目及场上表演形成的"后三合响"等，小到剧目的改编，机关布景的产生与应用，行当的细化，化妆舞美、音乐唱腔的改良都在不时地发生。

这与闽剧博采众长、灵活多变的性格分不开，而这种性格的形成又与其诞生地——福州密切相关。福州自古以来就是福建的政治、经济、交通、文化中心，这是福州另一个重要的身份特征，也是其开放、多元的文化环境的主要构因。对于外来文化，福州总是敞开胸怀、广纳博取，不论是政治文化思潮还是流行生活方式，总是能在最短时间传播到福州，并且很快地被吸收，而后细密无痕地融合到本土文化中。这种文化特征是福州与本省其他地方文化的差异，而在这种文化氛围的浸润下形成的闽剧，与福州海纳百川的精神气质相吻合，也具备了博采众长、灵活多变的性格，成为福建最善于吸收，最富于创新，也最具有活力的剧种。

闽剧"现代化"的集中爆发在20世纪20年代至30年代，这也是闽剧历史上的鼎盛时期。这一时期，在福州城里有名的戏班就有"旧赛乐""新赛乐""三赛乐""善传奇""赛天然""庆天然"等，群众称为"三乐一奇两头羊"（福州话"然"与"羊"同音）；另外，还有"赛月宫""群芳""天仙"等女班。这些班社规模大、剧目多、行头新，均有一批名艺人做台柱。

如"旧赛乐"班的武生陈春轩，花旦黄荫务、陈杏芬，三花林赶山等；"赛天然"班的花旦马秋藩、小生李铭玉、三花林务夏等；"新赛乐"班的花旦曾元藩、林贞官，武三花吴普官等；"三赛乐"班的花旦傅依侬、林芝芳，小生林芝卿、谢依桃等；"善传奇"班的花旦郑奕奏，小生关长胜等；"新国风"班的名旦薛（良藩）、马（秋藩）等。其中"郑（奕奏）、曾（元藩）、薛（良藩）、马（秋藩）"被称为闽剧早期"四大名旦"。

这时期欣欣向荣的闽剧不只有众多的班社和名角，也推出了一大批具有时代特色的时装戏和连台本戏，而且极尽能事地在舞台布景上大做文章，并利用当时新的传媒手段来包装明星、宣传剧目。这些又都是由闽剧发展与市场需求之间的良性互动所推进的改革，它们受市场行为的影响，基本上是自发的，而且每一次改良的发生、发展与结束都是也只能是建立在剧种与观众长期的密切的情感联系上，是与市场紧密联系的"现代化"行为。

为了吸引观众，闽剧一度热衷于演绎连台本戏。这些戏的内容本着娱乐至上的精神，取得极大的商业成功。连台本戏往往一个剧目一演数日，甚至半年，它不断延伸的情节和人物关系牢牢地吸引住人们，使人欲罢不能。1917年，福州闽班"旧赛乐"首先在市区上演连台本戏《岳飞传》四本，剧场效果空前，场场爆满。接着"新赛乐"上演《火烧碧云宫》八本，"善传奇"上演《八美楼》六本，"三赛乐"上演《三祭铁丘坟》十六本、《梁天来》八本，"赛天然"上演《施公案》六本，"新国风"上演《彭公案》八本，等等，连台本戏的创作与演出形成热潮。据说，当年《梁天来》的编剧严天铎被聘往泰国，观众们看不到续集，"三赛乐"差点断了财路，"大中华"等戏园也十分着急。后来严天铎在泰国赶写续集寄回国，最后又经不住"三赛乐"老板再三恳求，终于提前回国。

还有当时的时装戏，也是为了迎合当时的时代背景和潮流。时装戏的中心是改良，改良的观念、改良的剧情、改良的表演、改良的服装。改编最流行的话剧、电影，抓住最新的新闻事件，立刻编出闽剧新戏，全省没有别的剧种能像闽剧这样准确迅速地捕捉时代信息、给予反映。改良后的时装戏与人们的日常生活息息相关，有些几乎都是时事报告剧，如《古田案》《马达加》《玻璃恨》等。这些新戏不再谈忠、孝、节、义，戏里的人物不再是帝王将相，而是如此接近的身边人、身边事。观众进剧场看戏不再是隔着距离看一段历史故事，涵咏一番人生悲喜。戏里戏外的时空是如此接近，福州的普通市民们从未像这样直接置身于时代潮流中，戏中的故事也从未如此激切地击中自己的心魄，看戏俨然成了一次人生经历。闽剧《玻璃恨》以福州城郊牧童误入法国领事馆被扣为故事缘由，上演后，市民争先观看，每当演到玻璃枪击县知事并自杀时，演员必声泪俱下，观众常喊声四起以示声援。有一次演出，群情激愤，导致编剧及演员以"诽谤友邦"名义被拘捕。即使不反映时事，闽剧时装戏也以多变的城市生活中流行的社会话题和社会风尚为题材，例如《新茶花》《三刺孙传芳》《夜光杯》等，其舞台布景、演员装扮都比较有现代感。时装戏的现代还在于它总是和流行的话剧、电影时尚有密切的联系，例如《夜光杯》改编自风行上海的同名话剧和电影。从某种意义上说，时装戏就是今天所说的现代戏，它能够最充分地表现当时福州人的日常生活，表现他们的所思所想，表现他们的喜怒哀乐。而在很多传统戏中，创作者也注入了鲜明的当代情感和想象，例如《梁红玉》《木兰从军》等，最大限度地满足了时代的需要和呼唤。

连台本戏和时装戏的繁荣催生了新式剧场的兴起，这些新式剧场具备了新式舞台，在新式舞台的基础上，闽剧的舞台美术得到了进一步发展。这其中最为突出的是机关布景，从20世纪20年代开始，至中华人民共和国成立后的很长一段时间里，闽剧的布景被习惯地称为"福州派布景"。一个地方戏曲剧种居然有自成特色的布景艺术闻名于世，这在拥有几百个剧种的我国戏曲舞台的漫长历史中并不多见。1922年闽剧开始使用机关布景，接着迅速风靡全国，后又影响到东南亚一带，其技术水平堪称亚洲一流。1935年上海"共舞台"推出《火烧红莲寺》，演至1939年，前后四年共34集。这一连台本戏是上海人的时尚文化大餐，即使燃烧的抗日战火，也没有阻挡人们蜂拥至爱多亚路争睹舞台奇观。该剧特邀的布景师李斯来自福州，他技术高超，所设布景千变万化，令人叹为观止。福州著名的布景师还有俞鸿冠、贺逸云等。在20世纪二三十年代，师从于俞、贺二人的布景师约有六七十人之多，他们在京、沪等地蔚成福州派布景制作新颖华丽的艺术景观。中央戏剧学院孙家铨教授曾说："透视布景在我国舞台上出现是我国舞台美术事业一次真正的飞跃"，他称"俞鸿冠、贺逸云是我国舞台美术界的开国元勋"，并说"在我国早期的舞台美术家中有一大批人是从福建走向全国的"。

20世纪二三十年代，报纸、唱片、电影等流行的传媒手段已经进入了闽剧的明星包装和剧目宣传。如当陈春轩从台湾演出回榕，受到各界名流欢迎，当日的《中央日报》《南方日报》都用大篇幅进行报道，当时还有一个较小的《华报》，也经常报道艺人的情况或登载一些戏评。唱片公司是另一个重要的传播媒介，不仅及时且传播范围广，郑奕奏演出的经典唱段几乎都被上海的百代、高亭公司灌制成唱片，销往海内外，此外还有名旦傅亿侬、林芝芳等人的唱片，有时还灌制闽剧票友的唱段。唱片一般只能传播一出戏的片段，电影则能完全复制一出戏的精彩，1934年，陈春轩主演的闽剧武戏《八大锤》被拍成电影，在中国港、澳地区及东南亚各国放映，声名远播海内外。这些现代传播媒介的加入，说明闽剧当时已完全走上现代娱乐经济发展轨道。

（二）今时今日闽剧"现代化"的尝试

我们今天面临的一个不争的事实是戏曲已远不复当年的繁华盛景，而作为一个地方剧种的闽剧的兴衰与今天戏曲的兴衰同呼吸共命运。作为一名还坚守在戏曲阵地的从艺者，面对今天闽剧的现状，笔者也一直在思考，流传至今的古老戏曲蕴含中华民族的优秀文化基因，真的就无法接近现代人吗？笔者觉得答案是否定的，因为我们已然看到了年轻人对昆曲的追捧，也目睹了京剧著名程派青衣张火丁演出市场的火爆，也亲历了越剧尹派小生王君安被热情的"粉丝"追捧，像这样的例子还有很多。笔者觉得现代人也会喜欢戏曲，关键还是在我们戏曲人自己身上。

有专家指出："戏曲要解决和现代人审美的关系。以前没有电视、电影、交响乐、网络剧，能看的只有戏曲、杂技，人们的审美经验中没有其他东西。然而现在'80后''90后''00后'后的审美储备里，什么都有，就是没有戏曲。"这其中提到一个词——"审美储备"，笔者觉得这是非常重要的，这是戏曲亲近现代人的一个基础，而这个基础最好的切入人群是年轻人，我们闽剧做了一些尝试，挖掘各种方式，吸引年轻观众。

1. 让闽剧走近年轻人，走近大众。

（1）走进校园，让闽剧亲近青少年。戏曲艺术的传承与发展，离不开青少年群体的培养，走近他们是进入他们"审美储备"的第一步。近年我们剧院加强进校园活动，在我们当地的小学挂牌成立"闽剧少儿活动实践基地"，目前已成立三个闽剧实践基地，另两家是福州大学和福建幼儿师范高等专科学校，我们从小学、中专到大学都有了一方可以播撒闽剧基因的天地。

（2）走入网络，让闽剧贴近年轻人。我们注意到年轻人与网络的密切联系,开始网上售票,并通过举办网络戏迷及年轻戏迷专场来回馈年轻网络戏迷朋友对闽剧事业的支持,培养更多的年轻戏迷。

(3)走出剧场,让闽剧走近大众。既然大家不走进剧场,我们就走近他们。在"非遗"日、节假日之际,通过展览展示和现场互动等方式,让更多人近距离接触和了解"非遗"闽剧。如2014年11月,我们将整出大戏《贬官记》搬到了福州三坊七巷的光禄吟台。为什么选择这里呢?因为三坊七巷地处福州市中心,是中国十大历史文化名街之一,被誉为"明清古建筑博物馆""城市里坊制度的活化石"。从这里走出了林则徐、严复、林纾、沈葆桢、林旭、林觉民、林徽因、冰心、郁达夫、庐隐等一批中国近现代史的风云人物,这些名人照亮了中国近现代史的天空。这个地方是游客到福州必游的景点之一,也是平时福州人休闲的好去处,每天的人流量可想而知,锣鼓一响,很多过路人都会驻足观看,许多外地的游客看过后纷纷表示:原来福州还有这么好看的闽剧呢,一定要推荐给在福州的亲朋好友。

2. 扩大传播面,多方位推广闽剧。现在这个年代,酒香也怕巷子深,我们不能再停留在原来的思维上等着观众来剧场看闽剧,那么我们就让闽剧进入人们可以接触到的各种媒体上,充分利用报纸、广播、电视等传统媒体锁住老观众,利用网络、微博、微信等新兴媒体吸引年轻观众。

3. 开发形式多样的闽剧剧目衍生品,包括扇子、文件夹、明信片、卡片式优盘等,进一步扩展闽剧传播途径,拓展闽剧艺术的传播空间。

通过以上几种做法,很多年轻人从不知道闽剧到认识闽剧再到爱上闽剧,成为了闽剧的铁杆戏迷。在这一过程中,我们发现很多人没有看戏或不愿看戏的一个主要原因是他们根本就没有接触过戏曲,他们天然排斥的是他们印象中的戏曲。那如何才能让他们看到并且喜欢呢?我们觉得需要用现代人比较容易接受的形式去吸引他们先接触到戏曲,于是打造了"戏风舞韵"系列节目,将戏曲元素融入歌舞乐表演中,如《贻顺哥街舞》中"贻顺哥"的形象源自传统讽刺喜剧《贻顺哥烛蒂》,是家喻户晓的福州"老葛朗台",节目中,贻顺哥领着一群穿着清朝服饰的街舞青年边唱边舞,让古老的戏曲表演和现代的街舞表演相碰撞;《百花颂》将戏歌融合舞蹈;《庭院秋月》将闽剧曲调和生活化的舞蹈相融合;《妙笔生花》以闽剧武打精粹折子戏《宝珠缘》为基础重新改编,在演绎过程中引入舞蹈、杂技技巧等新的理念。这些节目,比较贴近现代生活,受到了年轻人的普遍欢迎,拓宽了受众群体。

而此前我们还做过一些探索：与台湾合作推出了闽剧音乐剧《妈祖的传说》，在音乐、唱腔、表演等方面，该剧在继承闽剧传统表现形式上融合了戏曲、音乐、舞蹈等元素，舞美方面采取了闽剧、舞剧、话剧场景三结合，突出了写实与虚幻结合的氛围。2010年，《贬官记》在出省巡演时，为了使观众更好地接受剧目，也曾采用唱腔用福州话，念白用普通话的方法。无独有偶，在民国初年，闽班在演戏时，往往唱腔用福州方言，口白改用"官话"，称为"啰啰"。与其说是历史的巧合，不如说是闽剧适时调整的能力使然。

接下来，我们还打算把优秀保留剧目《贬官记》拍摄成数字电影，制作闽剧的卡拉OK等，据笔者了解，现在很多剧种都已经在做这些工作了。

三、解决好继承与创新

当然我们这些创新性的做法也得到了很多人的批判，他们觉得这已经不是闽剧了，失去了闽剧的"虾油味"。而这个问题也是在戏曲界一直存在着的关于继承与创新的争论，这也是戏曲现代化进程中绕不过去的一个问题。

联合国教科文组织通过的《保护和促进文化表现形式多样性公约序言》中有这样一段话："强调文化互动和文化创造力对滋养和革新文化表现形式所发挥的关键作用，他们也会增强那些为社会整体进步而参与文化发展的人们所发挥的作用。"这样一种倡导在重视传统文化存续的同时，注重对传统文化进行富有创造性的现代建构和创新，不仅与传统文化保护毫不相悖，还是题中应有之义。今天的文化遗产，都是前人创造性的文化成果，而戏曲作为一种依靠人来传承的"活态"艺术，对它的保护不能像对待博物馆中的文物一样。在继承的基础上不断地发展，才是对这份遗产最好的保护。戏曲是中华民族优秀的文化遗产，这份宝贵的精神财富不应该故步自封。传统戏曲的继承，是要继承它符合现代文明理念的部分，挖掘其中仍然有活力的、有再生能力的文化基因，而不是毫无选择的感情寄生。只有这样，传统戏曲才能在新的时代焕发出生机。

对于传统戏曲的保护提的最多的是"回归本体"，这句话本身没有错，因为事物的本源是不同事物的本质区别，为了保存事物的本来面目我们倡导"回归本体"，当然没错。但不能用回归本体的退守来遮掩创造力的缺失。对于传统戏曲既要重视技艺的传承，更要重视创新精神的传承。唯有如此，传统戏曲才能不断地发展。就在上个月，福建省举行了一场名为"守护传统，返本开新"的闽剧艺术研讨会，笔者觉得这场研讨会的名字起得颇为精妙，我们不应丢弃传统，还要返回去从传统中探寻闽剧的本，而这一切都是为着"开新"，因为只有"开新"闽剧才会有未来。

2015年2月，有位中央领导在福建调研时提出了"扬弃继承，转化创新"，这是一个新的理论用语，回答了几十年来戏曲界反复争论的问题，即对传统的继承是哲学概念的继承，是有扬弃意识的继承，对传统中具有活力的那一部分要传承好、发展好，而传统中与现代社会、现代文明不相适应甚至格格不入的部分则必须要剔除它、放弃它，不是把传统看作固态的东西被动地、不加选择地继承下来。对于创新，也不能看作一枝一叶的创新，有时候是一种形态的转化，一个时代应该催生属于那个时代的戏曲，而不是要求新的时代一成不变地沿袭过去时期业已成型的作品。

同时，笔者觉得还有一个词也比较精妙地回答了戏曲现代化的问题——"移步换形不走神"。"移步换形"是苏州园林的特质，意为移动步子后换了一番景致。在小小园林里有大大天地的格局，与戏曲舞台颇为相似。"移步换形不走神"是一位戏曲专家19年前在台湾举行的一次戏曲研讨上提出的观点。现在，成为戏曲创新的一句标志性口号。其中，"移步换形"就是在符合当下多元文化环境下的审美需求下，对戏曲形式进行创新。"不走神"就是不能背离"唱、念、做、打"的基本规范。"我们不能在身处宋代的时候，每天高喊'振兴唐诗'，因为这样宋代的文化就会被遮蔽。我们一直在移步换形，从汉赋到唐诗、到宋词、到元曲再到明清传奇，虽然在变化中不断产生出新的形态，但是我们的精神依然还在。我们要放开创新，但关键是解决戏曲与现代社会人的关系。我们不能总让戏曲不动等着人亲近。戏曲是适应环境的，曾经，戏曲上能表现皇廷宫闱，下能表现市井生活，那时候的戏曲不存在盲区。但戏曲是农耕文明的产物，在面对现代生活时，它有了盲区，你可以表现书法写字，但你怎么表现打电脑、刷手机？能表现上楼骑马，但怎么表现坐电梯、开汽车呢？"

戏曲现代化是一个必然的过程，在这个过程中，我们应该认识到传统戏曲中有糟粕也有精华，传承不是全盘接受，而是剔除糟粕、留存精华。相信经过我们一代代戏曲人的不断努力，会留存下属于自己时代、符合时代审美的戏曲。

（周虹：福建省实验闽剧院）

"非遗"传承及其人才培养的规律性

周 龙

非物质文化遗产是个热点,国家非常重视,至今已经公布了四批国家级"非遗"名录,社会非常关注,各种有关"非遗"的活动进行得如火如荼。"非遗"也是个难点,对于这些承载了民族记忆的传统文化形式,如何传承,特别是后继人才如何培养,那是众声喧哗、不一而足。要想在众声喧哗中明辨是非,保持清醒的头脑,确非易事。但尊重"非遗"自身的规律,对其进行动态的传承,科学推进"非遗"后继人才的培养确实是无法绕开的话题。

从国家的层面来看,我们不仅公布了"非遗"名录,还制定了相应的法律法规,可以说,相关政策和立法,对于物质或非物质的文化遗产的保护都起到促进、积极的作用,比如对古老的剧种、手工艺技术的保护,尤其是对人,特别是"非遗"的传承人的保护,这是很有意义的。非物质文化遗产保护的关键就是传承人,不管是手工艺技术,还是传统表演艺术,都离不开传承人。以戏曲的传承为例,包括唱、念、做、打的技术训练、功法的训练、剧目、人物形象都靠人去体现;人物形象附载在剧目中,剧目又附载在戏剧艺术的场合中,戏剧艺术又附载在整个传统文化的语境中,一层一层的递进关系,不仅仅是技术上的,更多是思想上、精神上、心灵上、心理上、感觉上的,必须靠人与人之间的传承。例如戏曲表演中踢腿踢到哪儿,动作的"劲头""法"是怎么做的,一个戏的路数是怎么演的;在这个训练、表演过程中包含很多的"感觉"和"意思",这一舞台表演上的"感觉""意思"是艺术家多年舞台经验的感悟和体会,其妙处和精髓是语言无法准确传达的,也是无法以文字简单记录下来的，只能用现场的"熏""浸""刺"，即通过熏陶、浸泡、刺激来达到传授的目的。因此，"非遗"的研究必须要有一线的艺术家、教育家来参与，要由"非遗"的传承人真正身体力行地从事"非遗"的传承，才能实在具体地谈"非遗"的传承。不然的话，"非遗"的传承就是空中楼阁，成了对政策的阐述，颠来倒去把简单的事情复杂化。尤其是以戏曲艺术为代表的表演艺术"口头非物质文化遗产"的传承更是人对人的传承，也就是我们常说的人才培养，这一传承的方式有其独特之处，在传承的过程中有一个很重要的部分是感悟，需要人对人、口对口、心对心、眼对眼的心灵碰撞来传达，但这点恰恰常被人忽略。有时，很多人对"非遗"常常说，赶紧拍摄下来、记录下来、抢救下来，但这只能让你看到表面和皮毛；尽管这也很重要，但关键是要靠人传承下来，要靠一代一代人的薪火相传，这就是戏曲表演人才培养其独有的规律。

下面笔者将重点谈谈"非遗"中最具特点也最为引人关注的戏曲表演人才的培养问题。戏曲表演人才所面临的困难和问题在"非遗"中很具有代表性，厘清了戏曲表演人才的培养问题，也就基本弄清了"非遗"的传承问题。

戏曲表演人才培养的瓶颈问题

我们首先要清楚，制约戏曲表演艺术人才培养的瓶颈是认识和观念问题。很多人，甚至是从事戏曲艺术的人对戏曲艺术及戏曲艺术教育规律了解并不深入，或只停留在表面现象认识层面，甚至有时会有片面的认识，动辄以西方的艺术教育模式来要求自己，"人家就是这么做的，我们也应该这样"，简单地用西方的艺术教育模式套用在具有浓厚传统民族特色的艺术教育中是非常不可取的，因此，这就需要我们对这一艺术本身在人才的培养、成才的规律及院团、观众对这一艺术人才的根本要求和审美需求进行更深入的分析与研究，探究其最为本质的规律问题。

随着高等教育的发展，越来越多的人得到接受高等教育的机会，大众化教育越来越普及，艺术教育也是如此，这对提高整个国民素质是非常重要的。不同的门类、不同的专业、不同的人才在其选材、育才、规格等方面有其共性的规律，但更重要的是其个性要求，就戏曲艺术本身而言，不同专业也有不同专业的规格与要求，最简单的例子是戏曲文学专业与戏曲表演专业在选材、育才规格要求上差异性极大，以此类推，有些专业是可以进入大众教育，实施通才教育，有些专业人才的培养就其艺术特质决定了只有通过精英教育才能保证人才的规格与标准。前些年的高校扩招，对戏曲表演人才的影响是很大的，上大学的人多了是好事，可作为精英教育的戏曲表演人才培养在大环境下有趋于大众教育同质化的倾向。有人认为就两者而言并不冲突，提高素质、普及戏曲知识与培养拔尖创新人才应当是相辅相成的，先普及后选拔，优中选优，形成良性循环。可是大家忽视了一个问题，戏曲艺术是"角儿"的艺术，演员从小进入戏校进行"四功五法"训练，学习唱、念、做、打等课程，就是按照"角儿"的规格来培养。在开始时所有的课程同样学习，到了一定阶段就要因学生条件分"行当"学习，并随着学习的不断深入和唱、念、做、打基本功的提高，每个学生的艺术天赋秉性条件日益凸显，此时就可根据学生的条件实施更具个性化的教学，即"流派"人才的培养，随着长期的学习和舞台实践的磨砺，逐渐分出"三六九等"，有的学员成了主角儿，有的成了"二路"，有的则跑龙套。因此，"因材施教"对戏曲表演人才教育有更现实、更深远的意义。所以说戏曲表演人才的教育与成才有着极其独特的规律要求。

　　再从艺术类高校的招生来看，话剧、影视等一些表演类专业考生大部分均为普通高中生，没有经过任何的专业训练，可以说是"外行"，但是他们只要具备基本的艺术素质和条件，通过自身努力就能考入相关的艺术院校，再经过四年的专业学习就能成为一名合格的演员。舞蹈表演专业同戏曲表演专业有相同之处，也要从小培养，但不同之处在于舞蹈演员主要是形体方面，戏曲演员则不然，除形体以外还要注重唱、念等方面，这也是由于戏曲艺术高度的综合性所决定的。

　　戏曲表演艺术的高度综合性对演员的要求非常高，既要有对艺术人才基本素质的共性要求，又必须要求具有六七年中专或在剧团相当于运动员训练一样性质的练功学艺的积累，才能进入大学学习。而在大学阶段，基于戏曲人才培养对学生这一年龄段要求，无论是在技能训练还是对曲目积累的需求，以及悟性能力、素质培养等方面的提高都是最关键期。因此，这就需要在继承良好的传统教育模式基础上融入借鉴一些现代的教育理念和方式方法，摸索出一套适合我们特有的育才模式，使戏曲表演人才在质量、素质、成才率等各方面更为全面有效。

戏曲表演人才培养的入口问题

从教育的入口看，作为独特的人才教育，戏曲表演人才教育是人才条件标准化的极致。

一些艺术门类的专业人才可以做到"爱一行，干一行"，可以吸收对这门艺术有兴趣，并具备相应天赋条件的爱好者入门，对专业技能基础要求的门槛并不高，甚至可以从零开始。但戏曲表演人才只能是"干一行，爱一行"，即生源不仅具备所需的天赋条件，更要具备相当的专业技能。戏曲表演专业学生从"幼功"（幼年时代严格的基本功训练）练起，直到接受高等教育之前，已经具备了相当的唱、念、做、打的基本技能，甚至"带艺入学"。如果没有这种基本素质，根本无法入门。这是因为作为戏曲构成细胞的表演程式具有极高的技术含量，如果专业基础是空白或已过最佳学戏年龄，即使老师和学生自己花费数倍的努力，也会对演员将来的表演艺术水平造成无法弥补的致命缺憾。

戏曲表演学生入学的高门槛是由苛刻的专业标准决定的，生源的专业技能、素质的高低对未来发展起着决定性的作用。从事戏曲表演专业之后，会在从业者身上打上终其一生的深刻烙印，甚至从某种意义上确定了其个人属性，因此，"干一行，爱一行"具有特殊的意义。

选材的质量可以影响决定着戏曲表演艺术的生命力。近些年与韩国、日本、印度尼西亚等同样具有传统戏剧艺术国家地区的艺术家进行了一些合作与交流，走访了若干有传统戏剧人才培养的艺术类大学、研修所和剧院团，通过对他们人才培养的方式方法和模式实地的考察和调研，引发并给予了我们很多的思考和启示。比如，日本专业的歌舞伎演员要经过极为严格的学习训练，甚至要投师于某世袭流派中才得以进院入团。由于其高规格的要求，全国的歌舞伎演员数量极少，但现在日本人对于越正宗、越传统精髓的东西越喜欢，近年来喜欢传统艺术、学习歌舞伎和日本舞的年轻人在不断增加。由此不难看出，日本歌舞伎对于人才质量有着极为严格的要求。再从社会服务来说，我们培养出的人才应当适应院团的需求。近年来就业压力不断加大，各单位人员极尽饱和，但也有不惜重金到处"寻人找人"引进人才，这也引起了大家的反思。实则剧团不是不缺演员，而是缺乏高、精、尖人才，所以我们的工作重心也应当转移到这上面来，在普遍培养的同时注重尖子人才的培养，因此，生源的基本条件、素质与质量就显得更为重要。

戏曲表演人才培养的途径问题

从教育的过程看，作为精英教育，戏曲表演人才教育是人才培养个性化的极致。

戏曲表演专业教学诸如一对一、多对一（几个老师对一个学生）的教学方式，口传心授的教学方法等戏曲教学模式具有科学性，是符合科学发展观的育才之道。成品教学（剧目教学）就是一对一课堂教学，作为中国民族传统的教学模式是行之有效的，一直是戏曲表演人才培养的最重要课程内容。

由于种种原因，原本的戏曲教育自身规律渐渐被冲淡，甚至被淹没，如课程的结构、设置、文化、理论、实践课的课程、课时比例与分配等，表面看似人才培养综合素质"高"了，可实际上学生的实践能力、动手能力、创造能力反而减弱了。目前各戏曲院校存在一些同样的问题，比如：共同课与专业课程设置分化较大不能有机融合统一，使得教学中出现断层现象，缺乏与戏曲表演专业教学相适应、实用性强的公共文化课程，有时甚至出现教学内容雷同等情况，不仅使学生重复学习造成负担，而且也浪费了教学资源。这种情况下如果只是机械套用公共教育领域的相应学制，形而上学地满足一般公共教育的普遍要求，而不考虑这样的学制安排是否符合戏曲表演这种需要接受高度复杂与专门的技术训练人才培养的独特规律，不紧扣学生资质因材施教，长期下去势必会影响人才质量，也无法培养出具有鲜明艺术个性、能达到较高成就的尖子艺术人才。

艺术院校不同于其他普通高校，而戏曲的高等教育，与一般的艺术学院又有着较大的差异。这就需要我们深入了解研究普通高等教育、一般艺术高等教育和戏曲艺术高等教育之间的共性与个性问题，把握好普遍规律与特殊规律的关系。戏曲艺术是中华文明的结晶，有着与其他艺术门类不同的艺术特色。因此要进一步解放思想、更新观念，逐步建立与新的办学体制相适应，符合戏曲表演艺术教育规律的教学机制。著名戏曲教育家史若虚的办学指导思想，强调的是"普遍培养，重点提高"，过去几十年来我们一直保持这一符合戏曲人才培养规律的教育模式，并且培养出了一大批杰出的艺术家。由于受到现行教育体制和机制的制约，戏曲表演人才的培养受到了很大影响。因此，使得更多的人关注中国京剧优秀青年演员研究生班的人才培养，十多年的实践证明这一人才培养模式是符合戏曲人才培养规律的，为我们提供了宝贵经验，得到了大家的肯定。

但我们现行的本科乃至艺术硕士研究生表演人才的培养机制则与之相较甚远。这些年，笔者对日本、韩国、印度、印度尼西亚、新加坡等国家的一些相关艺术院校进行了走访、考察与调研，在这些同样有着传统艺术人才培养的学校也都面临着同样的问题。例如日本的大学艺术人才教育，即使像日本大学这所作为日本最综合、培养人才最多的一所大学，都不具备培养最优秀传统戏剧人才的机制，不被日本传统戏剧界所承认。日本的歌舞伎、日本舞、能乐、狂言真正能走上舞台的演员，都是在专门的研习所或某艺术流派的家庭世袭，这一多元的"非遗"传承人才培养的做法值得我们研究和思考。因为现在的教育体制、课程结构，在通识教育理念指导下，强调共性和平均，强调综合素质培养、兴趣的培养、教养性培养、普遍性的培养，没有重点特殊培养。如何最大限度地保持传统教育形式和模式，发挥其独特的人才培养作用，又借鉴现代教育和管理的理念，是"非遗"传统艺术人才培养所面临的共同课题。希望戏曲院校今后培养出的表演人才是符合院团和用人单位需求的，不然我们就将会被这些用人单位所抛弃。

戏曲表演人才培养的出口问题

从教育的出口看，作为应用型人才教育，戏曲表演人才大学教育是人才成果专业化，专业技能极致化。

戏曲教育强调的是"角儿"的培养。过去涌现出了众多的艺术流派，一个地区有一两个"角儿"就可带动、推动当地的戏曲艺术的繁荣。过去人才主要来自"科班""团带班""师傅带徒弟"，新中国成立以来，戏曲表演人才的培养主要来源于我们的戏曲院校。60年来，培养了一批批优秀的戏曲艺术人才，从国家级院团到各地方院团的主演、骨干大多毕业于戏曲院校，遍布全国各地。因此，戏曲院团，乃至社会对我们这些戏曲院校培养的学生给予非常高的期望，这对戏曲院校人才培养的质量提出了更高的要求。

艺术实践是人才培养模式中的重要环节，对于加强学生对专业理论知识的理解和应用、巩固课堂教学效果、提高学生综合运用专业知识分析解决问题的能力、培养学生的团队协作意识、选拔尖子人才尤其是适应社会和用人单位的要求等，具有重要作用和意义。"出人出戏"是对戏曲教育几十年在戏曲人才培养上的一种高度提炼，是一句最简洁的总结与概括。戏曲表演人才成果必须通过舞台实践来呈现，只有通过舞台实践的展示，戏曲表演人才培养的终极目标才能达到。

实践能力、动手能力、创造能力是社会、院团对戏曲院校人才培养规格的要求，但今天的实践根本不能满足人才培养的需要。如果缺乏实践，势必会影响学生的实践能力，影响学生的谋职就业，影响着院校为院团培养和输送人才通道的畅通，影响人才服务于社会的竞争力。调查显示，无论是综合类院校还是专业类院校，都强调实践教学，强调培养具有实践能力和创新精神的人才。实践是检验真理的唯一标准，高质量的人才必须经过实践的磨炼与积累，才能培养出高素质的演员与艺术家，才能得到社会认可，才能更好地适应广泛的社会需求。

结束语

对于"非遗"，我们一方面需要保护，另一方面也需要动态的传承；简单拷贝式的、复印式的保护继承是不足以为承传的，纵观我们的戏曲发展史，一代一代艺术大师大家都是在不断地进行动态的继承和发展，他们的贡献都是在继承、发展、创新中进行的。以梅兰芳先生为例，他很早成名，他整个艺术历程很大部分时间是在新戏创作上，同时把原来继承的东西有所发展。有些人认为，把东西发展了，就不是原来的艺术了，这就是拘泥于物质文化遗产保护的方式，因为物质是难以变化的。比如说故宫、长城、苏州园林、云冈石窟、金字塔、吴哥窟、泰姬陵等，这些的确不能随便改动；但是非物质、口头的文化遗产就不一样，谁也不敢说自己唱的这一句跟师傅教的、唱的每一句是一样的，实际上在每一个阶段，杰出的艺术家无论是在舞台上还是在传承的过程中，都会结合自身条件进行一个艺术上的再创造，在传承过程中也会根据自身的理解为学生传道解惑。因此，这是一个动态的传承过程。如果发展使原来的艺术有所提炼、提升，那这种传承就是有价值的、好的，可以让这种艺术更受人欢迎，更有生命力，那"非遗"就得到了更好的传承，所以说"非遗"的传承就是动态和有所变化的。这个过程要求我们能跨出一步，使我们的视野和思想、心灵，都能跨出去，看看其他"非遗"艺术的发展是怎样的，其他现代的艺术门类又是怎样的状态，我们能否从中借鉴，得到帮助，并吸收融入他人的好东西，使得我们的"非遗"艺术更加丰富多彩。

（周龙：中国戏曲学院）

戏曲传统与革新的平衡

[新加坡] 朱振邦

地方戏曲是中华文化组成的一部分,而中华文化的核心价值恰恰是从中国哲学中提炼而成的。那么戏曲艺术不论在主题思想或者表演程式上都蕴含儒家的忠孝仁义、道家的阴阳学说以及后来传入中国的佛家劝善惩恶等哲理。

纵观中国三百多种地方戏曲的发展脉络,大致上皆是由草创、融汇、定形、发展、蓬勃、辉煌,再到后来的低潮、改革以及复兴或式微,有"南国红豆"之美誉的广东粤剧因其历史与地理的因素,其发展的起伏尤为凸显。据文献记载早在明成化年间(15世纪)广东佛山便有戏曲活动,从15世纪到21世纪的今天,粤剧在这六百多年的岁月中不断承受着政治、地理、环境、人文等因素的冲击,其核心传统价值观是否得以平衡是值得我们探讨的问题。

一、粤剧的发展历史

(一) 草创、融汇

从历史文献记载来看,大约明成化十七年(1481)广东佛山已有戏剧活动。而"大明万历琼花水埗"碑碣的发现更进一步证明了佛山戏剧活动的频繁。到了嘉靖年间江浙一带的戏剧在广东已十分盛行了。在《粤剧春秋》一书中的"粤剧源流及其变革初述"(梁成)里考证:据"广东志"卷二十"风俗"(明嘉靖三十七年即1558年刻本)条的记载:"连山有江浙戏子至,必自谓村野，辄绝谢之。"那时达官贵人多爱昆腔及弋阳腔，其他的还有梆子、徽调、汉调等乱弹，并称作"外江戏"。到了明末清初，外江戏与广东本土的龙舟、木鱼、南音、咸水歌等逐渐融汇而发展成运用中州音韵掺杂粤语为基调的湖广腔。这一时期因士大夫喜欢外江戏，外江戏班便成为城市演出中的主流而迫使湖广班下乡演出。那时因为广东珠三角洲的交通不便而形成了以红船为交通工具的"红船戏班"。这也是广东戏的一大特色，而在佛山发现的"大明万历琼花水埗"碑碣进一步印证了此说。此种戏班阵容庞大（平均一百多人），常年穿梭于珠江三角洲（今深圳、珠海一带）的城镇间作酬神戏演出而受普罗大众的欢迎。

（二）定形、发展

在雍正年间（约1730）北京名伶张骞因不满朝廷专制言论反清被下令通缉。他逃亡到广东，匿藏佛山并将平生所学尽传给当地艺人。他为湖广班创立了整齐的十大行当：一末、二净、三生、四旦、五丑、六外、七小、八贴、九夫、十杂。把明代已创立的琼花宫扩展成戏人的组织琼花会馆，并有机地把昆、弋、秦腔、徽调、汉调等融入湖广班，大大地丰富了其艺术素质，形成了粤剧这一剧种。

在乾隆二十四年（1759）清廷下令只限广州一口通商使得广州取代了佛山的地位，成为万商云集的贸易集散地。随着众多从不同省份到来的高官与外商们的频繁社交活动，昆剧（江苏）、徽剧（安徽）、弋阳剧（江西）、湘剧（湖南）、梆子戏（河南）等顿时活跃于广州。本地的广腔在这种有利的环境下博取众长，在艺术上不断地丰富与深化，因此有了长足的发展。

（三）蓬勃、低潮

香港在道光二十年（1841）开埠，而粤剧亦从这时期向南发展传播到越南、马来西亚及新加坡等地（新加坡享有粤剧第二故乡的美誉），深受当地华人的欢迎，具有很强的生命力。史料记载在咸丰二年（1852）以"鸿福堂"为班牌的广东粤剧团远征美国旧金山，随后陆续有粤剧演员到美国演出，归来之后将艺名冠以"金山"二字如金山炳、金山贞、金山和等。然而粤剧在晚清时的蓬勃发展期间却并不顺利。在咸丰四年（1854）粤剧团卷入了太平天国运动遭清廷禁演险遇灭顶之灾！当时粤剧二花脸李文茂得到戏班中人响应以小生、武生组成"文虎军",二花脸、六分组成"猛虎军"及武师组成"飞虎军"。自认三军统帅直捣广西并于咸丰五年(1855)九月攻陷广西自立"大成国"。清廷于咸丰八年(1858)击败李文茂并下令严禁粤剧演出,将佛山琼花会馆焚毁。很多粤剧艺人惨被株连、屠杀或远走他乡。粤剧从咸丰五年(1855)开始被禁一直到1871年才解禁并由杰出艺人邝新华(广殿卿)发动众艺人向朝廷请命,得以允许成立八合会馆,自此粤剧复兴。

(四)辉煌、改革

粤剧在清末民初进入辉煌期,在此期间有不少演员远渡重洋到美国旧金山或南洋的越南、泰国、马来西亚及新加坡等地演出。积极地将粤剧推广到世界各地。在民国初年至20世纪20年代名伶金山炳、朱次伯、白驹荣、千里驹等把粤剧由"舞台官话"改成广州话演唱使粤剧更加普及。20世纪30年代由靓次伯、靓少佳、罗家权、林超群等领导的"人寿年"粤剧团在上海演出数月并将京剧名角麒麟童的《封神榜》移植成粤剧的连台本戏《龙湖渡姜公》。把海派京剧的多种新元素加机关布景有机地融入粤剧当中。粤剧伶王薛觉先亦将京剧北派武打、京戏的打击乐、京锣鼓和西洋乐器梵铃(Violin)、色士风(Saxophone)、喇叭(Trumpet)等移植到粤剧中。20世纪30年代是粤剧的辉煌期,尤其是薛觉先领导的"觉先声"剧团与马师曾领导的"太平"剧团竞争剧烈,大量排演新剧与时装戏,各领风骚!其实早在晚清时期粤剧已出现了讽刺朝廷腐败的现代剧如《温生才刺孚琦》《与烟无缘》等。而在抗战期间亦排演了不少爱国剧目,以高台教化来宣传爱国意识。

(五)式微复出

粤剧在20世纪30年代开始便受到电影的冲击,直到20世纪四五十年代更为显著。而新中国成立后接二连三的政治活动(尤其是"文化大革命")更使粤剧陷入谷底。香港方面在20世纪六七十年代电视的普及亦严重影响了粤剧的发展,可喜的是80年代中国经济改革,广东粤剧再现生机。加上录像带的流行,推波助澜使粤剧再度光明。进入21世纪后,中国国力雄厚,广州粤剧出现了耗资庞大的巨制。香港近年的"油麻地剧坊计划"与"西九大戏棚计划"在粤剧艺术家阮兆辉、罗家英、李奇峰、新剑郎、龙贯天、李龙、尹飞燕等悉心培植下,已渐见一批新一代演员崭露头角,薪火相传,可喜可贺!

二、粤剧与哲学

中国地方戏曲是中华文化的一部分并受中国哲学影响深远。此等哲学思想不只是中国古老的道学及儒学,亦有后来传入中土的佛学,回看粤剧艺术此等例子比比皆是。

(一)儒学方面

儒家思想讲求修身、齐家、治国、平天下,以及忠孝仁爱、礼义廉耻。这种价值观不仅体现在粤剧的主题思想中也体现在艺人本身的修养中。先师靓次伯在笔者早年学戏时对笔者的训示便是"未学做戏先学做人"。演员必须饮水思源、尊师重道,要对自己、同台的演员以及观众负责。至于剧本题材所反映的道德思想如忠君爱国、孝顺父母、除暴安良等,更是不胜枚举。儒家思想注重长幼有序,这一点亦体现在粤剧舞台上,粤剧的台位调度有大细位(主、次位)的讲究。当演员面向观众时,其左方为大位,右方为细位。通常重要人物或胜利一方都会站在大位上,这与封建时代帝皇与朝臣的排列是相通的。

(二)道学方面

道学崇尚无为,阴阳调和。粤剧艺术中无处不在地蕴含了道学原理。粤剧的唱功注重气贯丹田,这与道学的气功是相通的。粤剧的表演程式刚柔并重、虚实呼应,也与道家的阴阳调和一脉相承。

(三)佛学方面

佛学虽然是后来传入中国而非中国的本土学说,但却受到了普罗大众的广泛接受。佛学中的因果循环、劝善惩恶借助粤剧的高台教化作用广结善缘,佛学题材的剧目亦成为粤剧的一大特色。再者,粤剧虚拟意象的表演程式与佛学的"空即是色"大有异曲同工之妙!

三、艺术的平衡

进入 21 世纪,中国与世界接轨。大到整个艺术界小到整个戏曲界,外加个别地方戏曲都承受着巨大的冲击,广东粤剧因地理环境与外界接触频繁更为显著。近年来，广东粤剧不论在唱腔音乐、台位调度、化妆服饰、舞美等方面都进行了大量改革，具体如下。

（一）唱腔音乐

其实早在20世纪60年代"文革"时期，因为当时的政治因素粤剧唱腔吸收了苏联的歌剧发音技巧。在发音的位置上与传统的发音位置有所不同，出来的音色阳刚高亢，与传统东方戏曲的含蓄之美有着显著的分歧。进入21世纪，广东粤剧的大型制作更为普遍，剧中的唱腔统一由专人设计，这大大地违背了粤剧的传统。一直以来唱腔是由角儿（粤剧称为"老倌"）本身根据自己嗓音的条件而设计的，这才有当时粤剧的薛（觉先）派、马（师曾）派、白（驹荣）派等唱腔及后来的力腔（红线女）、仙腔（白雪仙）、芳腔（芳艳芬）。倘若整剧的唱腔由一人设计，所有演员跟从，则失去粤剧艺术原有的灵动与活泼。因此，笔者建议还原传统，应由演员本身创腔。在这方面香港的粤剧界还保留着由名演员自己创腔的传统，因此名伶如阮兆辉、文千岁及已故的梁汉威等都有以自身条件创造出来的独特唱腔。此外，运用大型管弦乐队伴奏粤剧演出在目前已司空见惯，但个人对此有所保留。当年伶王薛觉先引进西方乐器来伴奏，几经测试最终只保留使用梵铃（Violin）与萨克斯风（Saxophone），其他乐器的音色因与传统中国乐器音色有所抵触而被摒弃。这正是前车可鉴也！

（二）台位调度

笔者曾经看过一部粤剧，皇帝与皇后并排坐在台中宝座上，皇后竟然坐在皇帝的左边！在中国的儒家思想中长幼有序，左为上首。封建社会里皇权至上，倘若皇后坐在皇帝的左边上首，则被视为大逆不道，形同谋反，是要株连九族的！粤剧的故事是以古时社会为背景的，自然是需要遵循当时的社会秩序。那为什么会出现上述的偏差呢？这是因为现在很多粤剧表演都套用了现代话剧的台位调度而变得离经背义。粤剧舞台上的调度是以人物身份为依据的（当然亦有职业演员因为没有时间编排而公式化地安排文武生在大位，花旦在细位，这是不可取的），并反映出当时时代背景下的社会秩序。

（三）化妆服装

戏曲是以现实生活为依据并高度提炼到艺术层面，这在戏曲中的动作、化妆、服饰方面都能体现得到。当今的部分粤剧团因倾向于吸收西方歌剧的做法以致将戏曲服饰（以明代服饰为基础加上水袖、搁带、翎子等加以艺术化）改由时代服饰（汉代、唐代、元代等）取而代之。由戏装还原到古装大大地削弱了戏曲艺术的表演程式，从而将戏曲艺术的精华给遗弃了。同样在化妆上也出现了相似的例子。如今可看到粤剧里有不开脸（画脸谱）的楚王；不挂髯口（胡须）的孔明和刘备。戏曲脸谱是艺术中的艺术，前辈们凝聚了无数智慧，以高度夸张的手法将人物的性格艺术化地表现在演员的脸上，其本身就是一张美轮美奂的抽象画。同样地，超长髯口是让演员在舞台上把人物的感情在耍动髯口时表达出来的一种特有方式。这些东西如果都摒弃了，那戏曲还是戏曲吗？

（四）舞美方面

近年粤剧的巨型制作层出不穷。有的把整座桥横跨舞台中央，有的把整座金銮大殿搭建得金碧辉煌、巍峨壮观。可是这却大大地削弱了粤剧艺术中的意象表演，也限制了粤剧艺术的优美身段表演。数百年来无数艺人呕心沥血、千锤百炼所创造出来的优良传统是否就此放弃，是值得当今艺人们深思的。

四、小　结

粤剧艺术迷人之处是其明确的文化标志和地方色彩，任何改革都应该是将其特质发扬光大而不是删除摒弃。作为严谨的粤剧艺术工作者，我们应当大胆尝试、小心求证而切忌盲从附会、随波逐流。

（朱振邦：新加坡敦煌剧坊粤剧演员）

第四编 传统戏曲的海外传播

从戏曲的舞台空间所见的中、日审美意识的比较
——关于方正、圆顺、自我相似以及对统一感的热衷

[日本]　加藤彻（KATO Toru）

舞台空间是文明的缩小模型

莎士比亚在《皆大欢喜》（*As You Like It*）的台词中写道："All the world's a stage, and all the men and women merely players."（人间世界是我们熟知的舞台，所有的男女都是演员）中国的传统艺术中，在演员们代代流传的梨园谚语里，也有"舞台小天地，天地大舞台"的格言，意思极其相近。

自古以来，戏剧是一种把宇宙和人间社会的缩小构图在舞台上进行动态展示的特殊的综合艺术。

如果想知道日本人传统的生死观和世界观的话，观看能乐和歌舞伎的舞台就可以了解。能舞台和歌舞伎的舞台乍看完全不一样，但是桥悬和花道的布景，贯穿了日本人打破舞台空间的左右相称性的日本独特的审美意识。舞台是平的，而且基本上都呈方形。

同为传统演剧，能乐和歌舞伎的

图一　横滨能乐堂

（资料来源：Wikimedia Commons）

服装与舞台布景完全不同。而且能乐演员绝对不会去演歌舞伎，歌舞伎演员也不会去演能乐。对于我们日本人来说，这是理所当然的。这是因为在日本的社会里，左右非相称的审美意识以及所处不同的默契，无论是在日本的历史里还是在日本的社会中都是贯彻到底的。

但是，其他国家的舞台戏剧就不是这样。

这一点，只要看一看在世界遗产中现存的古代希腊剧场的话就会一目了然。

该剧场能够容纳 15000 名观众，不仅规模巨大，而且剧场建筑成圆形，左右对称，优美无比。古代的希腊人，至少在公元前 5 世纪的毕达哥拉斯派的时代，就已经知道地球是圆的，而且地球和火星的运行也呈圆形。所以，作为宇宙的缩景，把舞台空间做成了圆形。还有，古希腊的戏剧从本质上来说是"演说剧"或者是叫"对话剧"。如果没有演戏的技巧的话就无法演说，演说难以完成的话就谈不上民主政治。不用麦克就能够使自己的声音传达到15000 名观众的坐席上，演员的技巧和舞台建筑方面音响效果的设计，与西洋的历史以及社会紧密相关。

图二　Epidaurus 的剧场

（资料来源：Wikimedia Commons）

日本人认为舞台一般来说应该是平的，但是，在外国，也有倾斜的舞台。从观众席看，舞台的前方较低，而后方较高，因为这样的话，站在后面的演员也能被观众看得清楚。

那么，中国怎么样呢？

对于历史悠久、幅员辽阔的中国来说，捕捉本质的形状看起来是一桩十分复杂艰难的事情。但是中国人也同样把自己的宇宙观和人间关系凝聚在舞台空间这样一个小小的模型中来。这一点，只要看看中国的传统舞台建筑、戏台和包括观众座席在内的戏楼的设计思想的话，就能够了解到中国人的宇宙观和世界观。

下面是一幅描绘了清朝（1644—1912）戏楼内部的绘画。作者不详，但是这是一幅有名的画作。在这幅画中，掩藏着许多中国人的审美意识、世界观、中国社会的默契知识的基本构造等要素。

图三　中国绘画中的戏楼内部

从这幅画中，我们可以了解到中国人思考方式中的"视觉的多样性的欠缺""尊重方向和左右对称的审美意识""对于个性的轻视和对于古性的重视"以及"从凳子的朝向能够看出的对于感应导线的设计思想"等重要的要素。由于本文篇幅有限，只对其中的一部分进行探讨。

视觉的多样性的欠缺

即使不懂日语的外国人，只要看照片的话，就能够区分能乐和歌舞伎的舞台的不同。

在能乐中，演员的脸上要不然带着能面，要不然就是没有化妆的一张素脸，只有这两种。舞台上也没有帷幕，舞台和天花板等完全是暴露的。因此，能，是把具有宗教色彩的初期戏剧的古老形式完好地保留下来的戏剧。世界初期戏剧的理念是模拟再生体验，初期戏剧中乐队所使用的乐器，也与"类感咒术"和"模仿咒术"颇有关连，所以暗示婴儿啼声及呼吸的吹奏乐器和暗示心脏鼓动的打击乐，经常被使用。与咒术语言关联性较强的弦乐器，由于与模拟再出生体验没有什么关连性，所以在初期戏剧中不被使用，这是世界"初期戏剧"中普遍可以见到的默契。保留了初期戏剧形式的能，也不使用琵琶、三味线、十三弦筝等弦乐器。

歌舞伎是近代的大众化的娱乐戏剧。演员们都化上浓妆，舞台上也使用了帷幕等大规模的舞台装置。作为世界戏剧界的默契知识，大众化的娱乐戏剧的主要伴奏乐器使用弦乐器，所以歌舞伎的音乐中也多多使用了像三味线这样的弦乐器。

图四　三代目歌川丰国画《踊形容江户绘荣》(安政五年七月江户市村座《暂》)

能和歌舞伎，只看照片的话，连外国人也能看出是不同的戏剧。

但是，中国的传统戏剧就大不一样。

现在，在中国各地存在的传统戏剧被称为"地方戏"。地方戏的种类丰富，据说有三百种以上。其中京剧和昆曲被入选为世界无形文化遗产，举世闻名。

京剧是大约在两百年前在北京成立的戏剧。相当于日本的歌舞伎。昆曲是大约五百年前在中国南方成立的戏剧，相当于日本的能。让日本人倍感惊讶的是，京剧和昆曲，演员的化妆、服装、演戏的舞台建筑等都基本相同。而且，京剧演员串演昆曲，或者昆曲演员串演京剧，这样的事情从以前到现在，一直有之。为此，只看舞台照片的话，上演的到底是京剧还是昆曲根本无法区别。日本的传统戏剧是"封闭进化"的典型代表，而对于中国的传统戏剧来说"日常商品化"（commoditization）则是理所当然的。

我们还是回到上面的那幅画作上来吧。在这幅画的舞台上，演的到底是哪一种戏剧，只看这幅画的话，是无法断定的。画中所描绘的是一出十分热闹的武戏，可能会使人想到这不是比较雅的昆弋腔，可能是娱乐性较强的皮黄戏，但也可能是比京剧还要大众化的梆子戏。不管怎么说，仅凭这幅画，是无法判断的。

能和歌舞伎,就不会发生这种情况。在日本,在歌舞伎座是不能上演能乐的,而在能乐堂,也是绝对不允许上演歌舞伎的。这是因为这两种戏剧需要自己独特的舞台装置和设计。像这样的"加拉巴哥化"或者也可以称为"封闭进化",下面还要详述,它与日本人的审美意识以及存在于日本社会组织根底的一种默契设计思想相同。

但中国人是完全不同的。中国人对于戏剧是分等级的。最有品位的是受文人喜爱的昆曲,它是"全国性"的戏剧。受农民和商人喜爱的梆子戏,由于使用地方方言演出,虽然通俗易懂而且很有意思,但是只能被理解该地区方言的观众所接受,所以只是"地方性"的戏剧,被视为"俗戏"。京剧的等级,在昆曲之下,地方戏之上,属于雅俗共赏的一个等级。

即使有等级的分类,但是戏剧中所需要的舞台装置等的"日常商品化"逐步地进行着。昆曲、京剧、梆子戏还有其他的地方戏都采用了开放式的方形舞台。也就是说在不使用帷幕的数米四方形的舞台上进行表演。不仅是演戏的舞台,还有服装、化妆、小道具,虽然随着观众的兴趣以及时代的流行等发生了变化,但基本上无论哪一个剧种都基本相同,这一点现在也是如此。

听觉的多样性

那么,昆曲、京剧和梆子戏等地方戏的区别到底在哪里呢?就在于音和声,也就是说台词使用什么样的语言。在舞台上使用优雅的韵白,还是使用各个地方的老百姓的方言,以及使用什么样的腔调,配上什么样的乐器,通过这些,可以让不懂中文的外国人,只要听一听舞台的声音的话,能够区分出戏剧的不同。

比如,使用极其缓慢优雅的声音演唱,并配以曲笛和笙的伴奏的是昆曲;如果使用弦乐和擦弦乐器的板胡进行伴奏,再加上激高辽放的声音演唱的话,是梆子戏;京剧的等级是介于昆曲和梆子戏之间,所以京剧的演员使用腔调较高的京胡还有清晰悦耳的月琴进行伴奏,并使用好听的高音进行演唱。

其实京剧作为"百艺之王",吸收了各种各样的艺术。京剧中孙悟空的戏剧是从昆曲中移植过来的比较多,而《三岔口》则是从梆子戏中移植过来的。有些剧目中也会使用昆曲或者其他地方戏中的伴奏乐器。进入近代之后,昆曲的人气渐渐回落,所以,也出现了京剧演员为了提高自己的舞台形象而表演昆曲，或者昆曲演员为了生活去演京剧的现象。在音声方面也可以看到某种程度的"日常商品化"，但是，其程度比起衣裳、化妆、舞台建筑等视觉方面来说，要小得多。

如果在舞台照片或者绘画上出现乐器的话，会成为判断该剧种的极大的提示。

不仅是舞台，还有餐具

中国的传统戏剧，在视觉方面合理的"日常商品化"要比日本发达进步。但不可否认的一点是，关于视觉的要素这一点，要比日本缺乏多样性。这是为什么呢？其实，因为这是中国文明的基本性格之一。

我们来看另一个例子——餐具。

中国的饮食文化丰富多彩。由于国土辽阔，中国菜不仅材料种类繁多，而且味道也千变万化。比如，广东菜微甜，四川菜麻辣，北京菜口味浓重，山东菜则略呈微酸。像这样，根据区域的不同，味道也有很大不同。在中国，料理、方言和戏剧可以被视为"族群"的特色（Ethnicity）。即使同是汉族，喜欢听缓长音低的粤剧，喜爱微甜料理的广东菜的广东系和喜爱高音的京剧和口味浓重的北京菜的北方系，应该是属于不同的"族群"（Ethnic Group）。

日本的餐具发生了独特的"封闭进化"，所以多种多样。与此相比，中国的料理虽然材料以及味道等要比日本料理丰富得多，但是关于餐具的种类，则不如日本丰富。与地方戏剧同样，在料理的餐具这方面，中国人也喜欢合理的日常商品化，而且享受餐具的统一感之美。

图五　中国菜的餐具都是瓷器

日本人喝咖啡、煎茶、麦茶、日本酒、葡萄酒、威士忌等的时候，是会分别使用不同的杯子。使用玻璃杯喝热的绿茶，或者使用用于喝热茶时的陶器杯喝威士忌，这种事情都不会发生。对于日本人来说，烫热的日本酒要用小酒盅喝，凉酒应该使用柏木的方形容器，就着柏木的香味来喝。而冰镇的扎啤一定要使用厚实的大玻璃杯。这是日本人的想法。

而中国人却不太介意。乌龙茶也好，茉莉花茶也好，菊花茶也好，玻璃杯也好，咖啡杯也好，只要能喝的话就不太介意容器。即使是中国的高级餐厅，杯子的种类也要比日本少。

关于盛菜的餐具也是一样。日本拉面的碗是带有漩涡状花纹的圆形陶盆（比盆略小），而热的荞麦面和乌冬则是放在圆形的大碗里。凉的荞麦面放在竹制的笸箩里凉的，素面和冷麦面是放在透明的玻璃碗中。而日式炒面和意大利面是用盘子盛，韩国冷面是用金属大碗盛放的，等等。根据面的不同所用餐具也不同这在日本是常识。即使是在自己家里吃面的时候日本人也会尽量根据面的不同而更换餐具。

关于米饭和大酱汤也是一样。日本人吃米饭的时候使用陶瓷碗，而大酱汤则使用木碗来喝。其结果导致了日本家庭的餐具大小形状都不一样。与西洋及中国这样的餐具日常商品化的国家不同。在日本洗碗机不能普及的原因也就在这里。因为日本的家庭一次所用的餐具的形状和深浅都不一样，洗碗机中很难放进。

图六　日本的早餐，餐具的形状和材质都不一样

中国的餐具的种类要比日本少。对于老百姓来说，只要能吃到可口的饭菜是不太会计较餐具的形状的。米饭也好，汤也好，用同样的碗也一样能够吃。而且在中国，对于盘子，人们一般喜欢使用易于摆放的圆形。从前的王公贵族的餐桌上使用的餐具也和今天的高级餐厅一样，把餐具的色彩形状尽量统一，而使每个盘子里能够装上尽量多的山珍海味。所以从餐具的多样性这一点来看的话，大陆国家的中国要比日本缺少多样性。反过来说，中国人尊重统一感之美。

顺便谈一谈，笔者在大学里上课的时候，学生不仅有日本学生，也有中国留学生。每当谈到上述关于餐具的多样性的不同这一点的时候，大家都感到十分好奇，发言非常踊跃。

日本人的学生会说："怎么可能呢？中国人拉面、乌冬和米饭都用同样的碗吃吗，不介意吗？"

中国的留学生会说:"今天老师在课堂上提出,我才开始想这个问题,的确我们中国人把餐具摆在桌子上的时候,尽量使素材颜色、形状保持统一,这样才觉得比较好看。像日本那样,吃一次饭要摆上方的盘子、木碗、饭碗、小碟子等,这不是太费事吗?主要是要花很多钱。"

综上所述,在日本歌舞伎是使用有"花道"的专用剧场,而能则是在有"桥悬"的能专用的能舞台上演出。关于其中的兴趣和爱好,从一事看万事,所以在料理和饮食等方面日本的家庭,尽管一般来说居住面积狭小,但也尽量准备多种多样的餐具。

而中国人则反之。戏剧也好,用膳也好,尽量地日常单一化。在这种兴趣嗜好的根底存在着根本不同的默契知识的审美意识。

中国人对四角形的偏爱

看中国的舞台戏剧能够明白的特征中有崇拜方正、左右相称的审美意识,这一点与上述的缺乏多样性这一点相关连。

古希腊的露天剧场以及莎士比亚时代的圆形剧场等都是反映了地球的形状的带有圆形的建筑。

但是中国的传统舞台是四角形的。这是中国人对自然认知的痕迹。

以《淮南子》天文训为首,中国的古典著书中经常出现"天圆地方"这样的词。这个词的意思是天是圆形的而地是四方形的。中国的传统舞台是四角形的理由,也正在于这样的中国古代的自然认知。

仰头观望天空,太阳、月亮和星星都是按照圆周形缓慢地运转着。月亮也好,太阳也好,都是圆形的。不仅这样,四季的循环也呈现一种圆周形。所以,天给予人的印象的本质是圆的。古代汉语中的"天",含义广泛,包含最高的"神""天空""宇宙""自然""命运"等各种各样的概念。同时,古代中国人对于人类居住的大地形成的印象是拥有东、南、西、北四个方向的四角形。大地的中央是拥有先进文明的中原地区或者中国(古代汉语的"中国"与现代汉语的"中国"意思不同),而周边的东、南、西、北的方向则居住着被称为"四夷"的异民族。

古代中国的哲学家不太喜欢整理杂乱的概念中含糊的概念。而是把暧昧的概念就让它暧昧下去。自然科学的法则和人类的道德律本来是全然不同的。但是,对于把"天人合一""天人如一"等追求作为理想的古代中国人来说,把对"天"等自然认知的基本概念的定义，让它暧昧而且意思杂乱的话，反而比较方便。

人的心以及身体的自然动作，按照"天"的基本形"圆满"最好；而人类社会的秩序应该按照人类生存的大地的基本形状"方正"最好。中国文明的根底，这样的默契的审美意识，现在也在默默地被传承着。

那么，再回到本文最初的中国的舞台画作上来吧。开放式的舞台上有匾额的部分，左右的柱子和舞台前的栏杆也是四角形的。观众的席位按照平行线形状摆放，呈现整齐的四角形，并且都是左右对称的。

在这样四角形的舞台空间中演出的演员们对于演技的理想是"圆"。京剧演员对于唱腔的追求是"圆润"以及"圆熟"。京剧演员在舞台上的一种迈小碎步的走法叫作"圆场"。顺便提一下，《论语》中提到的一种叫"趋"的独特的迈小步的走法，可以在3000年后的京剧的圆场中见到。

前面提到的"舞台小天地，天地大舞台"这句梨园谚语，正是表现了中国传统戏剧中"天圆地方"的这种对审美意识的自然认知，所以中国的舞台是方形的。但是，在其他国家，观众的席位是呈放射性或者是圆周形，舞台则是圆形的。日本的能以及歌舞伎的舞台虽然是方形的，但设计了"桥悬"和"花道"，故意使舞台呈现左右不对称的样子。这样的审美意识的根底，与宇宙观和对自然的审美意识紧紧相连。

"大地是四角形的"或者"应该是四角形的"，由于中国人这样思考，所以京剧的舞台建筑也好，城市的布局也好，皇宫的宫殿、农民的房屋、城市的住宅、麻将桌等，所有的一切都是东南西北对称、左右对称的，甚至连"国"这个汉字也是四角形的。

笔者在大学里讲课的时候，如果讲道"北京的城市是左右对称的四角形，而东京却是故意被建成了格局乱无章法的城市"的话，北京出去的留学生会非常赞同。因为中国的城市，除了北京以外，其他的城市，比如上海和天津等城市的格局，也不是对称的。

如果去北京的话，就会发现地铁也好，环状线也好，故宫、四合院等，也就是说城市的道路和布局几乎都是四角形的。所以对于外国人来说感到非常的新鲜。而且北京的地名也都是成对儿的。比如热闹的繁华大街有西单，还有东单。有日坛公园还有月坛公园，有天坛还有地坛。北京的城市简直就像一个棋盘，布局清晰而对称。但东京就不是这样了。比如东京有"上野"

和"中野"这样的地名，如果是中国人的话，当然以为还会有"下野"，但是没有这个地名。

如果看东京的地图的话，就会发现道路拐来拐去，布局杂乱。比如在"品川火车站"的南面有一个"北品川火车站"。而品川火车站不是在品川区而是在港区。目黑火车站不是在目黑区而是在品川区。而涩谷火车站反而位于目黑区。不管怎么说，东京的城市布局毫无章法，而这样的城市设计思想要追溯到德川家康的年代。

不仅是在建筑和城市建筑的方面，即使是在文字和知识等软件方面，中国人也非常喜欢四角形。

文字和文学也是四角形

汉字的楷书也是四角形。写楷书的时候，基本上都是一笔一画在正方形的格子里书写。

"四角号码"是利用汉字有四个角的特征，把这四个角按照其形状分类，排成0—9的号码，数万个汉字就可以用这四位数字来表示。一横、二竖、三点，等等。即使是不会拼音和偏旁部首的外国人，也可以用根据汉字的四个角的形状来查阅字典，很方便。

四角号码这个查阅字典的方法之所以被发明，其本身也正是由于汉字是四角形的。如果是古代埃及的象形文字和南美的玛雅文字的话，就不会这样了。

其实，古代的中国汉字并不是方形的。甲骨文、金文和篆书等汉朝以前的汉字，都是呈圆形的。现代的汉字四四方方，显得比较有棱有角，但是在孔子和孙子的时代，汉字都是圆形的。四角形的隶书和楷书开始成为主流的时代是在孔子和孙子的时代以后。中国汉字的字体的变迁史，从大体上来说，也就是中国人把对于四角形的偏爱渐渐渗透汉字中的这样一段历史。

汉字，不只是一个一个的字，汉字的结合体也很容易成为四角形。其典型，就是唐朝时代的绝句和律诗等近体诗的诗型。

比如"七言绝句"的话，一行七个字，一共是四行，排列整齐。例如：

葡萄美酒夜光杯，
欲饮琵琶马上催。

醉卧沙场君莫笑，

古来征战几人回。

书法家书写唐诗的时候，为了避免四角形汉字的棱角分明，而故意使用草书等看起来比较柔和的字体，而且也想办法避免七字改行。除此之外，还有一行的文字长短不一的"长短句"的诗型。比如有一种古体诗叫"乐府体"，还有宋朝的"宋词"，以及元朝的"散曲"，这样的诗体每一行的字数都不一样。即使在中国的文化史上有过这么多的传统的诗词，但是排列整齐的四角形的绝句一直保持着其不动的王位。

日语和英文的诗，由于语言条件不同，要保持这样的四角形的字面非常困难。但是中国的古诗就可以做到。其实这样的诗型是中国人的发明，特意把汉字罗列成这样漂亮的四角形。

阴阳五行思想的本质也是方正和圆润

不只是古诗，自古以来，中国人把政治口号和博物学分类等都尽量做成方形，讲究工整对称。只要看到京剧的舞台就能够明白，"天圆地方"的默契的审美意识，也就是说"框架应该方正，在框架中的动作应该要圆润"，这样的默契存在于中国人自然认知的根底。

在此介绍的《五行表》就是一个例子。在中国，中药、音乐、料理、政治理念、革命思想、战争论、兵法、京剧的舞台、服装、音乐、色彩等，其根底都有这五行思想。那么当然，五行思想的根底，也还是存在着中国人喜爱方正的一种默契的审美意识。

中国人把森罗万象的自然万物按照方正的框架分类，然后对于其运用则以圆顺作为理想。比如，黑和白的勾玉所

五行	木	火	土	金	水
五色	青	赤	黄	白	黑
五方	東	南	中央	西	北
五時	春	夏	土用	秋	冬
五事	貌	視	思	言	聴
五常	仁	礼	信	義	智
五臓	肝	心	脾	肺	腎
五虫	鱗	羽	臝	毛	介
五味	酸	苦	甘	辛	鹹
五声	角	徴	宮	商	羽

图七

组成的太极图，还有五行的各个要素变化时的"五行相生"以及"五行相克"的图是圆的。这不禁让笔者想起了京剧演员在四方形的舞台上跑圆场的情形。

让我们以京剧的舞台表演来举个例子吧。比如，三国里的曹操的脸是被涂成白色的底色，而关羽的脸则是涂成红色的底色。篡夺了汉王朝的曹操，由于他是一个能言善辩的既阴险又具有"秋霜烈日"般性格的反面人物，所以从五行的美学上来看，他的脸当然应该是白色的。而关羽是一个赤胆忠心的英雄，他的名字"羽"是五虫（也就是动物的五大分类之一）。他的眼睛是特殊的"凤眼"，也就是细而长的眼睛，平时半睁半闭，只有杀敌人的时候才睁开眼睛，平时是忍受着某种痛苦而坚毅不拔的表情。所以，京剧中坏人曹操的脸是白色的而关羽的脸是红的。而且，他们的脸和服装的色彩又构成了相生和相克的人际关系，在舞台上表现出一个个动人的故事。

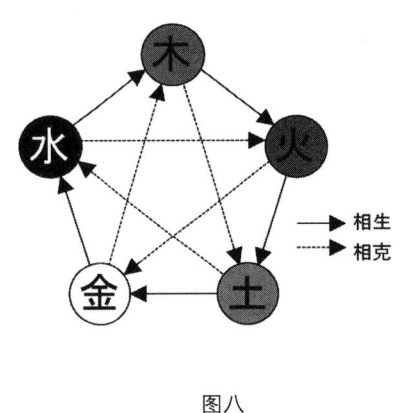

图八

其实与其说阴阳五行的思想在京剧中得以应用，不如说中国人本来就一直拥有"框架方正、运用方圆"的理想美和默契的审美意识，所以有时用它总结出五行思想，有时又把它运用在中医中药以及料理中，让这种理想美和默契的审美意识作为一种具体的形态喷发出来，笔者认为这才接近于真相。

京剧的"行当"也是四角形的

生是男性角色，旦是女性角色，净就是大花脸，多见于豪杰型人物，丑就是搞笑的小丑。

生、旦、净、丑，这四大行当中，又按照各自的演唱和台词分为"文"的角色和以武打为主的"武"的角色。

京剧的曹操是副净（有时正净也会演），关羽属于红生。

那么，为什么京剧中演员们扮演的角色要这样分类呢？这是因为这样分为四角形的框架的话，显得很神气。

笔者曾经多次听过中国的京剧演员的开放讲座，京剧演员们讲解京剧的行当的时候，显得十分地神气飞扬，好像是在说："京剧不仅是演技上分类，而且把世界上各种各样的人进行分类，这样的充满了中国人的人类学智慧的京剧，很了不起吧！"

笔者虽然是日本人，但也是京剧的戏迷。笔者痴迷于京剧的艺术性，但对于笔者来说，四角形的框架，是无所谓的。但是，笔者常年研究中国的文化和思想，中国人对于四角形的偏爱的审美意识，以及以此为傲的想法，笔者能够理解。

喜欢连续构筑自相似图形的审美意识

中国人的默契的审美意识中，除了方正和圆顺（圆润）之外，还有一点，就是对于"连续构筑自相似图形"的异常的执着。

"自我相似"（Self-similar）这一说法，本来是20世纪70年代，美国数学家曼德勃罗创建的分形几何（Fractal Geometry）中一个重要的概念。"自相似"（Self-similar）就是说，一个几何图形A中有一个比它小一点的一模一样的几何图形B，那么这个图形中又包括了另一个一模一样的图形C，如此顺延，无穷持续的意思。

西洋起源的现代数学中，有从宏观到微观的说明，但是中国的审美意识却相反，从微观走向宏观的自相似性的道理较多。

比如"修身、齐家、平天下"这句话，作为儒教本质的教导，是非常有名。它的意思是，首先要注意自己自身的修行，这样才能搞好家庭的秩序。搞好了家庭的秩序后，那么国家就会自然而然地好起来，然后全人类就会和平。所以，应该自己钻研学问，并且致力孝道、友情、夫妻关系等，从这些自己能够做到的事情开始做起。这是儒教的想法。

那么，在"修身、齐家、平天下"的想法的根底，扩展着"自己""家庭""共同体""全世界"这样的自相似的图形。或者说，至少存在着这样的"自相似的审美意识"。

中国人居住的空间，也被统一成四角形的原因，也正在这里。由于"天圆地方"，所以大地的形状是四角的，连"国"这个汉字也是四角形的。正像这个汉字所写的那样，四角的城墙围着市民居住的地方，皇宫的宫殿、农民的房屋、城市的住宅、麻将桌等所有的一切，都是四角形的。

中国的建筑与西洋的建筑相比，显得日常商品化，缺乏多样性。以前，北京的建筑，房顶都是瓦，当然瓦的颜色和材料会由于身份的不同而有所不同，但是"在方形的城里，住在方形的四合院里，配置上方形的家具，房顶用瓦"这样的想法，皇帝也好，百姓也罢，都是一样的。

日本的传统建筑就大有不同。老百姓的房子使用茅草做顶，公共的建筑使用瓦，官员的房子和"神社"使用树皮做房顶。不只是房顶的素材不同，在江户时代，老百姓居住的是细长的"长屋"，和将军居住的"江户城"完全不同。自古以来，在日本，居住的空间的形状也是"封闭进化"，"自相似"的美学概念非常稀薄。结果，江户和东京的城市变得杂乱无章，这样的意识，在能舞台和歌舞伎舞台上表现出来。

那么，让我们再次看一看本文开始的那幅画作吧。看京剧舞台的话，"方正""圆顺""自相似"，这几个中国人的默契的美学被淋漓尽致地表现出来。

结　语

戏曲舞台其实是一个活的美术馆。戏曲舞台空间能体现一个民族的历史、美学、自然观等本质性的因素。

自古以来，不少的外国人通过中国戏曲舞台理解到了中华文明的底蕴。

清朝的乾隆皇帝让英国的乔治·马戛尔尼（Lord George Macartney）和朝鲜的朴趾源（参见《热河日记》）等外国使节人士观看了宫廷舞台，从外国来的外交使节看毕中国豪华的舞台，了解到中华的富强。

图九　《长崎名胜图绘》描绘了古代中国戏曲在国外演出所用的中式舞台

清朝的商人在日本长崎演出戏曲也让日本的官员和文人享受到了中华国粹。

梅兰芳在1930年去美国演出京剧的时候，在美国的剧场里特意设计了中国式的方形舞台，让美国人了解了真正的中国戏曲。因为中国的舞台空间里面有很多默契知识（Tacit knowlege），所以乾隆皇帝也好，梅兰芳也好，把真正的中国式舞台空间展现给了外国人。

现在，欧美的歌剧Opera也好，日本的能、歌舞伎也好，都离不开专用的剧场形式，而且这些传统舞台空间的形式都成为了民族的文化遗产。

中国的京剧、昆剧等戏曲，可以不选剧场，什么地方都能演出。这是中国戏曲的优点之一，非常方便。可是，我们不能忽视中国传统舞台空间里面的很多默契和设计思想（Concept）。

本文由于篇幅关系忍痛割爱，其实分析中国京剧演员的演技和理念，就会发现，在京剧中，对于人物角色的设计等也正是基于这样的审美意识。所以，京剧是一种有独特的审美意识的超凡的综合艺术。

今后，在京剧方面的审美意识方面的研究，还有待继续进行。

（加藤彻：日本明治大学）

新加坡华语戏曲的本土化
——以新加坡黄梅戏为例

康海玲

东南亚华语戏曲的演变最突出地体现在语言方面。剧种语言的变化通常会给戏曲带来别样的艺术况味，这一点，在东南亚华语戏曲领域里的表现最鲜明。华语戏曲所在国的官方语言、通用语言或其他种族的语言经常会自觉不自觉地出现在华语戏曲演出的过程中，显示出很不纯粹的多语并用的语言面貌，考验着华语戏曲的包容性和灵活性。另外，随着东南亚各国社会环境的变化以及现代化进程的加速，以中国的帝王将相、才子佳人、忠孝节义、神仙鬼怪等为题材的剧作已经淡出东南亚华人的视野，脱离了他们的审美情趣，这无形之中严重地影响了华语戏曲的承传。华语戏曲内容题材上的更新，特别是从中国化走向本土化、现代化是激发戏曲活力的重要举措。只有从内容题材上努力开创一条属于自己的道路，并在表演形式方面力求革新，华语戏曲才能在东南亚生生不息，不至于泯灭在现代多元的艺术长河里。

东南亚华语戏曲到底要演什么才能满足东南亚各国观众的需求，这是新时期摆在东南亚华语戏曲工作者面前严峻的大课题。戏曲如何表现现代生活的问题，在实践和理论上始终是作为戏曲改革的重要内容，中国本土是这样，在东南亚更甚。东南亚华语戏曲应该从旧有的题材模式中解脱出来，把视野投向现实生活中去，生动地反映时代的、社会的真情实感，才易于被观众所喜闻乐见并焕发出艺术创造的青春。

戏曲作为高度发展的表演体系，也是富有活力、不断流变、包容性强的综合性艺术，在东南亚的传播，必然经历本土化进程，除了语言的本土化外（最典型的是泰语潮剧，新加坡在华语戏曲的语言本土化方面也做了不少尝试），内容题材的本土化也是华语戏曲变革与创新的主要方面。东南亚各国民众的现实生活、历史人文、道德禁忌、审美取向等必然投射到华语戏曲中，并着上新加坡色彩、马来西亚色彩、泰国色彩、菲律宾色彩、印尼色彩等，以各种不同于戏曲母体的姿态存在于东南亚多元种族并存的文化世界里，存在于世界华族艺术的整体格局中。在这方面，新加坡华语戏曲做出了有力的尝试，取得了很大的成效。

一、黄梅戏在新加坡的传播

在东南亚11个国家中，新加坡是黄梅戏和越剧唯一得到移植并发展的海外国家，其中，黄梅戏发展的状况比越剧好一些。另外，加上很早就在新加坡落地生根的京剧①，在新加坡这个方圆二百多平方公里的发达国家，几乎每周都有大大小小的戏曲演出，而且如今还繁衍生息着中国五大剧种②中的三个（即京剧、越剧和黄梅戏），这是非同一般的。

黄梅戏是安徽省主要地方戏剧种，如今也成了新加坡华人比较喜爱的舞台演出形式，其中包括不少中小学生和大专院校的学生，这种局面和新加坡的戏曲教育离不开。黄梅戏原称"黄梅调"，又叫"采茶调"，发源于安徽省安庆市怀宁县黄梅山或湖北省黄梅县，主要流布于安徽省安庆市及其周边地区，在湖北、江西、福建、浙江、江苏等省亦有黄梅戏的专业或业余的演出团体。新中国成立以后，黄梅戏先后推出了许多经典剧目，随着《天仙配》《女驸马》《玉堂春》《牛郎织女》等剧目相继搬上银幕，在国内外产生了较大影响，黄梅戏已成为深受全国观众喜爱的著名剧种。在台湾和香港也出现了一些黄梅戏演出团体，拥有不少的受众。黄梅戏表演艺术家，如严凤英、王少舫、马兰、韩再芬等相继在舞台上、银幕上和电视屏幕上展现了各自的英姿，引起了海内外观众的注视。20世纪五六十年代，来自中国内地、香港、台湾的黄梅戏的影响培养和加深了新加坡人对黄梅戏的兴趣。

戏曲电影《天仙配》《女驸马》和《牛郎织女》等的传播对新加坡华人的冲击最大，这种唱腔委婉清新、富有浓厚生活气息和民歌风味、适合于搬

---

① 京剧也曾移植到马来西亚，但是很早就在马来西亚衰亡了。
② 这五大剧种指的是京剧、越剧、评剧、豫剧和黄梅戏。

演多种题材的戏曲剧种逐渐缩短了和新加坡观众的距离。这三个剧目也成了新加坡华人耳熟能详的保留节目,特别是《天仙配》和《牛郎织女》如今已经成为黄梅戏的代名词。

新加坡大多数剧种都是跟随着早期移民的到来而在本地得以传播的,黄梅戏到新加坡则有所不同。早期随着移民的迁徙,传播到新加坡并得到培育的戏曲剧种,主要是来自福建和广东的地方戏(包括海南的琼剧)剧种。这些剧种的传播与移植最初是由一些民间的戏班或艺人完成的。其载体是东南亚华族民间的节庆民俗和宗教祭祀。

黄梅戏的传播与移植较晚,20世纪五六十年代,黄梅戏传播到新加坡,主要是来自内地和香港、台湾的黄梅戏剧团到新加坡演出所带来的影响。黄梅戏的正式移植是20世纪90年代后期的事,主要通过正规的戏曲教育的渠道,把这种本来和福建籍、广东籍华人生活联系不那么紧密的剧种移植到新加坡这个国际化大都市。这种传播和移植与华人的宗教祭祀无关,主要是艺术层面和审美层面上的文化行为。在二十多年的发展过程中,取得了不菲的成绩,新加坡黄梅戏在内容和题材方面的变革与创新,为华语戏曲在新加坡乃至于东南亚的本土化建设提供了借鉴。

二、黄梅戏在新加坡的本土化教育

黄梅戏在新加坡的移植主要是通过系统科学的戏曲教育来完成的。这种通过专业院校体系培养的戏曲教育模式在东南亚最有名也办得最成功,除了普及及提升戏曲之外,在戏曲的变革与创新的本土化进程中也发挥着巨大的作用。

新加坡的戏曲教育主要由新加坡戏曲学院、城隍庙艺术学院、新加坡传统艺术中心等单位承担,其中最有力的推手是集表演、导演、教育等于一身的蔡碧霞老师。她是新加坡戏曲学院、城隍庙艺术学院、新加坡传统艺术中心的领导者,也是一位不可多得的表演、导演艺术家。她几十年如一日,在上述三个单位为新加坡华语戏曲的传承与发展立下了汗马功劳。

新加坡戏曲学院历史悠久,在对戏曲事业的传承与发展方面有举足轻重的地位。该学院于1995年在国家艺术理事会的支持下成立,它是一个从事戏曲培训和研究的教育学术机构,肩负着传承与推广戏曲的重任,也积极促进国内外戏曲文化交流活动。学院自创办以来,在大专院校与中小学中开展艺术教育活动，至今已在一百多所学校举办讲座和示范表演，为青少年提供了认识和学习戏曲的机会。戏曲学院目前开设黄梅戏、潮剧和越剧的专业课程，包括剧目教学、化妆、把子功课程等。城隍庙艺术学院、新加坡传统艺术中心创办的时间相对较短，这两个单位的戏曲教育相继都是在蔡碧霞老师的领导下进行的。

纵观新加坡的戏曲教育，其宗旨如下。

第一，努力引导青少年欣赏和认识地方戏曲。

第二，积极培训新一代的地方戏曲演员。

第三，发展有新加坡特色的创作剧目。

第四，广泛融汇和吸收其他文化传统精华，以丰富华族地方戏曲。

第五，提供专业训练与开展研究工作以提高本地方戏曲水平。

第六，积极与本地艺术团体合作，开展教育性节目与创意性活动。

第七，通过地方戏曲开拓新加坡艺术的国际舞台。

在长期的探索过程中，新加坡的戏曲教育深刻意识到本地创作的重要性，更侧重于本地创作，推出了一系列具有新加坡特色、东南亚特色的优秀剧目，为本地创作提供了典范。另外，在蔡碧霞老师的带领下，新加坡戏曲学院、新加坡传统艺术中心经常应邀参加各种类型的国际展演，扩大了艺术视野。他们认真汲取国外舞台艺术的精华，将其长处融入本地艺术中，以更积极的态度，更睿智的创造力，创作排演新戏，为古老的戏曲艺术注入了新的活力。

黄梅戏在新加坡，不论是语言，还是内容题材等都能契合当地华人共同的社会需求，呈现明显的本土化特征。

黄梅戏语言的变化是本土化过程的第一步。新加坡的黄梅戏语言是以华语普通话代替了安庆的地方方言，即江淮官话（也叫江淮方言）。

作为一种地域文化的产物，黄梅戏是以安徽省安庆地方方言为基础表演的，剧种语言属于北方方言语系的江淮方言。据现代汉语方言的研究，安徽省境内共存在现代汉语四大方言，它们从北向南逐渐变化，依次为：北方方言、赣语、吴语和徽语。其中北方方言从北至南又分为中原官话和江淮官话。安庆的地方方言指的是江淮官话。中国本土的黄梅戏歌唱和念白方法均用安庆官话（即江淮官话），整本戏中用韵母念、官话唱，小戏说白则用安庆地方的乡音土语，唱腔仍用官话唱。由于新加坡的华人以福建籍和广东籍的居多，安徽省安庆籍的几乎可以忽略不计。新加坡华人受英文教育影响大，国家规定,英语是第一语文,华语是第二语文。在这种情况下,华人要掌握好华语已经不容易,更遑论安庆的地方方言了。由于黄梅戏的剧种语言属于北方方言语系的江淮方言,接近华语普通话,唱腔相对易学、易唱、易演,这是其语言改变的有利条件。为了便于学员们理解和掌握,教习黄梅戏的老师们通常把安庆官话转换成普通话进行教学和演出。由于学员大多数是在校的学生,有一定的普通话基础,所以,学习黄梅戏就扫除了语言上的障碍,有利于黄梅戏在校园的推广。例如黄梅戏《绣鞋奇缘》就创下了在中小学久演不衰的辉煌纪录。

新加坡黄梅戏的本土化还突出地表现在剧目的更新、内容的东南亚色彩上。除了演出黄梅戏经典的剧目,让大家不断感受黄梅戏艺术固有的魅力外,戏曲学院等戏曲教育机构还善于挖掘崭新的题材,创作与当地的现实生活有关联的内容故事,结合人们的审美取向,特别是各级学生的兴趣爱好,创作演出了一些具有南洋本土色彩、鲜明时代气息的剧作。这类剧作主要有四个类型,分别如下。

第一类,历史故事剧。创作与新加坡或东南亚有关的历史剧,旧瓶装新酒。这个"瓶"指的是黄梅戏,"酒"指的是当地的历史故事。

历史故事中宣扬儒家传统文化,讴歌忠孝节义、爱国爱民、尊老爱幼的传统美德,这是新加坡华族后裔所必须学习和弘扬的。为了给新加坡的年轻人传授历史知识,树立民族的文化形象,激发民族情感,建构其宏大的历史观,并古为今用,以古鉴今,新加坡戏曲学院、新加坡传统艺术中心等结合本地的历史人文、风土人情创作或改编人物形象鲜明、主题思想深刻的历史故事戏。

《郑和》就是一部由新加坡戏曲学院创作演出的优秀黄梅戏历史剧作。郑和下西洋主要经过东南亚地区,经过漫长的历史岁月,当地各族群众对郑和的热爱与崇敬,已发展成为今天东南亚文化的一个特色。把这个曾经震撼世界的历史故事搬上黄梅戏舞台,对当今的新加坡华族后裔具有重要的教育激励作用。

首先,再现了一段新加坡人熟悉的历史,重塑了一个新加坡人敬仰的英雄。郑和是明朝的航海家和外交家,他七下西洋的壮举不仅是中国,更是东南亚华族必须家喻户晓的光辉历史。郑和率领的大明宝船队到过三十多个国家和地区,如果按照现在的国家划分,则分别属于:越南、菲律宾、马来西亚、泰国、柬埔寨、印度尼西亚、文莱、印度、孟加拉国、伊朗、也门、北也门、阿曼、沙特阿拉伯、索马里、马尔代夫、斯里兰卡、莫桑比克和肯尼亚等国家。其中有7个国家属于现在的东南亚地区。郑和在东南亚奉行的和平外交政策，深得当地民众的怀念。六百多年过去了，郑和的形象永远标榜史册。东南亚国家建立了许多民间庙宇，成立了纪念馆或树碑立传来缅怀他为东南亚带来的福音。东南亚各地还有许多以三宝命名的地方，如泰国有三宝港，马来西亚有三宝山、三宝井，菲律宾有三宝颜，印尼有三宝垄、三宝庙等。

2005年距郑和首次下西洋（1405）600周年，在全球盛情重温与隆重纪念这一和平使者的时代背景下，2006年由戏曲学院蔡曙鹏为新加坡博理中学、崇文中学和博理小学学生所编写的《郑和》是第一次以黄梅戏舞台的艺术形式纪念郑和的一种特殊的方式，① 艺术地再现了这位民族英雄的丰功伟绩。

其次，以黄梅戏旧有的戏剧结构承载重大的社会命题。黄梅戏《郑和》的戏剧结构较为庞大繁复，它把有关郑和的宏大历史叙述浓缩在九场戏中表现，并赋予历史故事在现代语境中重大的现实意义。黄梅戏《郑和》具体的场次安排和剧情如下。

第一场：施巧计陈祖义伪装诈骗，除海盗施进卿秘密报信。
第二场：迎正史敲锣打鼓齐歌唱，除大害欢天喜地翩翩舞。
第三场：徐姑娘病愈笑语论国事，明成祖茶余论功表郑和。
第四场：老功臣进言反对下西洋，明成祖冷语讥讽细思量。
第五场：念亲人千里迢迢返家园，访哈山求才若渴赴西安。
第六场：两国工匠共造商贸大桥，皇侯官兵同等中国宝船。
第七场：成祖战场重伤魂归天国，仁宗京城登基改弦易辙。
第八场：守南京兄弟叔侄重团圆，建寺院功德圆满负盛誉。
第九场：一幅航海图唤起盛世梦，七次巡四海郑和建奇功。

前有序幕为：下西洋扬帆万里睦邻国，抵古里刻碑一座记友情。最后尾声为郑和再次领导大明船队浩浩荡荡扬帆出海。

---

① 在东南亚，还未见其他剧种创作搬演有关郑和下西洋的历史故事。

很显然,在戏剧所创造的特殊场域里,华族大、中、小学生能感同身受,深入理解郑和的贡献:开辟远洋航线;为明朝增进友好的邦交;促进商业发展等。从剧作的布局看,该剧从多方面、多角度去挖掘主人翁所处的特殊位置,从宫廷的钩心斗角、尔虞我诈,反对派的强烈攻击阻扰以及智取海盗等情节来凸显郑和的领导才华和运筹帷幄的大将风度。他下西洋增进国与国的友好往来,建寺庙以促进种族和谐,伸张正义以维护和平,六百多年前的郑和尚有如此的宽广胸怀,更何况是今人呢?对种族亲善、世界和平的呼唤是不同时代的主旋律,当今风云变幻的东南亚时局更要遵循和平、和谐的世界公约。小舞台,大世界,这部具有史诗的宏大与人性的厚度的戏传达出了一个当今时代的最强音。

正如 2005 年 6 月 5 日在吉隆坡举行的"郑和研究国际学术研讨会"上,马来西亚住房和地方政府部部长、最大华人政党马来西亚华人公会总会长黄家定发表讲话所强调的:郑和勇于实践、崇尚科学的态度,不屈不挠、勇于开拓、征服海洋以及坚定不移、勇往直前的精神,特别值得东南亚当代人学习。马来西亚艺术、文化和遗产部副部长黄锦鸿也在会上说,郑和"以和为贵、以邻为富"的伟大精神,是东南亚以及全人类的精神财富,更应该在今天全球化的发展格局中大力提倡。

第二类,神话故事戏。根据印度和马来的神话故事创作改编黄梅戏剧作,也是新加坡黄梅戏本土化的一个特色。黄梅戏这个本来充满中国地域特色的古老剧种因此着上了东南亚本土色彩。在新加坡,马来族和印族是仅次于华族的两个大的民族,其文化底蕴深厚,对华族的影响深远,对新加坡多元文化的建设发挥着重要的作用。两族有名的神话故事对华族学生并不陌生,成了他们共享的文化遗产。在多元种族的新加坡,戏曲学院很自然地从印族和马来族的文化传统中寻找神话故事的资源。新加坡的黄梅戏反映取材于印族神话故事的戏相对多一些,其中最先推出的是 1999 年蔡曙鹏博士创作的《放山劫》。① 该剧取材于印度史诗《罗摩衍那》,把它变成新加坡学生喜闻乐见的神话故事形式搬上黄梅戏舞台。是年年底到泰国参加国际艺术节,在泰国国家剧院上演。2000 年,受印度外交部邀请,该剧还到过印度新德里等四个城市巡回演出,得到观众的好评。

---

① 该剧最早是 1988 年蔡曙鹏创作的剧作《森林历险记》,当时是话剧的形式。1990 年该剧改成潮剧的形式上演,改名《放山劫》在德国演出,1999 年蔡曙鹏又将其改为黄梅戏。

华族用黄梅戏的形式表演异族题材的戏，目的在于创新黄梅戏的内容题材，汲取多元文化的精华，创造出新加坡当地观众喜欢观赏的、具有新加坡特色的华语戏曲剧目，这样做，有利于吸引不同文化背景的观众来参与，推动了不同种族之间的文化交流，促进了种族之间的和谐。黄梅戏因此承担了更大的时代使命。

第三类，现代题材戏。把新加坡现代社会生活的题材注入黄梅戏中，这是新加坡黄梅戏寻求发展的另一举措。真正具有时代感的现实题材创作，能够反映新加坡的民生民情，触及社会问题，展示当下华族的精神状态、品格情操。这类剧作因为与生活接近，更能够吸引年轻观众，让观众产生强烈的共鸣，因此容易受到青睐。《丹心谱》是新加坡黄梅戏最为成功的一部现代题材的剧作。

新编的现代黄梅戏《丹心谱》的创作演出，既可以向新加坡的青少年推广黄梅戏，还可以配合新加坡的国民教育。该剧是新加坡戏曲学院迎接千禧之年特备的开锣戏，剧作以新加坡"二战"时期真实的故事为纲，注入了新加坡的历史、地理、人文等多方面因素，在戏曲舞台上塑造了新加坡人民熟知的抗日英雄林谋盛的光辉形象，歌颂了爱国主义的主题，受到了新加坡人民的欢迎。这种以华族传统的黄梅戏形式为载体，注入新加坡近现代反帝反侵略主题的舞台演绎，在观众徜徉于艺术鉴赏的同时，又经历了一次爱国情感的震荡，可谓事半功倍。该剧一改黄梅戏载歌载舞的轻松明快的抒情趣味，充分发挥黄梅戏"具有浓厚的生活气息"这个剧种特色，让新加坡的生活气息随着剧情的开展扑面而来。黄梅戏随着新加坡人的主体性格、语言腔调和当地艺术的整合，走上了更加本土化的道路。

从 1999 年以来，有关林谋盛抗战故事的剧作成了新加坡华语戏曲舞台上的保留剧目走向国际舞台，显示出华语戏曲本土化的成功。1998 年，新加坡戏曲学院以"二战"为背景，以林谋盛的抗战故事为题材创作了第一部现代戏，当时以潮剧的形式呈现，剧名取剧本中的一句台词"红梅冰霜雪中舞，烈火真金炼傲骨"为《烈火真金》，1998 年在新加坡首演，备受关注。同年，该剧去泰国参加"亚洲民族艺术节的演出"。2000 年，这部戏改编成黄梅戏的形式，剧名改为《丹心谱》，在 2000 年新加坡华族艺术节演出。同年 10 月到湖北参加第三届黄梅戏艺术节,改名为《林谋盛》,获得了优秀剧目奖。①这些演出的成功,更进一步说明了人们对新加坡现代黄梅戏的认可。

《新民的故事》是另一部较为成功的现代题材的黄梅戏。该剧以新加坡新民中学的校史为题材,围绕着这所民办华校办学的艰辛历程而展开戏剧情节,侧面反映了新加坡的社会史。有关教育题材的剧作可以拉近和学生观众的距离,唤起他们已有的情感体验,收到更好的艺术效果。在黄梅戏的载歌载舞里,观众看到了办学者叶帆校长当初如何卖猪建校,20世纪50年代学校如何组织文艺晚会筹款,60年代新加坡建国后教育改革面临哪些挑战,70年代华校面对哪些困境,以及80年代如何成为政府学校,直至2000年成为自治学校。一出戏浓缩了新加坡华校的峥嵘岁月,新加坡的社会结构和华族移民的历史也再次展现在新加坡观众的面前。

剧中还根据新加坡学生的兴趣,穿插了诗歌朗诵、交响乐、各民族舞蹈等元素,丰富了黄梅戏的表现方式,受到了观众的赞赏。

第四类,童话故事剧。用黄梅戏的形式要演绎新加坡学生感兴趣的童话故事,也是新加坡黄梅戏走向本土、与众不同的地方。儿童天性爱听童话,把童话故事放在黄梅戏的"旧瓶"里进行演绎,是新加坡戏曲学院的大胆尝试。

童话具有浓厚的幻想色彩,激发他们的想象力,但是比起文本的阅读,用黄梅戏的舞台形式讲述童话故事,更能唤起他们审美的愉悦,黄梅戏借此走进更多学生的生活里。新加坡戏曲学院把黄梅戏和童话故事结合在一起,认真研究新加坡各级各类学生喜欢的童话故事类型,将经典的国内外童话故事改编成黄梅戏剧目,既提高了学生们的文学修养,又为黄梅戏的创作寻找到更多更好的题材,为戏曲艺术的推广创造了新天地。日本童话故事、安徒生童话故事、西洋童话故事以及中国的童话故事等都曾经被改编成充满童趣、童真的黄梅戏作品,在新加坡以及国外的舞台上赢得了阵阵掌声。这是新加坡黄梅戏本土化的成功之举。

如《夜莺的故事》是新加坡戏曲学院改编自安徒生童话的一个精彩剧目。安徒生童话是全球孩子们的精神食粮,新加坡的学生们也不例外。戏曲教育应该从小抓起。由于新加坡的学生接触更多的是英语,要引起他们对戏曲的

---

① 该资料来源于2014年11月对蔡碧霞老师的访谈录。

兴趣，选择那些名著改编的而且动作性强的童话故事，是一条有效之路。剧作者蔡曙鹏在遵循安徒生原著的基础上，以三个喜欢拍马屁的官员贯穿全剧，围绕着夜莺的歌声展开戏剧情节，之间还增加了三位趋炎附势的贵妇人和地府、阎王等角色，使得本来的童话故事更饱满，人物更多元，性格更鲜明，戏剧的趣味性因为改编而得到了加强。特别是地府小鬼要把皇帝带到阎王殿的场面，妙趣横生，充满了喜剧效果。该剧的推出，让新加坡观众眼前为之一亮，原来古老的戏曲还能焕发出如此的活力。黄梅戏的年轻观众因此得到了培养。2005年，适逢安徒生诞生200周年，该剧参加了在丹麦举办的戏剧节，在14个国家参演的国际舞台上，黄梅戏以其中国、新加坡、丹麦三个国际多元文化兼具的艺术新貌赢得了广大观众的一致好评，为新加坡华语戏曲再次树立了新形象，也扭转了国际人士早先对中华戏曲形成的一些负面印象。

三、从《丹心谱》看新加坡黄梅戏的本土化

在东南亚华语戏曲史上，最大的问题或最敏感的问题是本土化的问题。而本土化与中国化的冲突是限制戏曲发展的主要因素之一，只有合理处理好这对矛盾体，东南亚华语戏曲才能顺利传承并发展。

在东南亚，如果戏曲还始终固守原有的艺术样貌，那么，戏曲被东南亚观众抛弃将是最直接的现实。东南亚华语戏曲只有在戏曲旧有的基础上走向本土化，汇入新时代新加坡多元文艺的大潮，进入与时代同步、与人民同心的本土化建设中，才能跻身于东南亚多元文化的大熔炉。

戏曲在新加坡的传播与发展已经有一百多年的历史。发展有新加坡特色的戏曲艺术，一向是新加坡戏曲界乃至艺术界人士不懈的追求。一百多年来，经过无数戏曲前辈的实践探索，戏曲终于走出七八十年代的低谷，迎来了新一轮的变革与发展。许多受西方教育影响的年轻人，渐渐尝试着接近传统文化，戏曲在这个大背景下得到年轻观众的认同。这种认同首先要建立在戏曲的本土化这个基础之上，只有这样，戏曲才能活跃在新加坡这个现代化国际大都市的舞台上，拥有更多的观众。

黄梅戏《丹心谱》是戏曲本土化的一个成功案例。新加坡演员借助黄梅戏这种古老的艺术表现形式，演绎一个属于新加坡人的故事，传达新加坡人的思想情感。这个黄梅戏新作在新加坡的本土化，主要表现在以下的三个方面。

第一，剧作的内容题材取自新加坡。这个戏讲述的是"二战"期间新加坡史上一个颇为感人的事件。从 1937 年到 1945 年，新加坡的抗日运动风起云涌。前一段是抗日救亡。1937 年日本大举进攻中国，作为中国的一分子，新加坡的华侨爱国热情高涨，奋起进行救亡活动以支援自己的祖国。后一段是抗日卫新。日本挑起太平洋战争，在不到半年的时间里，相继占领了泰国、新加坡、马来西亚等东南亚国家。1942 年 2 月 15 日新加坡沦陷，在严酷的三年零八个月的日据时期（史称"昭南时期"），日军对新加坡实行了惨无人寰的大检证，华人首先遭殃，或被杀害，或被拘留，或突然失踪，时局动荡不堪。有志之士奋起反抗，林谋盛就是在这样的时代背景下出现的抗日英雄。

这段史实属于新加坡。在这个剧中，华族观众可以重温祖先移民的历史，还可以再次看到日军占领新马一带的残酷罪行，如剧中林谋盛的一段念白：

想当年，
离乡背井南洋来，
太平盛世民安泰。
香港求学，
星洲创业。
邂逅珠娘，
定亲成家。
育女儿，
享天伦。
天伦乐，
乐开怀。
未料到
东洋军国烽火起，
蹂躏神州神鬼泣。
安南半岛碧血洗，
马来亚哀鸣遍地。
星洲正大肃清，
冤死刀下其数无计，
为和平，

离亲人。

出生入死无所畏惧。①

由于观众对移民拓殖、抗日救国、抗日卫新等比较熟悉，该剧的演出引起了强烈的共鸣。据剧作者蔡曙鹏在 2011 年 8 月接受笔者访谈时强调，创作演出这个反映本地历史事件的黄梅戏，主要是出于两方面的考虑：一是希望借此而自省，身处太平盛世的新加坡，不应忘却过去的艰难岁月，不应忘却曾经为新加坡的自由而牺牲的英雄；二是基于华族戏曲本土化的考虑和要求。有感于华族戏曲在东南亚的整体没落，在新加坡也是举步维艰，为了解决戏曲危机，寻找新加坡题材，让戏曲着上所在国的色彩，这是当务之急。②

第二，剧种的语言采用新加坡华语。

新加坡黄梅戏与中国本土的不同，最突出体现在语言方面，即唱词和念白等都采用普通话的发音。新加坡学生接受的教育以英文为第一语文，华文则作为第二语文，大多数学生华文水平有限，华语（普通话）水平不高，甚至有为数不少的华人已经不会说自己的籍贯方言，在这样的情况下，他们基本不可能去学习黄梅戏的剧种语言——安庆官话。用普通话代替安庆官话演唱黄梅戏，这是应变措施。由于两种语言比较接近，这就为语言的替代提供了必备的条件。越剧在新加坡也是遭遇这种状况。

诗词倡雅，曲语尚俗，在各个方言剧种中，经常会有一些俚俗土语、口语化成分、时调俗曲的运用，使得剧种具有了俚俗之美，形成了该剧种独有的浓郁而鲜明的地域风格。用江淮官话表演黄梅戏也是一样的道理。但是，到了新加坡后，用普通话代替江淮官话进行表演，安庆的方言俚俗等就消失殆尽，戏剧效果自然受到影响。由于新加坡华人的普通话带有明显的中国南方特别是闽南的口音，所以，新加坡黄梅戏的表演在念白方面就表现出十足的闽南腔。

新加坡黄梅戏的唱腔依然保留黄梅戏花腔和平词两大类。新加坡戏曲学院在课程的课设中，两种唱腔并重。如该院排练的《打猪草》《蓝桥会》《夫妻观灯》等剧就采用了花腔，而《天仙配》《梁祝》等剧最主要的唱腔则是

---

① ［新加坡］《林谋盛》（黄梅戏剧本），见［新加坡］蔡曙鹏《蔡曙鹏文集》，新加坡文艺协会 2011 年版，第 161 页。

② 该资料来源于 2011 年 7 月 3 日笔者在新加坡对新加坡戏曲学院副院长蔡碧霞的访谈录。

平词。

第三，采用符合新加坡人审美习惯的多种表现手法。

新加坡是一个文化的大熔炉，生活在新加坡的华人从小就受到多元文化的冲击，在审美取向上就表现出崇尚多元的特征。该剧在演出过程中，剧作者蔡曙鹏为了克服黄梅戏传统舞台的虚拟、单一的特色，加入了许多现代科技的元素，如增加了合唱队的叙事以及历史图片的展示，增加了演出的张力，并把演出场域拓向更广阔的时空。

场与场之间增加新加坡历史图片的放映，这样的演出架构是传统黄梅戏不曾出现的，是新加坡戏曲学院所做的尝试。全剧一共间隔插播了四小段历史图片：第一小段为幕启时，白幕上放映了"济南惨案""满洲国""七七事变"的历史图片。第二小段为第二场即将结束时，白幕上放映日军偷袭珍珠港，"威尔斯太子号""击退号"被炸沉的历史图片。第三小段为：第五场幕启时，白幕上放映英国人在白思华中举白旗带将士向日本人投降的情景，接着放映多张历史图片，呈现日军杀害无辜数万人。第四小段为第五幕，白幕上投射了日军登陆，在亚历山大医院大屠杀、大检证，杀害数万华人，强迫华侨协会交纳奉纳金，宪兵队的灌水刑等历史图片。

插入放映的这些图片是与主要情节相关的回忆或故事。起补充衬托或解释的作用，是戏曲舞台的对外延伸，使剧作的脉络更清新，节奏更紧凑。另外，也有利于渲染气氛，调动观众丰富的情感体验。

该剧善于借鉴电影、电视的表现方式，把故事情节、合唱队的演唱、历史图片的放映与戏曲表演相融合，表现手法多样，创造了一个多维的演出场景，而这些正好符合新加坡人的审美要求。舞台上灯光音响交织，情节跌宕起伏，紧张有致，场与场之间用红灯在屏幕上反映那些历史图片，烘托出战争的血腥凝重和残酷恐怖的戏剧氛围。剧中以情感人，夫妻情、姑侄情、父女情、工友情，款款深情感人肺腑，也深化了剧作的主题，激发了观众无限的爱国情感，揭示了日军在新加坡犯下的滔天罪行。

第四，华、巫、印同台表演，彰显新加坡特色。

多元种族构成新加坡特殊的社会结构，种族的和谐与融合历来是关系到社会发展的核心问题，这种现象也投射到戏曲舞台上。华族、印族和巫族（即马来族）是新加坡的三大种族，在戏曲舞台上，华、巫、印三族演员各担其纲，共同演绎，构成了新加坡华语戏曲的一道景观。

这是新加坡种族共处的传统使然。"新加坡自建国以来，各民族的舞台文化兼承着 50 年代以来自然涵化、交流的良风。华、巫、印族同台演出是盛典上绝对不可缺少的项目。"① 在任何一场大型的文化展演上，都可以看到至少这三大种族演员的身影，不同的文化背景，不同的审美感知，却可以凭借舞台艺术的形式相聚，体现了新加坡丰富多彩而又共存共荣的文化生态。

2003 年新加坡举办第四届"青年剧展"，新加坡戏曲学院演出的黄梅戏《放山劫》，就会聚了华族、马来族、印族的学生演员，他们之间默契的配合，保证了演出的顺利进行。对于第一次接触戏曲的马来族和印族学生，要求他们用标准的普通话演唱戏曲实属不易，华族学生的热心帮助，培训老师的诲人不倦，以及他们对戏曲的热爱，是异族学生演员完成跨界演出的必备条件，这在一定程度上，也促进了印族、马来族人对华语的学习以及对中华传统文化的青睐。该剧男女主角分别由华族学生张宇豪和马来族学生 Faizah Bte Salan 分饰。这在本地还是第一次。Faizah Bte Salan 第一次学戏曲，但是聪明伶俐，一点就通，无论是台步、身段、马鞭等动作，都能表演到位，对角色的内在情感也能尽量把握，因此，表现在眼神语气，以及一颦一笑等都有戏曲的况味。②

在新加坡戏曲学院创作排演的大多数戏曲剧目中，都充分调动不同种族学生学习的积极性，让他们走上同一个舞台进行展示，这是促进不同文化交流的方式，也促进了种族的和谐。

在当前新加坡华语戏曲众多剧种中，黄梅戏的变革和创新步伐迈得较快，其成功的经验能够给其他剧种提供启示。据《丹心谱》的导演胡其娴所说，这个戏是创作与演出反映本地历史事件的剧目，能积极推动华语戏曲的本土化进程，对发展有新加坡特色的华族戏曲，有建设性的意义。

（康海玲：中国艺术研究院）

---

① ［新加坡］蔡曙鹏：《蔡曙鹏文集》，新加坡文艺协会 2011 年版，第 33 页。
② ［新加坡］蔡碧霞：《狮城梨园散记》，新加坡济阳蔡氏公会 2008 年版，第 28 页。

粤剧承传之路

(中国香港) 李奇峰

一、继承篇——"积学以储宝"

(一) 20 世纪 30 年代的香港粤剧

李奇峰 1935 年出生于香港,为李鉴潮和吕少红的长子。父亲李鉴潮,除了是出色的粤剧编剧外,也从事班政的工作。李鉴潮除了替名伶白玉堂的兴中华剧团编写剧本外,还是安排粤剧艺团及演员到海外演出(戏行术语为"订人")的代理人。经李鉴潮安排走埠的粤剧艺人,演出目的地包括小吕宋(马尼拉)、越南、马来西亚、美国旧金山等。李奇峰的母亲吕少红,曾是广州全女班剧团的小生。广州市西堤大新公司九楼的全女班,鼎鼎大名的反串小生郎筠玉(当时艺名新俏仔),就是吕少红的同门师弟。

李奇峰出生的年份,正是香港粤剧最兴旺的时期。在中国南方香港这片小小的土地上,经过先辈与当代艺人的不断尝试及琢磨后,粤剧艺术光芒四射,大放异彩。20 世纪二三十年代的粤剧,是广东民间主要的大众娱乐方式;30 年代中后期,三大省港班霸——太平剧团、觉先声剧团、兴中华剧团,在港争雄竞艳,热闹非常。一流的大老倌,除太平的马师曾、觉先声的薛觉先、兴中华的白玉堂外,三大班霸也有自己的创作团队。马师曾的太平剧团设有编剧部,有陈天纵、冯显洲、黄金台等编剧坐阵。薛觉先、冯志芬、李少芸、南海十三郎等,为觉先声剧团推出一本又一本的新戏。兴中华剧团的白玉堂,在李鉴潮的协力下，亦先后推出不少新剧，包括《乞米养状元》《鱼肠剑》《肝肠涂太庙》等。以1938—1941年短短四年为例，粤剧五大流派"薛、马、桂、廖、白"的五位宗师，均曾在港粉墨登场。舞台上的"万能泰斗"薛觉先，红遍省港澳以及上海、东南亚等地，无论是他的觉先声剧团，抑或他主演的电影《白金龙》，均为时人所传颂。薛觉先的觉先声剧团、马师曾的太平剧团、白玉堂的兴中华剧团属巨型班。桂名扬和廖侠怀领导的冠南华剧团和胜利年剧团，与其他红伶领军的剧团，也先后在香港的大小舞台施展浑身解数。当时男女同班已是主流，但仍有全女班的剧团演出，镜花艳影剧团的台柱任剑辉已是当时颇有名气的女文武生。原来在1933年以前，香港粤剧是分男女班演出的，花旦王千里驹就是在男班中因演旦角而驰名。"万能泰斗"薛觉先，就是生、旦演出也同样出色，如他演杨贵妃的剧目时，先演贵妃，再演唐明皇，观众看得目瞪口呆，他所饰演的每个角色都是那么惟妙惟肖。1933年，马师曾得到太平戏院院主源杏翘赏识，在太平戏院组太平剧团。当时由太平戏院策划向政府申请粤剧男女同班，太平联同高升戏院、利舞台、普庆戏院等向"抚华道"（即以后的华民司）提出请求，才获准粤剧可以男女同班演出。

"薛马争雄"，更是粤剧史上光辉的一页，马师曾和薛觉先的剧团，在良性竞争下，尝试不同的演出方法、唱腔、音乐、服饰、化妆，例如：将京剧北派的武打工架引入粤剧、在音乐伴奏加入西洋乐器等。两个班子均重视剧本创作，更引入不同的舞台尝试，大大丰富了粤剧的语言。太平、高升两大戏院，每晚皆搬演不同的故事，戏迷如痴如醉。马师曾、谭兰卿、薛觉先、上海妹等，更是炙手可热的名角。

（二）日本侵华期间的香港剧坛

1938年8月26日，广州沦陷，粤剧界人士和其他国人一样，纷纷到港避祸。1939年，在港的粤剧从业员人数因战火骤增，戏行人士自觉团结起来，由薛觉先、新靓就（关德兴）、马师曾发起，成立广东八和粤剧协进会香港分会，薛觉先被推选为首任理事长。广东八和香港分会可以说是香港八和的前身，香港八和会馆在战后（1953）才正式成立，作为香港粤剧同业的工会。1939年7月15日，粤剧界更在太平戏院公开宣誓，为抗战出力，当晚更以演剧筹款，参与伶人包括薛觉先、马师曾、廖侠怀、白驹荣、新靓就、陆飞鸿、欧阳俭、上海妹、谭兰卿、罗丽娟、唐雪卿等。薛觉先更于《艺林》杂志发表《七七告八和同志》，勉励同业为抗战出力："以往吾人未宣誓于人前，尚能尽心尽力作政府抗战之后盾，我八和子弟自抗战以来，捐输购债，献机义演，热心不肯后人；今次宣誓于人前自应比前，更（尽）力、更尽职，毋顾个人私利而顿忘戏剧抗战之任务，毋以毒素意识灌输于离开祖国怀抱之侨民，斯不愧矣。"义演的锣鼓响起，薛觉先、上海妹在台上合演《汉月照胡边》。

　　第二次世界大战日本侵华，粤剧在战火的洗礼下，其命运与一般的百姓所经历的实在大同小异。不少文化艺术界的名人，因战事逃难或滞留在香港，包括中国戏曲界的两大名宿"南薛北梅"——南方粤剧泰斗薛觉先和北方京剧巨擘梅兰芳。梅兰芳在1931年"九一八"事变后，由北京迁居上海；1938年上海沦陷后再迁至香港，在半山干德道的四层公寓暂居下来。薛觉先在上海期间，已与梅兰芳相交；梅兰芳居港期间，二人交往自然更加频密。1941年7月10日、11日，太平戏院举行"全港平剧名票义演"筹款抗日，由梅兰芳揭幕，薛觉先更与妻子唐雪卿一同粉墨登场。沦陷期间，日军更不时邀请或强逼剧坛艺人粉墨登场或公开出席文化活动，粉饰太平。日军强将全港艺人的戏箱储存在利舞台，愿意演出者每天可得大米十斤，拒演者不得粮饷，不少艺人被逼就范。觉先声剧团、白驹荣男女剧团、锦添花剧团便在无可奈何的情况下，于1942年春节期间演出。

　　1942年的广州湾名义上是法租界，但当时的法国已为德国纳粹所占领，法国对其在亚洲的属地已鞭长莫及。当时的广州湾既不受中国管治，亦未为日军所指染，百姓的生活暂且如常。但租界以外的地方，国民党军、解放军加上日军此起彼落，极不稳定。寸金桥就是离开租界、回归中国领土（抗战区）的必经之道，很多爱国人士就是经过寸金桥回国抗战，当中包括不少粤剧艺人。一向为抗日救亡尽心尽力的薛觉先，因未获日军发证，一直滞留香港。直至1942年6月，薛觉先借辞领团往澳门（因葡萄牙于"二战"中立，澳门为中立区）演出，才获签渡航证离港，日本军政府则一直密切监视其在澳门的演出动向。薛觉先于7月演罢《王昭君》后，便暗自带团乘船到广州湾，并立刻在广州湾登报声明："前受日寇束缚，滞留香港，现脱离虎口，将全力为国服务。"日本特务禾久田幸助知道薛氏的行踪后，亲自带员追踪。薛觉先在赤坎演出时，收到消息，连夜经寸金桥逃回抗战区，后辗转于桂林、梧州、南宁等地演出。薛觉先和一群艺人，包括吕玉郎、楚岫云、冯侠魂等，在广州湾继续演出粤剧。

1942年，7岁的李奇峰在父亲李鉴潮的安排下，一家人逃难至广州湾，住了一年多；1943年，李鉴潮吩咐妻子带李奇峰、二子、三子和刚出生的五子，先往海防避祸，李鉴潮则与四子暂留广州湾。

（三）越南粤剧

李奇峰一家在海防住了一年多，然后搬至河内。越南的政局虽然混乱，但百姓生活如常，娱乐事业依旧。抗战期间，不少粤剧艺人为了生计，在广西、海防、河内等地巡回演出。这些越南北部的城市，虽未有足够条件让戏班长驻，但戏班巡回演出，一演就是好几个月。此外，一些在越南南部大城市长驻演出的戏班或艺人，也会到北部的城市演出，海防、河内两地的演剧活动，未因太平洋战争而间断。冯侠魂与楚袖云夫妇辗转到越南演出，因缘际会，二人更成为李奇峰的粤剧启蒙师父。冯侠魂、楚袖云见好友之子李奇峰为可造之才，班中亦缺乏童角；夫妇二人要搬演哪些剧目，便教李奇峰相关的折子戏，学会后立即上场演出。1945年8月6日，第一枚原子弹在日本爆炸；8月15日，日皇宣布投降。9月2日，日本代表在美国战舰上签署无条件投降书，第二次世界大战正式结束。胡志明于河内宣布成立越南民主共和国，简称"越盟"；而法国殖民政府亦重返政治舞台。和平后，冯侠魂夫妇再到越南做戏，将李鉴潮已身故的消息告知李奇峰一家。

随着第二次世界大战结束，在战时四散的粤剧艺人，纷纷回国发展，广州和香港再一次成为粤剧的大本营。1947年，非凡响剧团在广州粉墨登场，由何非凡和楚岫云担正演出冯志芬新编的《情僧偷到潇湘馆》，打破粤剧纪录，连演了三百多日。同年，新马师曾、陈锦棠、余丽珍组成龙凤剧团，大受欢迎，新马师曾的演出，无论是文武生抑或反串旦角，观众皆拍案叫绝。当时，红伶连同他们的大卖戏宝作巡回演出，实属闲事。何非凡和楚岫云的《情僧偷到潇湘馆》，便于1948年到香港高升戏院与戏迷会面，广告大字标明此剧："曾经轰动广州百万市民浩浩荡荡百胜雄师袭港。""情僧"何非凡和"生黛玉"楚岫云在港造成的哄动，实不下于广州。当时除了广州和香港两地，亚洲还有另一个粤剧重镇，也是艺人们最热门的走埠地点——它就是越南的堤岸（泛称"西贡"，即现今的胡志明市，当时西贡设有十一个行政郡，堤岸在第五郡）。

在 20 世纪初的堤岸（约五四运动前后），已有不少戏院上演粤剧，包括竞南戏院、同庆戏院（后易名巴黎戏院）和大同戏院（后易名大舞台戏院）。丑生豆皮元更在堤岸演出达三年之久；新靓就亦曾于 1921 年在大同戏院演出。到了 30 年代，有更多已成名的艺人陆续到堤岸演出，可见堤岸观众的经济能力和品位，实与广州和香港这些大埠看齐。有"双王"之称的"花旦王"和"滚花王"千里驹，20 世纪 30 年代初到越南演出三个月，大受欢迎。其后，马师曾连同半日安等到西贡登台，演出其名剧《佳偶兵戎》《呆佬拜寿》等。其间遇越南水灾，乐善好施的马师曾，更主动举行义演筹款赈灾。马师曾的技艺和善行，深得越南人士的爱戴和认同。有些商户看准商机，在马师曾的同意下，以其为商标，在当地推出"马师曾通帽""马师曾腰巾"等，可见当时红伶的非凡魅力和市场价值。与马师曾齐名的薛觉先，亦曾于 1930 年组"南游歌舞团"到越南演出《白金龙》《姑缘嫂劫》等名剧。1933 年，陈非侬和宫粉红的"非侬剧团"在大舞台戏院的重金礼聘下，在堤岸演出。陈非侬在《粤剧六十年》中记述："我在越南登台，大受欢迎。第一晚公演时，戏院门口的铁闸也被挤破。在堤岸演满一个月后，又往北越海防中国戏院演出，亦大受欢迎。"当时越南北面的海防连附近六个省，约有七间至八间戏院上演粤剧，但却未能支持戏班的长期演出，因此走北越线的艺人，大部分需要穿梭数省演出。

（四）20 世纪 50 年代中国香港及越南西贡的粤剧发展

40 年代末的堤岸，市面一片繁华，西贡更是当时华人聚居的重要城市。西贡，曾经是保大帝的越南国和吴廷琰的越南共和国首都；虽然越南的政局长久混乱，但在 1945 年至 1959 年间的西贡，人民生活相当繁荣和富足，这点可从粤剧演出的兴盛得到印证。李奇峰一家于 1947 年由河内搬到堤岸投靠姐夫一家，举家落脚西贡，母亲继续经营小买卖，孩子们继续学业，李奇峰在课余时间继续靠演戏添补家计。10 岁开始在海防演戏，被誉为神童的李奇峰，在越南粤剧界颇有名气，很容易便在堤岸的戏院找到空缺，继续当童星。无独有偶，不单越南有粤剧童星，中国香港和澳门也同时出现了两个不可多得的童星。澳门的童星是个女孩子，叫郑碧影；香港的童星是男的，叫羽佳。三个童星皆出生于 20 世纪 30 年代，较年长的是郑碧影，6 岁左右的她便上台参演《花木兰》。1944 年，13 岁的郑碧影已于新声剧团客串演出，当时新声的头牌是任剑辉、欧阳俭等。新声的编剧徐若呆，更特为这名小童星编写剧本，包括《小孟尝》《小爱神》等，小小年纪的郑碧影已成为新声的瞩目小生。任剑辉、欧阳俭、靓次伯和陈艳侬更曾联名送赠刻有"神童"字样的金牌给这位小拍档。香港的神童羽佳，年纪则比李奇峰小一些，他与李奇峰的身世也有点接近，父母均是戏行中人。羽佳的父亲是小武翟善从，母亲是花旦周少英。1942年前后，7岁的羽佳便以神童之名登台，专演小武；1948年，组成羽佳剧团，更接拍了多部电影，如《哪吒闹东海》《石鬼仔夜战五虎将》等，羽佳是20世纪40年代参与最多电影演出的童星。

1950年，15岁的李奇峰已在堤岸独当一面，担上了神童班（以孩子为主的戏班）的小生。当时在香港，也是新人辈出，新戏宝陆续出现，令粤剧在香港的发展更上一层楼。以1950年为例，新剧一部接一部。3月，锦添花剧团的陈锦棠拍芳艳芬、黄千岁，推出《董小宛》。马师曾和红线女的新东方剧团，同月上演《花烛梦残花烛蕊》《醋红娘》等。4月，非凡响的"情僧"何非凡，拍上海妹演出《惜花人碎落花心》；锦添花则推出《花蕊夫人》。大凤凰剧团于5月上演李少芸编剧的《光绪皇夜祭珍妃》，新马师曾演光绪，其主唱的"怨恨母后，几番保奏都不能为我分忧"，成为日后的经典名曲。余丽珍饰演的珍妃和廖侠怀反串扮演的慈禧太后，均为人所乐道。碧云天的邓碧云和罗品超，于同月推出《红菱血》，也是唐涤生的作品。6月，觉先声推出唐涤生编剧的《汉武帝梦会卫夫人》，由薛觉先、芳艳芬领衔主演。同月，新马师曾拍红线女，以宝光剧社名义上演潘一帆编剧的《宋江怒杀阎婆惜》。7月，觉先声上演李少芸所编的《陈后主夜投胭脂井》，仍然由薛觉先拍芳艳芬。锦添花9月上演《隋宫十载菱花梦》，到10月尾则推出《火网梵宫十四年》，此剧更是由任剑辉、白雪仙联合陈锦棠、芳艳芬演出。以上两出新剧，均出自唐涤生手笔。10月初，新马师曾拍芳艳芬起班大龙凤，推出的也是唐涤生编写的《魂化瑶台夜合花》。仅1950年一年，粤剧演出不断，大部分也是新剧。当时唐涤生已是当红的编剧，其产量惊人，粗略估计，他在1950年最少推出了23部新剧。与他平分春色的编剧还有李少芸、潘一帆等。至于演员方面，薛觉先、马师曾、上海妹等虽然还活跃台上，但一批新扎当红演员的气势相当凌厉，大有后浪推前浪之势。生角有陈锦棠、何非凡、新马师曾、任剑辉、麦炳荣等，旦角方面有芳艳芬、红线女、余丽珍、邓碧云、凤凰女、白雪仙等。

粤剧演出在 20 世纪 50 年代的香港当旺以外，将粤剧拍成电影也是一股风气。据余慕云统计，香港 20 世纪 50 年代约出产了 515 部粤剧戏曲电影，约占这时期电影的 1/3。香港电影资料馆所编的《香港粤语戏曲电影片目》，20 世纪 50 年代共有 383 部粤剧电影。最初老倌们对将粤剧拍成电影有不同的看法，有人喜欢有人愁。喜欢的是粤剧艺人多了一个糊口的途径，而且影片发行，也可增加演员在香港以外地区的知名度；忧心的是电影之流行，会否减少观众入场看粤剧的意欲。片商方面，对拍摄粤剧电影情有独钟，一来红伶保证了票房，再者因为场景集中，拍摄成本较低。伶人对拍摄的剧目非常纯熟，拍摄的速度自然也快，快者约十天便可完成一部，片商的投资回报期，比其他戏种更高。此外，入场看大戏，对一般市民大众而言，始终是昂贵的娱乐，怎比得上看电影便宜。当时打工仔的平均月薪，为数十元至一百元不等；首轮粤语片戏院前座，收费由 7 毫至 1.7 元不等，但一张大戏票约是电影票价的 10 倍。以上种种原因，让粤剧电影大为风行，所有当红的老倌也会拍摄电影。刚推出的粤剧，如果得到观众的欢迎，不出一年，便会推出该剧的电影版。戏曲电影的流行，进一步繁荣了粤剧。看过老倌的现场演出，看电影总不是味儿；而电影那批观众，谁不希望亲睹偶像的演出？20 世纪 50 年代，香港的艺坛，无论是演剧和电影，也是粤剧的天下。至于广州，新中国刚成立，百废待兴，也有不少粤剧艺人回国发展。楚岫云与吕玉郎自 1949 年组成永光明剧团，大受欢迎，成为广州的长寿班霸。

20 世纪 50 年代的越南堤岸，是华人聚居地，放眼尽是中文或中越文的商户招牌，走上街会以为自己身处中国某个城市，难怪堤岸有"小上海"和"小香港"之称号。粤语在堤岸非常流行，就连少数住在堤岸的印度商人也会说广东话。以广东话为主的粤剧演出非常频繁，直逼香港和广州这两个粤剧重镇。在 1950 年至 1960 年间，堤岸有多间以演粤剧为主的戏院，包括新光戏院、大光戏院、中华戏院、新同庆戏院、三多戏院、大世界游乐场的北舞台、娱乐戏院和豪华戏院。当时这些戏院大多设有自己的戏班，班主们更会从香港、广州邀请红伶坐阵登台，以过江伶人号召观众，并与自家戏班的演员联合演出。堤岸的戏行也有编剧坐阵，当时颇有名气的开戏师爷是梁心鉴，其作品《玉女怀胎十八年》，更被邓碧云带到香港演出。音乐方面，头架黄候萍和掌板高根（现今香港著名掌板高润权之父），也是不可多得的人才。本地演员方面，除了越南本土的艺人外，也有不少是在抗战期间到越演出后留下来的艺人，廖金鹰和陈燕侬就是在越成婚后落地生根。至于演员的待遇，堤岸可数第一流。据谭倩红忆述，正印花旦的台金是每日港币 200 元，演员大多住在戏院内，主角们各有独立的房间；而每位主角亦至少有两个专人服侍，一个管衣箱，一个打杂。提起到越南登台，白雪仙也指出当时到越南的台金，是香港的双倍，甚至是三倍。由香港坐飞机到越南，只消数个小时，待遇优厚，不少红极一时的伶人，也愿意应聘走埠。

1951 年，李奇峰告别童星的行列，加入了新光戏院的成人班。第一台戏便遇上过江的陆惊鸿、马金娘、萧仲坤、李香琴、李景君、何不弱。之后，大老倌如走马灯般，逐一亮相堤岸，包括薛觉先、桂名扬、马师曾、白玉堂、新马师曾、何非凡、陈锦棠、任剑辉、梁醒波、半日安、欧阳俭、曾三多、崔子超、陈笑风、陈琨培、颜铁英、叶超奇、黄鹤声、黄超武、黄千岁、罗家宝（新罗家权）、冯狄强、罗剑郎、刘克宣、卢海天、潘有声、胡铁铮、何惊凡、陆飞鸿、何文焕、小千岁（文千岁）、阮兆辉、芳艳芬、白雪仙、红线女、陈好逑、祁筱英、尹少卿、曾云仙、陈惠瑜、红光光、尧云娘、徐仁心、谭倩红、白牡丹、黄金爱、任冰儿、麦频卿等，如天上繁星，熠熠生辉。大老倌们在越演出，绝不欺场，除了演出自家的首本名戏外，也会搬演传统粤剧的各式排场戏。

1950 年，薛觉先以旅行剧团名义到新加坡和马来西亚登台。1952 年，薛觉先再以旅行剧团名义，到越南演出。薛觉先返港后，加入马师曾和红线女的真善美剧团，参与演出《蝴蝶夫人》和《清宫恨史》，后于 1954 年和妻子唐雪卿返广州定居。1956 年 10 月 30 日，薛觉先在演出《花染状元红》时感不适，但坚持演至谢幕，翌日离世。一代粤剧巨星，就此殒落，留下来的经典戏宝和历史痕迹，丰富了中国的艺术和文化。与薛觉先齐名的马师曾，同样选择了回国发展，他与红线女比薛觉先夫妇迟了一年到广州。马师曾于 1956 年出任广东粤剧团团长，并与红线女推出名剧《搜书院》；1958 年，广东粤剧院成立，马师曾当院长并筹划了《关汉卿》。由一位对粤剧不离不弃、能编能演的全能艺人，编演元曲第一大家关汉卿的一生，相信马师曾改编田汉的话剧《关汉卿》时，回想自己的戏行经历，必然百般滋味涌心头。马师曾、红线女与中国粤剧团于 1959 年出访朝鲜及 1961 年到访越南时，也是演出《关汉卿》。马师曾最后一次踏足舞台是 1962 年演出《屈原》；1964 年马师曾因病辞世。两年后，"文化大革命"正式爆发，广东粤剧在浩劫中也不能幸存，粤剧要到 80 年代以后，才能在中国再现生机。

1953 年，谭倩红首次到越登台，到中华演出当正印花旦，拍档包括潘又声、刘克宣、白龙珠。1954 年，新同庆邀请了伶王新马师曾演出，花旦是第二度来越的谭倩红，其他过江演员还有陈露薇、欧阳俭等。第一晚演出《万恶淫为首》为当地医院筹款，新马师曾更在演出前吩咐剧务，在观众席多放钱箱，让后排的观众也可捐款。当新马师曾唱"乞食"时，一面下台一面唱："冷得我腾腾震，真系震到入心……福心呢，好心呢，可怜吓呢个盲眼的乞儿仔喇……"台下观众纷纷起身，掷钱入新马师曾的乞儿钵。《万恶淫为首》乃新马师曾自行编剧的作品，在 1952 年推出，极受欢迎；同年再推出《周瑜归天》，同样成为日后的经典。在香港红极一时的新马师曾，也曾到堤岸演出其首本戏《光绪皇夜祭珍妃》及反串上演他的戏宝《穆桂英》。谁知新同庆的对头大光戏院，请来了谭倩红（新马师曾当时的拍档花旦）的师父坐镇，同样上演《穆桂英》。几经台上交锋，新马师曾的反串穆桂英，输了给白雪仙饰演的穆桂英、任剑辉的杨宗保、梁醒波的木瓜和靓次伯的杨六郎。

原来早在 1944 年 10 月，新声剧团于澳门平安戏院，演出欧阳俭与徐若呆编剧的《战场花烛夜》，任白首度合作。新声剧团于战后移师香港，直至 1950 年才散班。其后，二人参与不同剧团的演出，如陈锦棠的锦添花剧团、芳艳芬的大龙凤剧团等，一直合作无间。直到 1953 年，二人组成了由白雪仙担正印花旦的鸿运剧团，推出《燕子衔来燕子笺》及《红了樱桃碎了心》。1954 年 1 月鸿运推出《富士山之恋》，两个月前（即 1953 年 11 月）真善美剧团上演了《蝴蝶夫人》（马师曾、红线女、薛觉先、欧阳俭等主演），那年头日本风似乎在香港剧坛大盛。任白在堤岸演出后，1955 年返港组多宝剧团，主要班底有任白、梁醒波、靓次伯等；1956 年再组利荣华，班底依旧。经过了鸿运、多宝和利荣华，任白与唐涤生的合作已经纯熟，再加上一群出色的班底演员，为任白后来的仙凤鸣剧团奠定了深厚的创作基础。1956 年 6 月，仙凤鸣头炮演出《红楼梦》，全剧共六场，演足五小时。由《红楼梦》开始至 1961 年 9 月任白收山，仙凤鸣共演出十七出新戏，全出自唐涤生的手笔，当中不少成为粤剧的经典，包括《牡丹亭惊梦》《蝶影红梨记》《帝女花》《紫钗记》《再世红梅记》等。

1956 年，堤岸新同庆的重头炮是芳艳芬的新艳阳剧团。新艳阳的双生双旦——芳艳芬、谭倩红、白玉堂、陈锦棠，加上新同庆的班底李奇峰与卢伟棠等，让堤岸观众也有机会欣赏当时香港最炙手可热的老倌演出和刚出炉的新戏。50年代初，与红极一时的芳艳芬合作，全是当时得令的老倌，比如：薛觉先、陈锦棠、何非凡、新马师曾、任剑辉等。到1953年，芳艳芬自组新艳阳剧团，经常合作的拍档有陈锦棠、黄千岁、任剑辉、谭倩红等。新艳阳到堤岸前，已推出了名剧《程大嫂》（唐涤生编剧）、《万世流芳张玉乔》（简又文、唐涤生编剧）等。1956年，新艳阳在香港首演潘一帆编写的《梁祝恨史》后，便马上再到堤岸与越南观众见面。《梁祝恨史》在香港演出时，男角方面由任剑辉、梁醒波等担纲。在堤岸演出时，则改由陈锦棠和白玉堂等主演新艳阳的"班底"，返港后继续上演好戏，包括《西施》、《洛神》、《六月雪》（以上三剧均由唐涤生编剧）、《多情孟丽君》、《王宝钏》（以上两剧由李少芸主编）等。1958年，芳艳芬决定退下舞台，专心享受婚姻生活，告别作是唐涤生编剧的《白蛇传》。虽然芳艳芬告别了舞台，但芬腔的影响力，历久不衰。

1957年下半年，李奇峰加入了堤岸刚开幕豪华戏院的戏班，当时的演员还有香港的罗剑郎，当地的廖金鹰、陈燕侬；掌板是高根，头架是黄候萍。当时与豪华打对台是大光戏院，那边的阵容是来自香港的南红、祁筱英、何惊凡。在吴廷琰管治下的越南共和国，取消了原定于1956年举行的全国公投，南、北越未能够透过民主的方法实现统一的理想。接下来的几年，南边的越南共和国一直忙于巩固势力，剿灭异己，同时间北越的威胁亦愈来愈大。1958年，南越开始征兵，李奇峰选择回到自己的出生地，也是当时的粤剧重镇——香港。

（五）20世纪60年代的香港剧坛

李奇峰回到香港，在任剑辉的介绍下，先在锣鼓电影中当跑龙套的角色。1959年，李奇峰在班政何少保的赏识下，加入麦炳荣、凤凰女、谭兰卿新组成的大龙凤剧团。大龙凤于农历新年开锣，演出《如意迎春花并蒂》。擅演武戏的头牌麦炳荣，对古老排场非常熟识，因此大龙凤的演出往往会采用较多古老排场，保留了粤剧的传统，而精彩的武打场面，也大开观众的耳目。花旦凤凰女在大龙凤成立以前，在锦添花剧团于1957年推出的《红菱巧破无头案》中大演反派，与陈锦棠、罗艳卿、半日安同台较量，大受欢迎，连舆论也一致赞赏。合组大龙凤之前（即1958年），凤凰女和麦炳荣一同在丽声剧团演出。那一年的三月，新艳阳的芳艳芬告别舞台，最后演出《白蛇传》。新艳阳退出江湖后，最受戏迷欢迎的班霸，还有仙凤鸣剧团、丽声剧团和锦添花剧团等。丽声剧团在 1955 年成立，骨干是花旦吴君丽，打出名堂的是苏翁编剧之《梁红玉击鼓退金兵》，由吴君丽、麦炳荣、凤凰女、林家声主演。1958 年，丽声一年推出三出好戏，均由吴君丽、麦炳荣、凤凰女和何非凡主演，分别是《双仙拜月亭》《白兔会》和《百花亭赠剑》，全是唐涤生的作品。迫于竞争，麦炳荣、凤凰女在 1959 年自组大龙凤剧团，二人已是票房的保证。李奇峰在越南从各大老倌身上学懂的排场和武打，在大龙凤正好派上用场。大龙凤的演出，演员阵容强大，麦炳荣、凤凰女、林家声、陈好逑、李奇峰，加上演出的剧目武打连场，大锣大鼓，热闹非凡。久而久之，"大龙凤"除了是香港的著名班霸外，更成为了香港人的日常俗语。若朋友对你说"要来一场大龙凤"，你可要加倍留神，因为即将有重大事件发生！

1959 年邓碧云再组碧云天，仙凤鸣、大龙凤、碧云天三大班称霸香港剧坛。1959 年 2 月，仙凤鸣在深水埗长沙湾球场演出，包括《洛神》《金凤迎春》《情海恩仇十四年》和《琵琶江上琵琶月》，均为深水埗街坊会筹款，作为三座英文学校和诊所的建造经费。9 月，仙凤鸣在利舞台上演《再世红梅记》，想不到此剧竟成编剧奇才唐涤生的遗作。首演当晚，《再世红梅记》演到第四场"脱阱"，李慧娘新魂见裴禹，唐涤生突然昏倒，即时被送往法国医院。台上的裴禹在念白："莫言咫尺是芳邻，须知阴阳如隔海。"这一刻还见唐涤生倜傥地坐在大堂前，随着锣鼓拍子轻哼曲词；转瞬间，只见他知觉尽失，倒卧在那儿。唐涤生于翌日（9 月 15 日）凌晨四时辞世，终年 43 岁。任白痛失好拍档，仙凤鸣失去了编剧，香港失去了一代奇才。生命虽然短暂，唐涤生却为我们留下了多部粤剧的经典剧本。这些宝贵的作品，不单是粤剧的经典，也是中国戏剧史乃至中国文学史上不可多得的瑰宝。

哀痛过后，仙凤鸣剧团决定将《白蛇新传》搬上舞台，由叶绍德负责改编。任白为了演好《白蛇新传》，公开招募舞蹈员，一来为演出招兵，二来也有意为培育新人做点功夫。1959 年年底，公开招募的公告出街以后，大批女孩子到来应征，由任白亲自主持招考，应征者须于面试时唱歌、跳舞。最后，任白挑选了四十多个女孩子，进行特训。这些女孩子须于每日课余或公余后接受训练，每晚最少三个小时。当时由吴世勋教舞蹈，唱、做方面的老师有张淑娴、孙养农夫人、王铿、于磷等。《白蛇新传》在 1960 年 9 月上演，在任白的领导下，这群新力军第一次上台演出，但却成为仙凤鸣剧团的最后一届演出。仙凤鸣虽然退了下来，任白继续培育新演员，在演出《白蛇新传》后，留下来的新演员十多名。过了一段时间，这群新演员需要决定是否当全职演员，这倒不是一个容易的抉择，也有数人退出。到了任白正式为徒弟们改艺名时，共有 8 人，分别是龙剑笙、朱剑丹、盖剑奎、梅雪诗、江雪鹭、言雪芬、芳雪羽和吕雪茵。为了让徒弟们有更多的演出机会，任白更在 1963 年组成雏凤鸣剧团。1965 年 9 月，雏凤鸣首度公演三出折子戏《碧血丹心》《红楼梦之幻觉离恨天》及《辞郎洲之赐袍送别》，当时演员有 12 人，包括朱剑丹、江雪鹭、言雪芬、吕雪茵、芳雪羽、梅雪诗、盖剑奎、谢雪心、萧剑缨、龙剑笙、李居安和陈宝珠。

1960 年大龙凤演出《双龙丹凤霸皇都》，双生双旦是麦炳荣、陈锦棠、凤凰女、陈好逑，第三男女台柱就是李奇峰和余蕙芬。只要有空档，李奇峰也会到东南亚登台演出，一来待遇优厚，二来也可到各地走走。拍戏方面，虽然李奇峰未成为粤剧电影主角，但也有拍摄的机会。50 年代后期，除了粤剧戏曲电影流行以外，黄梅调戏曲电影也成行成市，如李翰祥导演的黄梅调《貂蝉》（1958 年）、《江山美人》（1959 年）和《梁山伯与祝英台》（1963 年），其中《梁山伯与祝英台》一片更是风靡所有华语片市场。除了黄梅调外，其他类型的戏曲电影也纷纷推出。在 1961 年 3 月，香港的制片公司邀请了潮剧名旦姚璇秋，拍摄潮剧电影《陈三五娘》。虽然李奇峰不懂唱潮剧，但其身手不凡，造型俊俏，让导演看上了，便邀请他参与拍摄。拍戏时，李奇峰只管演表，唱和口白则用配音。那半年，李奇峰一面演出、一面拍戏，待手头上的工作结束后，便匆匆忙忙收拾行李，与拍档余蕙芬一同到星马走埠登台，无暇顾及该片的票房。这次走埠是获马来西亚的朱秀英所邀请，李奇峰自筹资金带领京剧演员黄明楼及其儿子与余蕙芬一起随着朱秀英的剧团，打着"省港班"的旗号到新加坡和马来西亚（槟城、吉隆坡、怡保、北婆罗州、沙劳越）一带走埠演出。

20 世纪五六十年代，新加坡和马来西亚的粤剧事业也颇为兴旺，经常邀请省港的伶人到当地演出。马来西亚除了朱秀英的剧团外，活跃的伶人还有石燕子、邵振环、何剑宙、蔡艳香等。1963 年，李奇峰和余蕙芬在走埠结束后返港，李奇峰旋即又获马来西亚的蔡艳香邀请到曼谷登台。1965 年，李奇峰回港参与颂新声的首度公演，老倌阵容包括林家声、靓次伯、新醒波、陈好述、任冰儿等，上演叶绍德编剧的《情侠闹璇宫》。在3月和8月分别再上演新剧《碧血写春秋》《三夕恩情廿载仇》，好戏连场。林家声成为当时最受欢迎的小生，也拍摄了不少粤剧电影。1967年2月，颂新声上演新剧《龙凤争挂帅》，戏迷热情依旧。这时候的颂新声，可谓气势如虹，可惜因香港爆发了"左派"暴动，写上"同胞勿近"的土制"菠萝"（炸弹），使全港市民人心惶惶，所有演艺活动一概停止。直至传说中国通声气说明不打算收回香港，暴乱才逐渐平息下来。1967年的暴动，成为香港人不可磨灭的记忆，而同年的年底，有另一件社会大事发生，也成为了香港人的共同回忆，就是无线电视于11月正式启播，为市民提供免费的娱乐节目。电视这种传播媒介对人类的生活模式带来了革命性的转变，也改变了文化繁演的路向。香港的免费电视加速了文化大气候的转变，香港人在西方文化与中国本土文化的相互冲击下，慢慢摸索及一点一滴地建立自己的身份。与此同时，香港的经济亦开始转型，香港人的生活模式、经济状况，乃至对娱乐的追求和品位，也逐步在改变，这对于粤剧的发展，有着深远的影响。粤剧在20世纪60年代末至70年代的衰落，并非突然而来，而是温水煮青蛙，有迹可寻。首先是粤剧的演出场地、戏院因经济发展而转型，多上演中西电影，可以让粤剧开锣的舞台所剩无几。戏班无以为计，唯有在大时大节，靠临时搭建的戏棚上演大戏。同时，观众的口味亦日渐改变，年青一代在西方文化的熏陶下成长，对于粤剧的热情大为减退。粤剧从主流娱乐一步一步退了下来。文化转型对粤剧的影响是漫长而深远的，但1967年的暴动对粤剧的打击，却非常直接。当时香港的粤剧演出由于暴动即时暂停，不少伶人为了生计，接下了外出走埠的合约，李奇峰也不例外。颂新声的林家声与陈好述演完《龙凤争挂帅》后，便到美国巡回演出。当时美国旧金山也有班主，邀李奇峰赴美演出，到1968年年底才返港。李奇峰返港后，继续参与庆红佳（台柱是羽佳和南红）、颂新声、大龙凤、碧云天等演出。

在演戏之余，李奇峰经常与一群志同道合的年轻粤剧演员交流心得，对改革粤剧有诸多想法。李奇峰更与尤声普发起组织"香港粤剧艺术研究社"，参与的年轻演员包括阮兆辉、梁汉威、罗家英、关海山、文千岁、李龙、黎家宝、李香琴、尹飞燕、南凤、梁宝珠等。这群年轻人对粤剧艺术的各个部门加以研究，不仅钻研粤剧的演出法和剧本创作，更对舞台演出的台位调动、布景、灯光等有新的构思，并进行实验性的彩排和演出。有些叔父辈的资深演员,对这群小辈的大胆创新、离经叛道不以为然,但也有些重量级的粤剧前辈,在鼓励他们的同时赋予了实质性的帮助,梁醒波就是其中的一位。除了提供意见外,波叔还借出他自己家中的花园,让大伙儿作排练之用。近水楼台先得月,他们的彩排和种种演出的实验,得到波叔的亲身指导,众人获益良多。

自1958年年底到香港,在这10年的时间,李奇峰有机会演戏、度戏(编剧)、搞实验创作和从事班政工作,对粤剧艺术的不同部门和工作,有了更全面的认识。由李奇峰与同道中人发起的"香港粤剧艺术研究社",经过了一年多的实验和排练,在1970年年初公开展示他们的实验结果。他们在明爱中心会堂上演了多出折子戏,李奇峰、尹飞燕、尤声普搬演《百花亭赠剑》;阮兆辉、梁汉威、罗家英、文千岁及李龙则演出《龙凤争挂帅》;关海山、梁宝珠、南凤合演《黄飞虎反五关》;还有罗家英、李香琴、黎家宝演出的《百战荣归迎彩凤》。这次实验演出更得到波叔和麦炳荣等叔父的支持,除了亲自到场观赏外,他们更为演出进行检讨。资深艺人的鼓励,甚至是责难,对这群粤剧生力军而言,也是非常宝贵的学习经验。李奇峰从实验和演出得到的满足感,转化为日后追寻粤剧艺术的能量。1970年,李奇峰于美国国庆当日与余惠芬到纽约定居,开展其营商之旅,成功创业之余不忘粤剧,经常回港参与粤剧制作。

二、创新及传授篇——"易穷则变,变则通"

(一) 20世纪80年代:实验及创新

李奇峰、阮兆辉、梁汉威、尤声普等人于20世纪70年代初期组成的"香港粤剧艺术研究社"(后于1971年成立"香港实验粤剧团"),在1979年决议将这个"业余"团体,转为"职业"化,但仍保留1971年成立时的宗旨:"以粤剧的优秀传统为基本,吸取现代艺术的精华,配以先进的科技,实验粤剧的新风格",并由9名团务委员会成员(李奇峰、阮兆辉、雷霭然、杨剑华、罗家英、陈维智、尤声普、胡志雄和戴信华)推选李奇峰为团长、阮兆辉为副团长。该团于1980年1月上演《赵氏孤儿》,该剧场刊说明了此剧的编剧特色:"香港实验粤剧团的《赵氏孤儿》改编工作,甚为严谨,全剧先由一个编剧委员会负责讲好内容,方请叶绍德撰词……《赵氏孤儿》初稿完成，编委会再度详为研究、改编，同时由冯公达悉心考据，以免出现时代不同的笑话，然后交回叶绍德修饰、重言，此种情形跟过去一般粤剧班的先有书再讲戏极为不同，故此绝不冷场，剧情紧凑，合乎理则；以京剧本、秦腔本、话剧本合参，对照元曲，保持原著的精神面貌，致力于结构排场，曲词平易近人，豪放爽朗，高潮迭起，悬疑性强。如此编剧程序，是香港实验粤剧团的特色之一。"此剧第二个特色是表演手法："每一场戏，并不复述前场已演出的，观众早已知道的事，剧情中确有此需求时，亦只用几句说唱交代，不像一般粤剧，用大段唱做重演。因此，观众并不感到沉闷。"最后，该团也将现代的舞台制作手法和科技加入成为新元素："重视导演制度、舞台调度，及特殊的布景及灯光设计……全新的布景、巧妙的灯光，加上审慎的处理，鼎盛的阵容，感人的剧情，将使《赵氏孤儿》的演出，令任何年龄的观众耳目一新。"当时负责舞台设计是范恩坚和梁汉威，刘千石负责灯光，李奇峰和杨剑华是导演。

香港实验粤剧团再于 1980 年 8 月上演《十五贯》，该剧场刊说明："团委在筹备期间以投票方式决定长剧选演《十五贯》。"李奇峰指出选取《十五贯》有强烈的实验意义。由于仙凤鸣于 20 世纪五六十年代原创的一系列由唐涤生编写的名剧，如《帝女花》《紫钗记》《牡丹亭》《再世红梅记》等，深受观众欢迎，历演不衰，成为本地粤剧的经典。此外，仙凤鸣演出时所行的"六柱制"（文武生、花旦、小生、二帮花旦、丑生及武生），亦为 20 世纪七八十年代的大部分剧团所采纳，一来因为剧团多演出仙凤鸣的首本戏，于是亦一并采纳他们的编制；二来是"六柱制"所采用的演员人数不多，对于营运而言，剧团可以减少成本。才子佳人题材的剧本非常流行，加上"六柱制"的盛行，令六柱以外的行当，如须生、丑生、老旦等的演出机会相对减少，影响了这些行当的发展，甚至令这些行当日渐于粤剧舞台消失。选择演出以须生、老生、丑生为主，对于非才子佳人的《十五贯》，香港实验粤剧团是希望在保存行当上有所作为。在六柱制大盛的背景下，演出《十五贯》实在有强烈的实验意味。李奇峰于《十五贯》亦有粉墨登场，饰演丑角娄阿鼠，与尤声普所饰演的须生况钟大演对手戏。

穿梭纽约、香港两地的李奇峰，除了参与香港实验粤剧团的工作外，也于 1980 年与罗家英、李宝莹、尤声普成立励群粤剧团。为了让更多市民明白他们的理想，同时也为新剧团造势，李奇峰建议登报公开征求粤剧团的团名，并计划在甄选以后召开记者招待会,揭晓结果和宣布新剧团的成立。在励群剧团成立的记者招待会上,由两位台柱李宝莹和罗家英讲解"励群"一名,乃取自粤剧伶人互相勉励、群策群力之意。两人更展示了恭贺"励群"成立的题词:"励人励己勉同侪,群力群心众望归。剧情能笑复能啼,团结自生新力量。成城志可决长堤,功夫还待目睽睽。"这六句说话,正好概括了几位发起人对新剧团的厚望。励群剧团在1981年6月8日于利舞台作首次演出,连演七场《东墙记》,头仗票房告捷,全团士气高昂。花旦李宝莹更于第二天的演出前,接到获得颁赠英女皇寿辰"荣誉奖章"的好消息,剧团上下喜气洋洋。那一年,被誉为"芳腔"传人的李宝莹与林家声,同时获颁英女皇寿辰"荣誉奖章"。回顾香港粤剧界,只有梁醒波、新马师曾和关德兴三位殿堂人物,曾获颁授勋衔,这回李宝莹和林家声获颁此项荣誉,正式奠定两人于香港艺术界的崇高地位。励群第二年的演出包括多出芳艳芬的戏宝,包括《洛神》《六月雪》等。此外,李奇峰更游说林锦堂加盟励群,担任小生。林锦堂加入励群后,剧团声誉更上一层楼。为了励群的整体发展,李奇峰放弃自己的演出机会,专注幕后的工作。1984年5月,李奇峰带领励群踏上征途,先后到美国的旧金山、罗省(洛杉矶)、纽约、波士顿,加拿大的多伦多、艾门顿(爱民顿)、亚伯达、温哥华等地演出,然后再飞欧洲,与法国、荷兰和丹麦等地的观众会面。

除了励群的演出外,李奇峰于20世纪80年代制作的大型粤剧电影《天仙配》引介了一个影响香港粤剧发展极深的人物加入粤剧圈,她就是当时红极一时的影视明星汪明荃。1983年家传户晓的当红电视女演员汪明荃伙拍最红的粤剧文武生林家声,开锣演出新剧《天仙配》,成为粤剧界和娱乐圈的一时佳话。由粤剧界转演电影、电视的艺人,多不胜数,如梁醒波、关海山、李香琴、邓碧云、南红等。但由电视艺人转演粤剧,可以说凤毛麟角。汪明荃第一次接触粤剧是1978年的《欢乐今宵》。当时这个极受观众欢迎的综合性节目,正为香港的粤剧艺人公会——八和会馆筹款。筹款晚会是电视台的大制作,几乎出动全台的当红演员,汪明荃被编派在《六国大封相》中跳"罗伞架"。这是一门非常传统的粤剧工架,在老倌梁醒波和其他前辈的指导下,汪明荃演得有板有眼,再加上她的粤剧扮相相当秀丽,演出获得一致好评。这次偶然的机会,让"上海姑娘"汪明荃初尝演出"广东大戏"的滋味。数年后,为了突破自己的演艺生涯,汪明荃想起了粤剧。在报人周则鸣的介绍下，李奇峰与汪明荃认识。李奇峰知道汪明荃未曾接受粤剧的正规训练，但这位炙手可热的影视红人，能够有学习和演出粤剧的决心，实在值得鼓励。与此同时，当红明星演出粤剧，除了是她的个人突破外，也是推广粤剧的大好机会。因此，李奇峰协助此次粤剧演出，并通过叶绍德介绍汪明荃跟随梁素琴学习粤剧的唱腔。在李奇峰的穿针引线下，筹组了满堂红剧团，邀得名伶林家声担拍档，并由叶绍德编写全新故事《天仙配》。粤剧唱、打、念、做的功夫，需要长时间的浸淫，戏行谚语："台上一分钟，台下十年功。"因此粤剧观众对于半途出家的汪明荃，均抱着好奇和观望的态度。另外，喜欢汪明荃的年轻观众，对粤剧这门艺术不太认识，一时未能预测他们对此次演出的反应。林家声与汪明荃的全新配搭，能否满足粤剧戏迷的要求？这次演出能否为粤剧吸纳新观众？各界都拭目以待。结果《天仙配》在利舞台连满十七场，打破当时的粤剧卖座纪录，为初踏大戏舞台的汪明荃打下了强心针。

　　李奇峰成立的"利必高娱乐公司"除了经营励群剧团外，还计划拍摄粤剧舞台纪录电影及制作粤剧艺术录影带。剧团方面，除了筹备剧本、彩排、宣传等工作外，励群亦非常注意剧团的完整性。幕前除了罗家英、李宝莹、余蕙芬外，也有其他经验丰富的老倌（如尤声普、陈燕棠、林锦堂等）坐镇，亦刻意培育新演员，当时被寄予厚望的接班人包括区丽华（罗家英和李宝莹的徒弟、花旦王千里驹的孙女）、温玉瑜（罗家英弟子）和邓奕生。此外，励群的幕后"班底"也是非常完整，包括编剧（兼舞台监督）叶绍德、敲击乐领导姜志良、音乐领导吴聿光、艺术指导刘洵和郭锦华等。励群成立头两年，已有稳定的观众，他们的班牌亦成功在香港粤剧界取得一席位，也同时对粤剧演出进行不少革新，例如演出《万世流芳张玉乔》时，便作了大刀阔斧的改动。《万世流芳张玉乔》原为陈锦棠与芳艳芬的开山戏，由简又文与唐涤生编剧，搬演全剧须要五个小时。励群演出此剧时，精减情节，演出时间减至三个半小时，让剧情更加紧凑。此外，励群更着意演员的发展，鼓励演员发展不同行当，如名伶尤声普就是由励群的《东墙记》开始转行当演丑生。励群剧团在1984年的欧美演出过后，整个团队的合作性已进一步提升，愈来愈受观众爱戴，只可惜励群在1986年已没有公开演出。花旦李宝莹从1987年起，已与名伶林家声起班颂荣华，一直演出至1989年，然后于20世纪90年代初退出艺坛，跟随丈夫定居澳门。励群的另一个台柱罗家英，于1988年8

月与汪明荃组成福升粤剧团,首演于利舞台,开锣剧目是《穆桂英大破洪州》。福升粤剧团在整个90年代演出从无间断,汪明荃于1992年获选为香港八和会馆主席,进一步投入粤剧的发展工作。至于励群的第二生、旦——林锦堂和余蕙芬,同样于1988年另行组班演出,并再以锦添花的班牌与观众会面。

(二)粤剧戏台

组织励群剧团以后,李奇峰于20世纪90年代集中发展美国纽约的生意,直至2005年退休后才再回归香港粤剧坛。香港回归祖国以后,在"一国两制"的基本国策下,香港人自己当家做主。政治气候的改变,也带来了社会、民生的不同变化。在文化艺术的范畴里,一向不为殖民政府重视的本地文化和艺术,在港人建构自己的身份过程中得以重生。例如以发展香港艺术为己任的香港艺术发展局,在成立之初,没有专门发展粤剧的委员会,只有戏剧及传统演艺小组委员会,可见当时艺术界对本地艺术的标志——粤剧之"重视"程度。直至1998年,香港艺术发展局才设有独立的"戏曲小组委员会",并首次向粤剧团体拨出行政资助,当时受惠的是剑心粤剧团。香港回归祖国七年以后,特区政府才正视推动和保存粤剧的责任,于2004年成立粤剧发展咨询委员会,一年后(即2005年),再成立粤剧发展基金,通过专门拨款支持香港的粤剧活动。

香港中文大学粤剧研究计划于2007年9月举办粤剧国际研讨会,为了向香港粤剧界的殿堂级大师唐涤生致敬和纪念《帝女花》剧本诞生五十周年,主办机构同时筹办《帝女花》青年版的演出,作为国际研讨会的表演节目。2007年年初,主办机构更公开招考年轻演员,参与新编的《帝女花》青年版演出。李奇峰的女儿李沛妍回港应考,经过一连串的公开遴选,主办机构公布入选的六位年轻演员名单。李沛妍获选为正印花旦,饰演主角长平公主,而其他脱颖者包括梁淑明演周世显、陈鸿进演周钟、梁炜康演崇祯及清帝、何菁玮演周宝伦、唐苑莹演周瑞兰。李奇峰随女儿回港,亦获邀与阮兆辉和叶绍德三人组成该演出的筹备小组,负责浓缩剧本和排练等工作。在导演阮兆辉的带领下,经过多月的排练,《帝女花》青年版在2007年9月17日于香港演艺学院首演,也是粤剧国际研讨会的表演节目。

李奇峰回归香港的剧坛,一边与阮兆辉筹划《帝女花》青年版的演出,一边积极参与香港八和会馆的工作。通过短短几个月的工作，李奇峰大致掌握香港粤剧界的情况，并且对发展香港粤剧有了自己的看法。香港粤剧的承传工作已是刻不容缓，不只是演员、幕后工作人员，以至观众也需要积极拓展。在保存粤剧艺术方面，李奇峰察觉到懂得演古老排场的老倌大多年事已高，须尽早传授技艺，或记录行将失传的古老排场。此外，对传统的剧目或演绎方法，也需要进行改革（如节奏、内容等），加入具有时代性的新元素，但改革必须保存粤剧的传统面目和精髓（即固有的演出程式和美学系统），使新一代的观众了解传统粤剧的精华所在。在培训新一代艺人方面，李奇峰认为在传授粤剧的唱腔、身段和基本功以外，新秀绝对需要老倌的执手指导，才能将所学的融会贯通，并应用到实际的舞台演出之上。与此同时，新秀（不论是演员或幕后人员）需要更多的演出机会和磨炼，才会有所进步。至于拓展粤剧的观众，李奇峰相信优质的演出，加上有效的宣传推广，自然可吸引观众，但亦须多让学生接触粤剧演出，以培养他们对粤剧的兴趣和欣赏能力。为落实以上的想法，李奇峰在 2007 年创立"粤剧戏台"，透过制作高素质的演出，推广粤剧和培育新一代的粤剧人才。"粤剧戏台"的五项成立宗旨，正是李奇峰对粤剧发展的心声："（一）保存传统文化艺术的同时，为粤剧艺术开拓出新的发展方向；（二）从其他艺术创作探索出新的元素，并融入粤剧当中，尝试创作出新的艺术形式；（三）积极推广传统艺术给予年青一代，并开阔粤剧文化艺术到普罗大众；（四）承诺提升粤剧创作素质，以达至国际级水平；（五）筹划各项研究和活动项目，让粤剧艺术迈向国际。"

粤剧戏台的首个演出，在美国的纽约市进行，这次不单是粤剧戏台的头炮，也是李氏父女的第一次同台演出。在《帝女花》青年版演出以后，李奇峰与女儿沛妍匆匆回到纽约，准备粤剧戏台的首度演出。这次演出名为 *Eye on Cantonese Opera Hong Kong's Local Art*，包括三出折子戏，李氏父女主演的《花木兰》、卫骏英（即卫骏辉）和李沛妍演出的《牡丹亭惊梦之幽媾》和《红楼梦之幻觉离恨天》。演出场地是纽约大学的 Jack H. Skirball Centre for the Performing Arts，所有收入全数捐献给当地的高云尼疗养院（Gouverneur Health Care Services Nursing Facility）。2007 年 11 月 2 日，李氏父女一同粉墨登场，搬演木兰代父从军的故事。在节目场刊上，李奇峰这样形容他在纽约生活的时光："我八岁踏台板，演过无数角色，我一生演得最精彩的要算是在纽约演的一场大戏。剧目是《甜酸苦辣》。"对于与女儿同台演出，他说："今天为了小女我又重上舞台，在《花木兰》一折中饰花弧一角，剧中木兰也是我的女儿。屈指一算，我25年未踏舞台，对我这老艺人来说是一个挑战，但陪一位新秀演出，而她的志愿是推广粤剧文化，在公在私，我这老艺人是乐而为之。"至于粤剧戏台在香港的首演，是2008年9月24—29日的"数风云人物还看今朝"，6天的演出包括长剧《万世流芳张玉乔》《曹操·关羽·貂蝉》和折子戏专场：《断桥》《幽媾》《月下追贤》《霸王别姬》。演出的全是当时得令的大老倌，有尤声普、罗家英、阮兆辉、吕洪广、汪明荃、尹飞燕、南凤、任冰儿等，而卫骏英与李沛妍亦再度拍档演出《幽媾》。艺术总监李奇峰在节目场刊中，向观众说明他的艺术方向和对粤剧发展的愿景："'粤剧戏台'的成立，是希望能略尽绵力，把有素质的演员联合起来，制作及演绎一些有质素的好戏。其实粤剧名剧绝不只唐涤生先生的四大名剧，因此，粤剧戏台今次希望开拓才子佳人以外的戏码，生旦以外的首本戏，并拍摄下来让后辈作参考及发挥传承的作用。在培育下一代方面，我计划挑选有潜质的青年演员，重新排练各类戏宝，以提升他们的水平，为他们争取演出机会。另外，我更希望能创作有水准的新剧，透过老、中、青演员同台演出，让年轻演员能有机会汲取前人的演出经验。以上种种绝不是一小撮人可以完成的工作，我盼望业界能上下一心，一同培育台前、幕后以至行政人才，一起与时并进。这才不负政府的支持、业界的努力、观众的爱护，粤剧才有希望。"

到了2009年，粤剧戏台可以说已经站稳了阵脚，李奇峰先后推出了三个演出：首先是一月份的"古调精华"，演出及追溯三世纪的粤剧本源，节目包括"古腔·排子演唱会"（演唱《碧天贺寿》、武生梆子曲《陈宫骂曹》、大喉《山东响马》等）、"古调昔韵重温"（演唱虾腔、芳腔、薛腔、豉味腔、女腔等名曲）、"古老排场折子戏"（《困谷》《打洞结拜》《高平关取级》）。美国匹兹堡大学音乐系荣鸿曾教授，如此评价此次演出："让上一代的戏迷们重温古腔古调古老排场，更重要的是教育下一代的年轻戏迷，为他们打开一道道门窗，展示粤剧艺术广阔的视野。"在古老唱腔、排场以后，其次，二月份李奇峰为戏迷带来《帝女花》青年版。2007年香港中文大学粤剧研究计划所筹划的《帝女花》青年版，未正式对外公演，李奇峰决定公开这群新秀的努力成果。最后，八月份，李奇峰推出"八月际会风云"，包括《曹操与杨修》《佘太君》《六月雪》《洛神》。2009年9月，粤剧界有一个天大喜讯，这也是所有香港人，乃至全体中国人的喜讯。粤剧于2009年9月30日正式被联合国教育、科学及文化（教科文）组织批准列入"人类非物质文化遗产代表作名录"，成为香港首项世界非物质文化遗产。粤剧是中国的文化瑰宝，也是世界性的人类文化遗产。从这天起，从香港特区政府到每一个香港市民，都有责任一起保存粤剧，并让这门独特的艺术承传下去，继续发光发亮。

2010年，香港实验粤剧团成立40周年。40年前一班年轻粤剧演员为探索粤剧的发展方向，聚首一堂，将一些新颖的想法进行实验演出。今时今日，当年的年轻演员已是粤剧界叔父辈人物，大家决定来一次纪念演出，同时亦希望将粤剧的火苗继续传下去，因此将演出命名为"香港实验粤剧团四十年回顾·前瞻"。李奇峰与女儿李沛妍，也参与了此次的幕后制作，演出剧目包括长剧《虎符》；折子戏《西游记之三打白骨精》《十五贯之访鼠》《曹雪芹之魂断红楼》《宝莲灯之二堂放子》《荆轲之易水滩》《炼印》。香港实验粤剧团的演出，象征粤剧的实验精神长存。李奇峰的粤剧戏台紧接香港实验粤剧团的演出后又有巨献，在他们的演出（1月6—10日）三天以后，即1月13—17日推出全新创作大型粤剧《德龄与慈禧》（"粤剧戏台"主办、"福升粤剧团"制作），该剧由何冀平的同名话剧改编，经罗家英的努力后，成为全新创作的粤剧。汪明荃饰演慈禧太后、谢晓莹与李沛妍轮流演德龄、罗家英演荣禄、梁兆明演光绪、陈咏仪演隆裕皇后，由经验老到的资深演员带领年轻演员同台演出，老、中、青不分彼此，共同努力，皆以演"好戏"为目标。

《德龄与慈禧》上演后，票房大好，好评如潮。李奇峰与女儿刚放下《德龄与慈禧》的工作，又匆匆回到美国，再一次同台演出《关公月下释貂蝉》。父女一同演活三国故事，并为当地的宁养院筹款。承接《德龄与慈禧》的威势，定于9月再度重演。由于首演时已树立了良好的口碑，《德龄与慈禧》重演的票房依然强劲。观众非常喜欢这个戏，就连前香港旅游发展局主席周梁淑怡女士，也盛赞《德龄与慈禧》可媲美国百老汇的制作。李奇峰满肚子计划，密谋创作新剧，又计划将唐涤生的四大名剧逐一整理成为年轻版，让新一代观众有机会多接触香港的经典粤剧。2011年，除了第三度演出《德龄与慈禧》外，亦带领《德龄与慈禧》全体剧组人员远赴加拿大巡回演出，不论是在多伦多、卡加利，还是在温哥华，都大受欢迎。同年，粤剧戏台也推出由罗家英、谢晓莹编写的新剧《秋雨菱花姊妹情》及演出唐涤生名剧《再世红梅记》。2012年，粤剧戏台推出"唐涤生经典戏宝承传"——《再世红梅记》《帝女花》《紫钗记》及《剧艺纵横五十秋：罗家英戏宝精选》。2013年推出"尤声普艺术专场"——《佘太君挂帅》《十奏严嵩》;"名角名剧展演"——《南宋鸳鸯镜》《洛神》《枇杷山上英雄血》《无情宝剑有情天》《碧血写春秋》《十奏严嵩》及七度重演《德龄与慈禧》。2014年演出"情牵六月"——《六月雪》《洛神》《帝女花》。2015年,除上演黎耀威的新编粤剧《王子复仇记》外,也推出了由"粤剧戏台"主办、"福升粤剧团"制作的《穆桂英大破洪州》《英雄叛国》《糟糠情》《曹操·关羽·貂蝉》《宫主刁蛮驸马骄》《万世流芳张玉乔》。由上述的资料可见,李奇峰不但向新一代观众介绍传统名剧及名角,更推出多个受欢迎的新编粤剧。

(三) 香港八和会馆"粤剧新秀演出系列"

李奇峰自2007年回港,除了创立粤剧戏台,制作多出经典及创新粤剧外,也当上了八和会馆的理事,并积极参与会馆的各项工作,其中包括亲自安排访问一些资深粤剧艺人,作为口述历史的原材料;又与香港大学教育学院合作举办"粤剧编剧班",由经验丰富的叶绍德亲自教授,学院则从学术的角度纪录和分析整个教学过程,从而研究系统性的教学法等。2008年香港特区政府发展局首度推出"活化历史建筑伙伴计划",邀请民间团体就七幢历史建筑提出保育及活化的计划书。李奇峰认为其中一项历史建筑"北九龙裁判法院"适合活化成为八和总部及推广粤剧的基地,向八和理事会建议提交申请书。在八和主席汪明荃的支持下,八和邀请各方面的专家,撰写申请计划书。与此同时,由于该计划要求申请团体为香港注册的慈善团体,八和理事会同意申请成为慈善团体,长远对八和的发展有正面的助益,因此决议同期申请八和成为慈善团体。2008年12月,香港八和会馆成功申请成为慈善团体。虽然八和的"将'北九龙裁判法院'活化成为'八和粤剧文化中心'"的申请计划书,未为发展局所采纳,但八和慈善团体的身份,却成为日后发展的稳固基础。

此外,李奇峰在协助八和收集资深艺人口述历史的过程中,发觉坊间未有任何关于名伶梁醒波的专著,实在可惜。李奇峰先得到波叔家人的同意,然后私人捐款予香港大学,促成梁醒波的研究计划,希望能够有系统地整理波叔一生的事迹和表扬其艺术成就。2009年10月,香港大学教育学院中文教育研究中心正式推出《梁醒波传——亦慈亦侠亦诙谐》,并同时于香港大学冯平山博物馆举行"亦慈亦侠亦诙谐——梁醒波艺术人生"展览暨新书发布会。

自 2012 年起，李奇峰更担任香港八和会馆"油麻地戏院场地伙伴计划·粤剧新秀演出系列"的艺术总监。以二级历史建筑油麻地戏院为新秀摇篮，八和的"粤剧新秀演出系列"全方位培育粤剧界台前幕后接班人。计划得到六位粤剧界名伶（阮兆辉、新剑郎、罗家英、李奇峰、尹飞燕、龙贯天）支持，担任艺术总监，执手教导近百位新秀演员，把粤剧这门博大精深的艺术传授予新一代粤剧演员。"粤剧新秀演出系列"透过每年近百场的粤剧演出、导赏讲座、学生专场及多项推广活动，向观众展示香港粤剧新秀演员的实力，并借此吸纳更多年轻观众。计划自 2012 年开始，至 2014 年共招募了 104 位新秀演员，三年合共 450 场不同类型演出，包括 110 个剧目，入场观众达 84000 人次，并进行了超过 800 节（累计超过 2300 小时）排练与培训。

　　作为艺术总监之一的李奇峰亲身教导一众粤剧新秀，为新秀排演超过 20 个剧目，包括《一入侯门深似海》《汉苑玉梨魂》《红梅阁上夜归人》《平贵别窑》《胭脂巷口故人来》《一自落花成雨后》《汉武帝梦会卫夫人》《女儿香》《宝莲灯》《一枝红艳露凝香》《金钏龙凤配》《一寸相思一寸灰》《艳滴海棠红》《月落乌啼霜满天》《一弯眉月伴寒衾》《万里琵琶关外月》《三年一哭二郎桥》《琵琶记》《香销十二美人楼》《一剑能消天下仇》《火网梵宫十四年》《春莺盗御香》《梁红玉击鼓退金兵》等。这些由李奇峰教导新秀的剧目有两个特色：首先，这批剧目大多是现时香港剧坛较少演出的，教导新秀演这些坊间较少做的戏，不仅增加了新秀演出不同剧目的机会，也让新秀多揣摩不同的角色和尝试构思演绎方法。其次，这批剧目中有大部分是唐涤生的剧作，如《一入侯门深似海》《汉苑玉梨魂》《红梅阁上夜归人》《胭脂巷口故人来》《一自落花成雨后》《汉武帝梦会卫夫人》《一枝红艳露凝香》《一寸相思一寸灰》《艳滴海棠红》《月落乌啼霜满天》《一弯眉月伴寒衾》《万里琵琶关外月》《三年一哭二郎桥》《香销十二美人楼》《一剑能消天下仇》《火网梵宫十四年》《春莺盗御香》等。名编剧唐涤生一生创作数量惊人，坊间最常演的还是仙凤鸣最受欢迎的作品。李奇峰刻意教授新秀演出这批唐涤生创作的早、中期的作品，对全面欣赏和研究唐涤生的作品有积极性的作用。

　　"粤剧新秀演出系列"经过三年的演出实践，新秀演员有了明显进步，他们有机会尝试不同的戏种、角色，也学识了不同的古老排场，也演过一些近年较少搬演的剧目。艺术总监安排他们演经典剧目，要求他们精益求精；演较少排练的剧目，是让他们学习自行构思角色的演绎方法。有些时候，总监更会依据不同演员的条件安排教授不同的剧目。通过参与这项计划，这群新秀的演出技艺、舞台应变、"执生"能力均得以提高。新秀演员同时也在演出过程中看到了自己的不足，例如：唱功方面要多下苦工；身段基本功等各样也要多加操练；至于做戏，要累积更多舞台及人生经验。此外，透过油麻地戏院这个平台，能够让观众及业界认识这班新秀演员，也见到新秀在外面有越来越多的演出机会（如参加神功戏、职业班的演出），让他们更熟悉戏班运作，有不少演员更是自行组班筹办演出。油麻地戏院除了是新秀演员的培训基地，亦为幕后制作培养接班人。乐师方面，每晚也有不少年轻乐师在此累积经验。此外，亦安排了十多位"提场"（舞台监督）进行实习，为粤剧舞台监督提供更多培训机会。总而言之，八和透过"油麻地戏院场地伙伴计划·粤剧新秀演出系列"系统地、全方位地培训粤剧台前幕后的接班人，而其中李奇峰为粤剧承传所付出的努力亦有目共睹。

（李奇峰：中国香港粤剧艺术家）

戏曲艺术对外传播与教学实践中的体悟

吕锁森

中国戏曲在国外并不是家喻户晓的。但是对于 Peiking Opera，人们也许还知道一些。但是，外国朋友虽然不知道戏曲或者说京剧，但是只要看到、接触到的就会赞叹不已，然而相对中国的朋友，正好相反，虽然大家都知道戏曲或者京剧，但是大多数人都不去了解，也不想去了解。因为大家觉得，我不需要它（戏曲或京剧），所以采取敬而远之的态度。中国戏曲或者说京剧，就是处于这种尴尬的局面中。

笔者作为一个中国戏曲艺术的传承者感到非常焦虑。我们知道，中国戏曲是中国传统文化的重要组成部分，属于意识形态的范畴，其生存与发展自古以来就对国家与政府的相关文化政策有很强的依赖性。目前，中国戏曲之现状就是，面对人民群众日益增长、日益丰富的精神文化需要，作为传统优秀文化艺术的戏曲，已经日益远离人们的日常生活，逐渐边缘化。更为令人扼腕的是，我们这些戏曲艺术的从业者，对此却似乎无能为力。但是笔者要走笔者自己的中国戏曲艺术传承之路。所以，笔者把注意力逐渐投向戏曲艺术的对外传播和教学中。

从 20 世纪 90 年代中期开始到当下，笔者从事中国戏曲的对外交流演出与教学已经二十多年（见附后的个人在京剧对外传播与教学方面的大事年表）。在这二十多年的对外交流与教学中，最让笔者刻骨铭心的却是中国戏曲学院成立以来的第一个留学生的教学失败，这是笔者无法忘记的一个教训，也是至今仍引起笔者深刻反思一个的案例。

1978年，中国戏曲学校改制为中国戏曲学院。在这个时期，外国学生到中国戏曲学院学习戏曲，基本都是短期。直到20世纪90年代中期，才接收了第一个正式的留学生。这位留学生是瑞士的一个男学生，在中国学习了五年的京剧。应该说，时至今日，五年的学习时间也不算短。因为是中国戏曲学院的第一个留学生，院方非常重视，为他配备了非常强大的师资力量。当时笔者是青年老师，也参加了对他的教学。但是可惜的是，在这样一个不算短的五年内，这个学生没有上过一次台、演过一次戏，甚至没有化过妆。所以，这个瑞士青年到现在已经销声匿迹，完全没有在舞台上演出的信息。可以说，这是一次失败的教学范例。如果这个学生的教学是成功的，那么今天京剧在瑞士的影响就会是另外一番天地了。因此，每当笔者想起这个学生，都会有一种难以名状的自责，尽管笔者不是主要负责的老师。正鉴于此，笔者当时暗暗下定决心，只要是我主教的学生，我一定认真负责，一定要让他了解戏曲、理解京剧，一定要让他产生兴趣，让他从心里爱上戏曲、喜欢上京剧。其实对于这些学生来说，无论中外，学习京剧最大的考验就在于对练功的坚持与否。因为京剧的表演是以扎实的表演技法与功法为基础和前提的，这需要长期坚持不懈的训练，才能真正在舞台上得心应手地使用这些表演手段。但这种训练往往是艰苦甚至是令人痛苦的，因此在行内人看来，所谓"练功"，说好听的是挑战自我，说难听的就是找罪受，所以一般人是难以忍受这种长期的自我折磨的。但如果不练功，没有这种长期的、扎实的训练，就无法熟练掌握京剧表演技法与程式，演出来的戏也不会吸引人。大家都知道京剧界有句戏谚：戏无技不惊人，戏无情不感人。那么技从何来？不练是不行的。有的学生在督促之下慢慢地会走上正轨。当然，让学生真正能坚持下去的关键还在于引起他们对京剧的兴趣。所以，笔者的课会围绕着如何培养学生的兴趣来进行。现在，笔者教的很多学生，大多数能够自觉地演出京剧，而且已经成为当地著名的艺术家，把继承发展京剧事业作为自己奋斗的目标。另外一些学生，则会把笔者教的东西大胆地运用在其他艺术形式上，客观上也在推广中国优秀传统文化。

笔者接下来想谈谈关于芬兰学生安迪的一个教学范例。安迪是23岁开始学习京剧的。一般认为，对于学习京剧来说，这个年龄有些偏大了。他是由于2003年看到了我们在芬兰的演出，喜欢上了京剧，所以自己突破许多障碍才来到了中国戏曲学院学习京剧的，当时是2005年。第一次到中国的安迪，一句中文都不会说，我们上课需要每人拿一本英汉词典，通过词典进行思想的交流，通过大量的示范学习要领。第一出戏教他的是武生角色任堂惠的"走边"。安迪只学习了三个月就回了芬兰。第二次来学习是2009年，这次他带来了五个芬兰的学生，一同来中国戏曲学院学习。其中三个男生是由笔者来教。这三位男生，学习京剧都很努力、执着。在为期一个半月的学期内，完成学习的他们给北京市高校留学生办公室组织的留学生联欢会演出了《三岔口》，演出受到了留学生们的热烈欢迎。这次演出的成功，深深地感染着这些孩子们。随后，其他同学回国，安迪继续学习难度更高的长靠武生戏——《小商河》。2010年，我们演出了《小商河》。然后，我又为他编排了新的猴戏《石猴出世》。安迪带着三种不同表演风格特征的京剧剧目回到了芬兰，开始了他的京剧演出事业。回国后的安迪做出了一个大胆的决定，申请注册了第一个由外国人主办并且主演的京剧团，开始更加深入地演出、宣传、教授京剧艺术，努力推广中国优秀的传统文化。2013年，笔者赴芬兰为安迪的京剧团导演了《焦赞发配》，这是一出完整的传统戏。开始，我们非常自信，因为有精湛的技艺、高超的艺术表现力。但是，怎样让芬兰、瑞典的观众真正能够看懂而且逐渐喜欢这出戏，是我们必须要面对的。所以，笔者前期的主要精力就是放在对剧本的思考上。因为是传统的成熟经典剧目，既不能为了观众的接受需要而随意改动，也要因时因地作出相应的变化。经过周密地考虑，我们终于找到了剧本结构上的突破点，大胆地进行了剧本改编，既保留了传统剧目的精华，又更加得好看、好动、好笑。最后该剧被改编成芬兰语、瑞典语两种版本进行演出，尊重了当地的观众族群的特点，在语言上更多地考虑了族群的文化背景，演出在芬兰、瑞典都获得了成功。综上所述，外国朋友由于语言、地域的差异，对于戏曲或京剧，可以说知之甚少。而作为我们这些艺术工作者，怎样介绍和宣传中国优秀传统文化，是需要付出巨大努力的。下一步我们计划把京剧《挑华车》带给北欧的观众。这对于演员、对于笔者来说都是相当大的挑战，但我们将努力下去。

附：二十多年个人在京剧对外传播与教学方面的大事年表

1991年，中国戏曲学院第一次组团赴中国澳门演出，笔者演出《挑华车》、《火判》。

1993年，在英国的爱丁堡演出了由笔者主演的折子戏《三岔口》。

1994年，在瑞典演出笔者主演的《挑华车》、《打焦赞》。

1995年，由笔者负责编排的《贵妃醉酒》、《八大锤》、《三岔口》、《闹龙宫》在日本全国演出3个月。

1996年，在日本演出了由笔者负责编排的《贵妃醉酒》、《八大锤》、《三岔口》、《闹龙宫》。

1997年，在日本演出由笔者和日本著名舞蹈家花柳千代合作导演的《大敦煌》。

2003年，在芬兰、瑞典、挪威演出由笔者导演的全部压缩版《霸王别姬》。

2004年，在法国、英国演出由笔者导演的《盗仙草》。

2005年，在澳大利亚演出由笔者导演、编排的《群英荟萃》。

2006年，在韩国演出《群英荟萃》。

2007年，为宣传奥运会在美国演出《群英荟萃》；在德国、意大利、荷兰演出《群英荟萃》。

2010—2009年，全力教授芬兰学生安迪、浩天、天木等。

2010年10月，芬兰学生安迪为芬兰女总统等演出京剧《小商河》。

2011年10月，导演了大型京剧史诗《东方欲晓》。

2012年，在加拿大Concordia大学教学，主要开设了两门课程：一是"中国戏曲文化"（理论课），全面介绍戏曲的历史、现状、特征、表演、导演、剧本、服装、化妆、脸谱、音乐、舞台等方面；二是"京剧表演体验"（实践课），包括唱、念、做、打、舞的各种基本功。在2012年11月，成功地演出了用京剧的表现形式，由外国学生表演的古希腊戏剧《佩琉斯和提忒斯》。

2013年9—10月，在芬兰，为由白种人创办的"Wusheng Compuning"导演了《焦赞发配》，在芬兰演出取得了巨大的成功。

2014年，山东卫视的《金声玉振》节目组为笔者拍摄专题片，介绍笔者如何教授外国学生的具体情况。

（吕锁森：中国戏曲学院）

晚清民国时期粤剧在旧金山的演出与传播

沈有珠

旧金山（San Francisco），是美国太平洋沿岸港口城市，其得名"旧金山""三藩市"与粤籍华侨有关：19世纪中叶旧金山的"淘金热"吸引了无数的粤籍华侨前去淘金，华侨称为"金山"，后为区别于墨尔本（澳大利亚），改称"旧金山"；"三藩市"之名，则是"San Fran"之谐音直译，是居住于此地为数不少的粤籍华侨常用之译名。"广东人之爱其国风，所至莫不携之，故有广东人足迹，即有广东人戏班，海外万埠，相隔万里，亦如在广东之祖家焉。"① 19世纪50年代初，粤剧随着粤籍华工的脚步来到美国，并逐渐形成了以旧金山为中心辐射到北美各地的演出格局，旧金山在粤剧海外传播中占有十分重要的地位。粤剧艺人一向以赴旧金山演出为荣，有些艺人回国以后还将自己的艺名冠以"金山某"以示荣耀。许多粤剧演员成名于旧金山，马师曾、白驹荣等在此舞台上改革粤剧。在1930年梅兰芳访美之前，粤剧还是绝大多数美国人眼中的中国戏剧、中国音乐，给效法欧洲戏剧的美国戏剧带去了新鲜的异质文化。"早在美国淘金热的日子里，粤剧便已在金矿营地为华工演出……中国歌剧（粤剧）都是美国华侨的一种精神力量。"② 近现代粤剧在以旧金山为中心的北美大地的传播，正是早期中国戏曲海外传播的一个缩影。一百年间，伴随着当地政治经济形势的发展变化，粤剧在北美也经历了几度的兴废浮沉。

---

① 佚名《观戏记》，见阿英编《晚清文学丛钞·小说戏曲研究卷》，中华书局1960年版，第67—68页。
② 陈眉：《粤剧在华侨中有深远影响》，载于《羊城晚报》1983年10月11日。

一、漂洋过海，艰难生存

19世纪四五十年代，中国劳工大批奔赴美国淘金，美国华侨的居留地中，以加州人数为最多。据李圭《东行日记》载：光绪二年（1876）"计华人在美男女共约十六万名口，居三藩城者约四万人，居卡省（加州）别城者约十万人，余皆散处腹地各属"①。美籍华人、历史学家刘伯骥在谈到当时美国唐人街的境况时说："华埠的风俗习惯，在意识上，自始保持中国社会的传统……连日历都用中国的。"②加州旧金山华侨社区有"小广东"和"小中国"之称，最早的唐人街就出现在这里。他们群集而居，他们的服饰、起居、饮食，都保持广东民间的生活习惯。"由于华侨人数的持续增加，引起了已入美国籍的欧洲移民的强烈不满，他们四处煽动排华情绪，自19世纪60年代以来，地方性质的排华暴行在美各地相继出现。如1862年加州尤巴县88名华侨惨遭杀害；1871年，洛杉矶市华埠华侨遭屠杀；1877年俄勒岗州蛇河杀害华侨矿工等。至于小规模的排华事件更是难以胜数。"③"自19世纪80年代开始，美国、加拿大、澳洲等国家相继修改移民法例，对华人采取敌视和限制政策，故从这个时候开始粤剧到那里演出受到入境人头税、公司担保、限时签证和不得延期等种种条件的限制。"④华人在美处境艰难。但粤籍华人向来是乐观的，即使是在这样艰难的处境之下，他们依然要组织戏班，巡回各地开演。

粤剧随着粤籍淘金者的足迹来到了北美大地，据香港大学梁沛锦博士在《粤剧国际化与粤剧的前途》中考证："粤剧进入美国应在1820年左右，由华工人数日多所致。"⑤"一九七五年，华裔艺术家伟利·王在旧金山萨克拉曼多街的一处工地里发现了七百多张粤剧剧照，后经留居美国的中国漫画家、记者、作家杰克领导的一个研究小组鉴定，早在加利福利亚洲发现黄金矿场的时候，粤剧戏班就到美国演出了。"⑥目前已知最早到美国演出的粤剧剧团

---

① 福建师范大学历史系华侨史资料选辑组编：《晚清海外笔记选》，海洋出版社1983年版，第112页。
② 刘伯骥：《美国华侨史》，黎明文化事业股份有限公司1982年版，第109页。
③ 吴前进：《美国华侨华人文化变迁论》，上海社会科学出版社1998年版，第156页。
④ 陈超平：《海外华人的粤剧》，广州市文艺创作研究所、香港天马有限公司2010年版，第7页。
⑤ 载于《粤剧研究》1991年第1期。
⑥ ［德］裘德·普林宾：《对美国华人的研究》，载于《中国日报》（英文版）1983年8月24日。

"鸿福堂"：1852年10月16日，美国《阿尔塔加利福尼亚日报》登载消息称，粤剧戏班"鸿福堂"将于1852年10月18日在旧金山三桑街的美国剧院首演。两天后，鸿福堂开演于旧金山一座亭楼式中国剧院。这是已知最早登陆美洲的粤剧戏班，共有艺人123人，首场演出的剧目有《宋江上梁山》《失败的复仇》、《八仙贺寿》《六国大封相》和《关公送嫂》等，西人不感兴趣。

大约在光绪中叶，有一部分下层粤剧演员，因为海员收入丰裕，受雇于外国轮船担任厨房、跑堂等工作。他们除在船上作业余性质的演出，以娱船上的华籍旅客外，船到美国的旧金山及加拿大的温哥华等埠时，则利用停船两三天的机会，上岸作短期演出。后来，由于旧金山粤剧市场火爆，一部分在轮船上工作的粤剧艺人借机留在了当地作长期演出，如靓荣、金山炳等，他们后来都成了知名演员。自此开始，旧金山各大戏院开始陆续回国"订人"（物色名角）。

"丹山凤"班：华侨台山人黄荣光组办，19世纪二三十年代成立于旧金山的积臣街（今南京楼铺位），该班的前身是由陆新凤、关山玉等班合并组成的永太平班。"19世纪八九十年代，该班为与丹桂院竞争，从广东聘请花旦靓卓、武生金庆、小武周瑜利、二花面大牛富和小生礼等前去助阵。"① 1906年，旧金山大地震并引发火灾，唐人街绝大部分建筑遭受灭顶之灾，丹山凤戏院毁于火灾因而散班。成立于1864年的"丹桂院"班亦因此次地震、火灾，损失惨重而解体。"丹桂院"戏院在旧金山华盛顿街（今环球、桃李园两酒家地址）。"丹桂院"班曾从广州聘请一些粤剧大佬加盟，有花旦大家胜、小生伦、公脚保、小武林仔、男女丑蛇仔生和二花面大牛章，以及名伶小生聪的妻子晴雯金等前往演出。该班演出的大多是广府流行的剧目。

尧天彩班：19世纪50年代于旧金山组班，稍后建立同名戏院，地点在积臣街的大大井（今中华大戏院），与丹山凤戏院对面而立，竞争非常激烈。1863年尧天彩班在一次演出中忽然起火，观众、艺人踩踏，死伤惨烈，被迫解体。

据李仕枫《晚清华洋录》中说，其曾祖父李致祥受清廷指派率团赴美考察，于1877年抵旧金山，曾邀马克·吐温同往观赏中国传统戏剧："那本来是在唐人区的戏院上演的，但戏院已在暴乱中被火烧毁了。现在便改到三新

---

① 陈超平：《海外华人的粤剧》，广州市文艺创作研究所、香港天马出版有限公司2010年版，第119页。

街的亚美利坚戏院上演。演戏的剧团是从广州来的，有 62 个团员，包括演员、乐师和其他工作人员。他们这次来美国，预定会到西岸五个城市，演出 30 场。"① 文中所记载的当为粤剧戏班无疑，戏班规模不大，全班共计才 62 人，演员大概不足 50 人，属中等规模的戏班。这是较早有关西方人观看粤剧演出的记载。

在清末很长一段时间里，老板们聘请粤剧戏班前往旧金山演出，费用都不高，都是"下趟"角色。粤剧基本上没有固定演出场所，艺人生活艰难，到处流浪演出，有华侨聚居处就有粤剧演出，艺人收入不高，戏票却很贵，华工思乡久吊戏瘾，语言不通又不识字，不得不把血汗钱交给猪仔头，彼时，粤剧是华工唯一排遣乡愁的娱乐工具。"旧金山一带演出的剧目，大都是传统的排场戏，剧本与国内早期的提纲戏一样，都是有'桥'无曲，演出时演员要各自度曲。"② 一个原籍广东惠州的记者，在 1903 年《观剧记》写道："俄而为友人引而观戏，其所演班本，又广东戏也。花旦小生白鼻哥，红须军师斑头婆，无一不如广东旧曲旧调、旧弦索、旧锣鼓。红粉佳人，风流才子，伤风之事，昔在本国已憎其无谓，今岂复堪入耳哉？不忍卒观而去。"③ 直到辛亥革命前夕，在革命浪潮的推动下，这一局面才得以改观。

二、散枝开叶，茁壮成长

20 世纪初，华侨及二三代华侨后裔急剧增加，一些华侨经营庄园、牧场、餐馆、运输、建筑等行业，经济有一定好转，每年约有数十个粤剧戏班前往演出，当地华侨组建的粤剧戏班、专门的粤剧戏院、经营粤剧演出的公司也应运而生，凭借专门的演出戏院，戏院组织艺人搭"班底制"，经年累月、不分昼夜地演出。为了吸引观众，美国旧金山、纽约各大戏院每年都需新聘一批新老倌前往演出，留在当地的原有演员，一般只占原有艺人的六成左右。当艺人接受聘约以后，一般都由班方按所商定的年薪，先付一部分款项，平均约占艺人年薪的 50%，称为交"上期"。这些为各"州府"戏院"订人"的代理人和掮客，他们除从院方领取一定的酬金外，还要向受聘艺人收取占

---

① ［美］多米尼克·士风·李：《晚清华洋录》，李士风译，上海人民出版社 2004 年版，第 122 页。
② 刘国兴：《粤剧艺人在海外的生活及活动》，载于《广东文史资料》第 21 辑，广东人民出版社 1965 年版，第 181 页。
③ 无涯生《观戏记》，载于中国戏剧家协会广东分会、广东省文化局戏曲研究室编《广东戏曲史料汇编》第二辑，广东省文化局戏曲工作室 1963 年版，第 4 页。

艺人年薪5%至10%的"介绍费"。① 粤剧在旧金山艰难地扎下根来，开始散枝开叶，茁壮成长。

1908年，第一个当地华侨组班的粤剧戏班"国民安"诞生，由侨领李是男、粤剧花旦新花生、立仔和小武武松泰、小生芬、公脚源、女丑壬等人在旧金山附近的奥克兰成立，并拥有同名演出戏院。1914年迁到旧金山大埠乾尼街，改名"民国安"以示支持中华民国政府。此时许多在国内志士班受过培训的艺人加入，以宣传革命及筹备革命军饷为目的。演出《唤国魂》《黄萧养》等一批具有反清革命思想的新剧，以《文天祥》《岳武穆班师》等传统爱国剧目，唤醒同胞，支持革命。李是男在旧金山、纽约组织了"新舞台"等粤剧团，被誉为"革命小生"，筹集了数十万美元的巨款支持革命。冯自由《新小生李是男》对此记叙颇详。

> 是男复为筹款计，组织一新剧团，亲自粉墨登场，饰小生一角。渠恒精于音律，至是高歌一曲，响遏行云，金门士女咸大为倾倒。每往来唐人街中，妇女界多称之新小生。归寓则电话纷来，馈品杂至，几有掷果盈车之誉。②

1921年，李是男回到广州任孙中山总统府秘书，1925年孙中山逝世，李协助汪精卫撰写"总理遗嘱"。1915年"美国政府在旧金山举办万国展览会，'民国安'专门为此演出庆贺"③。该班将江南民歌《茉莉花》曲调改编为粤曲《水仙花》，经常在演出中加唱，触动了粤籍华人的思乡情怀，流传很远。

第一个男女同台演出的粤剧班是"新月男女班"，20世纪20年代在旧金山演出，亦有自己的"新月戏院"，艺人有仙花达、徐桂芬、扬州妹、白蛇莲、黄小凤、靓昭仔、新珠、西洋女、鬼马元等，演出剧目有《酒楼戏凤》《夜送寒衣》等。

"大舞台班"，20世纪20年代至80年代一直活跃在北美粤剧舞台上，由旅居旧金山的侨领陈敦朴组建，在旧金山大舞台戏院演出，该班又名"大舞

---

① 刘国兴：《粤剧艺人在海外的生活及活动》，载于《广东文史资料》第21辑，广东人民出版社1965年版，第174页。
② 冯自由：《革命逸史》，中华书局1981年版，第253页。
③ 陈超平：《海外华人的粤剧》，广州市文艺创作研究所、香港天马出版有限公司2010年版，第121页。

台男女班""大舞台男女剧团""大舞台剧团"。"该班除了以旧金山为演出基地外,亦到过纽约、波士顿、檀香山和加拿大、墨西哥等地演出。"① 豆皮元、金山炳、马师曾、牡丹苏、靓少凤、新雪梅、半日安、王醒伯、李雪芳、靓少秋、谭玉兰、新贵妃、关影怜等大批粤剧名角皆在此班演出过首本戏。如王醒伯的首本戏有:《飞龙隐凤》《天魔红鸟》《傻夫寻得丑妻归》《阵阵美人威》《血染铜宫》等。

"大中华班",又名"大中华男女班",由侨商叶乐组建,以旧金山"大中华戏院"为演出基地,各届在此搭班的著名粤剧艺人有桂名扬、靓新就、新珠、小丁香、苏州丽、卫少芳、文华妹、白驹荣、陈醒汉、金丝猫、正旦西、金枝叶、赛巧文等。"大舞台戏院"老板陈敦朴乃旧金山宪政党主席;"大中华戏院"老板为国民党人。由于政治立场不同,在这两家戏院演出的艺人在国内原本相识,只因道路选择不同而不相往来。

出身于粤剧世家的名伶关影怜,艺名"白蛇莲",早年为"群芳艳影"和"省港大班"的当家花旦,1925年至1927年与李雪菲等人组班,在旧金山大中华戏院、大舞台戏院上演《红蝴蝶谷》《老状棍》等剧。梁丽姝亦出身粤剧世家,其父为名武生外江伶,10岁登台,1928年,受旧金山大舞台戏院之聘演出一年,首本戏为《夜送寒衣》。

1922年,在旧金山大中华戏院,则有新靓就、苏州丽、卫少芳等领衔主演的男女班演出,剧目有《原来我误卿》等。在美国时,华人邝炳舜教新靓就使用皮鞭打熄点燃的蜡烛,新靓就编了一部《神鞭侠》剧情新鲜,但观众最为赞赏的还是那条神鞭。1924年,"生关公"新珠受美国华侨邀请,在旧金山连演两年,"当时主要是在各地唐人街演出,竟然有许多外国人慕名前来看戏,十分赞赏新珠的艺术,拍了不少剧照送给他留念"②。1927年12月,牡丹苏与李雪芳等人组班在旧金山大舞台戏院演出时事粤剧《沙基惨案》《沪酒双星》等剧。

1925年秋,粤剧著名小生演员白驹荣等应大中华戏院邀请,到旧金山演出,关于白驹荣赴美的时间,刘文峰《中国戏曲在港澳台和海外年表》③,赖

---

① 陈超平:《海外华人的粤剧》,广州市文艺创作研究所、香港天马出版有限公司2010年版,第123页。
② 西洋女:《"生关公"新珠》,载于粤剧研究中心编《粤剧春秋》,广东人民出版社1990年版,第261—262页。
③ 刘文峰:《中国戏曲在港澳台和海外年表》,载于《中华戏曲》第22辑,第475页。

伯疆、黄镜明的《粤剧史》等，都定为 1927 年，不确。据 1926 年 8 月 10 日《广州民国日报》载："近数年间，戏班之出色者，当推人寿年。以其箱底重而五项角色匀称也。但自去岁（即 1925 年）白驹荣出洋后，已大不如前。"①可知，白驹荣出洋的时间应为 1925 年。

当时旧金山的粤剧演员大都演提纲戏，舞台作风散漫，随心所欲，任意"爆肚"，乱唱乱讲，初来乍到的白驹荣与他们配戏演出很困难。白驹荣等艰难教会他们表演提纲戏的规矩和方法。"逐步上演他们带去的首本戏，这些著名的首本戏在旧金山舞台出现，不但改变了当地粤剧舞台的面貌，而且被观众热烈欢迎，轰动了整个旧金山。"② 其演出的剧目有《风流天子》《泣荆花》《再生缘》《金生挑盒》等。

1920 年以后国内战火连年，粤剧演出不景气，不少粤剧大老倌应聘赴旧金山演出，称为"走金山""走州府""过埠"，并以此为荣，有些还把"金山"二字加在艺名的上边，例如金山和、金山贞、金山七、金山士、金山女、金山仔、金山言、金山杻、金山妹、金山昌、金山林、金山铎等，由此可知粤剧在旧金山的流行盛况了，上演了很多传统剧目及时事剧，并将西洋乐器用来伴奏粤剧音乐，提高了粤剧的音乐表现力，这也是中美音乐文化交流在粤剧舞台上的硕果。20 世纪初，美国作家乔治·C. 哈兹顿、丁·哈军·本瑞姆居住在旧金山，观看了许多粤剧演出，写了一部中国题材的剧本《黄马褂》（又名《黄夹克》），1912 年 1 月 4 日在纽约希尔顿剧院首演，获得成功，连演近三十年，并被翻译到全世界演出。

三、枝繁叶茂，成就辉煌

20 世纪 30 年代初，旧金山粤剧演出日益繁盛，从广州和香港应邀赴旧金山演出的粤剧艺人络绎不绝，粤剧在旧金山的演出市场不断开拓，呈现繁荣昌盛的局面。此时，粤剧在海外演出的组班形式大多是院班合一，班主即戏院或公司的老板，旧金山的"大舞台""大中华""大明星"等都如此。也有一些华侨后裔组织的剧班。由于美国的"种族歧视"政策，粤剧艺人入境签证受到限制，期满必须回国或转道他国，不得停留，逾期不归，则被投入监

---

① 咏棠：《评今年之新班》，载于《广州民国日报》1926 年 8 月 10 日。
② 尚耶：《艺海沉浮——白驹荣舞台生活五十年》，载于广州市戏曲工作室、文艺创作室编《戏剧研究资料》1982 年内部出版，第 97—98 页。

狱或押解出境。粤剧大佬马师曾应邀到旧金山大舞台戏院演出，被控携带政治宣传品，船抵码头即被移民局逮捕，后来由大舞台戏院经理陈敦朴与当地侨领的担保，终于获得自由。

1930年2月，著名小武桂名扬受聘于旧金山的大中华戏院，桂名扬的演出轰动了旧金山粤剧界，特别是他主演的赵子龙，扮相威武，唱腔武工皆佳，打破只有女优在金山才能得奖金牌的惯例。"因此，纽约方面又来函聘我去。结果，那里的安良堂因为我的赵子龙演得十分好，便给我赠了一个十四两重的金牌。这，实在开了粤剧界的男伶在金山获奖金牌的最先纪录。"①

1931年春，粤剧著名艺人马师曾应旧金山大舞台之聘到美国演出。在美期间，马师曾自编一出滑稽剧《几乎冚错被》，"此剧在金山开演，最受当地侨胞之欢迎，故马视此剧为其在美所演数十套剧中最得意之作"②。据当年的《伶星》刊文记载，马师曾在旧金山"郁郁不得志"，一是与搭戏的女角牡丹苏由戏的声腔不和谐演变为班子中意气之争："苏与马遂成水火，寻且分成两派，互相倾轧，积不相能矣。"二是因为"外埠多注重女角者，而苏之戏，能文能武，且可演男装戏，于是马之声威，遂为苏所盖矣。"③ 马师曾还专程参观访问好莱坞电影城，将美国的导演机制、舞台调度、舞台灯光、美术布景、电影的化妆技术、西洋乐器、声光音响组合等新思想、新技术，引入粤剧改革，给粤剧艺术注入新的生命力。

1933年，粤剧艺人苏州女受聘到旧金山大中华戏院演出，首场演出受到侨胞的热烈追捧，送来了花牌、花篮和食物。当时有位华侨农场工人，爱舞刀棍、耍猴拳，经常教苏州女武工，又写"父女卖武"之类的戏让她穿插演出，在他的帮助下，苏州女的演艺提高很快。

"胜寿年剧团"，20世纪30年代在旧金山的"大中华戏院"及纽约、波士顿演出的粤剧戏班，在省港著名的粤剧班"胜寿年"班的原班艺人的基础上组建：靓少佳、靓次伯、林超群、陈少伯、俏兰芳、胡铁铮、梁鹤龄、何芙莲、猩猩仔等，《粤剧史》称："同一时期，胜寿年剧团也应美国华侨领袖司徒美堂之邀，前往旧金山大中华戏院演出。"④ 此说不确。实际上，赴美演

---

① 《伶星访问·廿二访桂名扬》，载于《伶星》1935年第109期，第9页。
② 粉面十三郎：《马师曾几乎冚错被》，载于《伶星》1932年第36期，第8页。
③ 张仪舌：《海外伶工生活大写真》，载于《伶星》，1932年第38期，第9页。
④ 赖伯疆、黄镜明：《粤剧史》，中国戏剧出版社1988年版，第371页。

出的人员中，属于原胜寿年班的人，仅靓少佳一人而已，胜班人马并没有随同前去。广州方面，自靓去后，胜寿年班即宣布解体，但班牌还一直存在。据《伶星》杂志载：

> 原日宝昌公司辖下之人寿年班，几个基本台柱，自退出宝昌之后，即行另组胜寿年兄弟班。以彼此能精诚奋斗，遂挣得几年来光荣历史，与巩固基础，稳握长期班最长寿之纪录。岂自去年夏间，靓少佳突然退出，另行组班走埠后，胜寿年遂因一个人之影响而牵累整个局面。几经解体后，乃由郑炳光投得班牌及班底，而原日之台柱老倌如林超群、曾三多等，又另拉拢白玉棠，另组胜中华，完全与胜寿年脱离关系矣。郑炳光既承胜班正统后，遂决将胜班寿命，继续延长下去。罗致钟卓芳、陈锦棠、少新权、李海泉等加入合作，胜寿年遂得于农历九月初七起，另以新面目与戏迷相见。①

粤剧戏班在经常出国演出中，逐渐接受欧美戏剧、电影艺术的影响，建立起了"计划置景""导演"制度，如"胜寿年班"在演出新编剧目《血战万笼山》时，谭师曼任导演、靓少佳、叶克明任"计划置景"，这表明粤剧戏班开始重视导演的作用和舞台美术的功能。

20世纪30年代活跃在旧金山粤剧舞台上的还有"锦添花"剧团，陈锦棠、关影怜领衔主演，艺人有紫云霞、谭笑鸿、花笑容、花影影、刘倩影、李海泉等，在旧金山大舞台戏院演出《近水楼台先得月》《武松杀嫂》《大闹狮子楼》《古城双杰传》《飞渡玉门关》《三盗九龙杯》《明宫英烈传》《红侠》《血染铜宫》等传统剧目，关影怜获观众赠送金牌。获金牌的还有新靓就，他以"生武松"闻名旧金山，并以饰《华容道》一剧中的关云长见长，武功精湛、演技卓越，当地华侨将金牌奖授予他。②

"大明星"剧团自20世纪30年代至70年代一直活跃在旧金山粤剧舞台，他们以"大中华"戏院为中心，辐射到纽约以及加拿大、墨西哥等北美国家演出，数十年间组建过许多届班子，"黄家龙、玉黎魂等人为一届，冯遇荣、筱凌仙等人又一届，梁少初、何慧贞等人再一届，紫云霞、刘倩影、赵惊魂

---

① 《郑炳光三番定计，胜寿年小姐丫鬟卖》，载于《伶星》1937年第187期，第18页。
② 《新靓就无恙归来》，载于《伶星》1934年第97期，第42页。

等人又一届，苏州丽、李海泉等人又一届"①。1939年，梁少初演出《梵宫天子》获当地华侨观众赠金牌，首本戏有《苏武牧羊》《猩猩追舟》等。1939年，黄鹤声、关影怜、黄超武、苏州丽、新珠、梁碧玉等再组"大明星"粤剧团赴旧金山演出，黄鹤声的首本戏有《莲花似六郎》《夜送京娘》《一语释兵权》《火海胜字旗》等，1971年，其定居旧金山。

黄少雄，工小武，出道即为群芳艳影班正印小武，戏路广阔，擅长演武侠、儒雅、谐艳等剧角，她的文戏风流倜傥，武戏英姿飒爽，谐戏诙谐幽默，艳戏举止风流、顾盼生辉，声名远播。20世纪30年代末，应三藩市（旧金山）"大舞台"戏院之聘前往美国演出，从此定居美国，活跃于北美各国的粤剧舞台。演出的首本戏有《女状元》《斩龙遇仙》《铁血情魔》《九头狮子》《癫郡马》《怒打严嵩》等。1934年，小非非应旧金山"大中华"戏院相邀演出两年，她声色技艺具佳，文武皆擅，演出剧目很多，代表作有《一夜温存》《贾宝玉夜访晴雯》等。30年代，陈醒汉、牡丹苏为台柱的戏班在旧金山"大中华"戏院演出《义仆》等剧。

耐人寻味的是，有些艺人由于常年居留在旧金山等外埠演出，戏路都发生了很大的变化，以致回到广州时竟无法搭班演出。如粤剧著名小武陈醒汉，自20年代中叶即出走旧金山，直到1930年初秋才回国搭班，因他要价太高，且埋班期已过，无人聘他，夫妇俩只好自己组班，"卒之自己两公婆拍硬档，担起大旗，自做班主，组成永维新"。但他"一切举动歌曲口白，均不合广州人胃口，如已为广州人所唱厌听厌之骂玉郎、柳摇金、玉美人等小曲，陈则唱不离口，故虽有清亮的嗓子，亦莫能如何也。假使永维新前届不改弦落乡，则必至大亏特亏也"②。其实这届"永维新"班实力并不弱，担纲演员除他自任小武外，还有武生王靓荣、花旦小丁香，丑生李醒凡等，演出剧目以《钟无艳》及《蝴蝶大王》等剧相号召。但就因他的演唱风格不合广州人的胃口，"故一年来，成绩未见佳状"③。以致该班只起一届，便不再起，"陈已无班可落，迫得协同他的老婆孙颂文，再尝其走埠生活矣"④。重新回到了旧金山演出。

---

① 陈超平：《海外华人的粤剧》，广州市文艺创作研究所、香港天马出版有限公司2010年出版，第125页。
② 黄魂归来：《陈醒汉走金山》，载于《伶星》1931年第16期，第162页。
③ 浪里白条：《永维新寿元不永》，载于《伶星》1931年第16期，第161页。
④ 同②。

这一阶段是粤剧在旧金山的枝繁叶茂、成就辉煌的时代，其亮点不仅在伶人众多、名家辈出、演出剧目丰富；也在于华侨经济实力大大增强，邀请许多粤剧大佬前往旧金山演出，票价一涨再涨，华侨观众热情赠予艺人金牌、银牌、花篮等；更在于粤剧艺人在抗日战争中的表现。抗战爆发后，远在美国的粤剧演员的抗日热情高涨，在旧金山大舞台戏院后院，豆皮元、靓润才、大花面拱照、公脚原吉星组织粤剧艺人成立了"抗日自知会"，相约不用日货并展开支援国内抗日运动的募捐。参加成立会的除了四五百名华侨外，还有国民党人士与宪政党人陈敦朴，因受到广大侨胞"抗日不分彼此"的舆论压力，已不敢再公开地在华侨中互分畛域。靓新就（关德兴）还利用自己超乎常人的武工表演来筹款，他在美国各大中城市以"神鞭灭烛火""飞刀绝技""拉硬弓"等节目表演进行募捐。结果，他的武工义演共募得美金五千余元，筹足了7辆救伤车之款并募得寒衣32箱，由大来轮船公司义载，运回香港转内地。关德兴从1937年至1938年的两年时间在美国宣传抗日救国，组织"三藩市救国总会"共筹了三十多万美元，全部交给国家，国民党当局赠予他"爱国艺人"锦旗，以示表彰，"爱国艺人"之名由此而来。"七七事变"后，"鹦鹉音乐社""南中国乐社"在旧金山联合演出粤剧募集捐款，共募集美金数万元，全部汇回国内支持抗战。

四、风雨飘零，萧条异域

20世纪40年代，太平洋战争爆发，许多粤剧艺人滞留美国，无法归国，于旧金山、纽约、波士顿等各埠辗转演出，如新珠、肖丽章、关影怜、靓荣、伍元禧、陈坤培等，战后卫明珠、秦小黎、罗剑郎、黄金龙、张舞卿、陈坤培、伍元禧等粤剧艺人在旧金山定居。一些滞留旧金山的粤剧艺人组织了粤剧社团，"侨志体乐社"1942年成立于旧金山，创办人为关春霖、黄启明、周文福等，该社举办粤剧义演积极支援抗日战争，参加街头演出，号召华侨捐款捐物。该社演出过的剧目有《征袍还金粉》《二堂放子》《铁马银婚》《郭子仪祝寿》等。"海风音乐社"1943年成立于旧金山，创办人为方潮声等，每年社庆在"大明星戏院"举办粤剧粤曲大汇演，并积极参加义演筹款等社区活动，该剧团为第一个非营利性的粤剧社团。

1943年至1947年，关影怜与黄超武、黄鹤声、苏州丽、梁碧玉、新珠等粤剧名伶分别组班在旧金山"大中华戏院"演出，剧目有《残花落地红》

《热血洒涯门》《大破铜网阵》《三十六路烽烟》等。1941年起，梁丽姝受旧金山"大舞台戏院"之聘，先后与桂名扬、王醒伯、叶弗弱、伍元禧、麦炳荣、靓荣、黄柏章等合作，她的首本戏有《蛮女弃清官》《祸水红颜败国家》《大闹温柔乡》《三戏凌霄客》等。苏州丽在20世纪20年代至40年代屡次赴美国演出，定居旧金山后也经常登台演出，40年代赞苏州丽声色技艺的诗曰："密管繁弦大舞台，此中艺苑几清才。丽娘品格声容茂，荣奖金牌又一回。细腻传神假亦真，剧情哀艳意翻新。绕梁一曲歌腔热，文雅风姿画里人。"① 她还拍摄了《穆桂英》《天之娇女》《桃花女间谍》《嫦娥奔月》等粤语、粤剧电影。花影影，出身粤剧世家，工花旦行当，容貌超群、身材窈窕，歌喉清脆，各大名班争相网罗，20世纪30年代末，受旧金山"大舞台"戏院之聘前往美国演出，40年代以后，先后与黄新雪梅、新珠、伍太安、毕浪天、靓少芳等同台演出，首本戏有《难填恨海》《辽西梦》《汉月照湖边》《一把风流剑》等②。

黄少伯，工丑生行当，抗战爆发，参加新靓就组织的抗敌演剧队宣传抗战，转战桂、粤、湘、赣，还到过菲律宾作抗日宣传演出，历尽艰难，终练就非凡才艺。"二战"结束后，受旧金山大舞台戏院重金聘请至美演出，最为观众称道的是他舞台上诙谐幽默的语言、娴熟的技艺，剧目有《堕落二世祖》《零落花无语》《桃花女斗法》《地狱金龟》《十美绕宣皇》等。有藏头诗赞黄少伯《堕落二世祖》的高超演技："黄伶到处美名同，少长咸称艺术工。伯仲不分齐陆李，堕民浪性表情浓。落花飘命絮男济，二美相权妓逊妻。世事沧桑知悔晚，祖鞭猛着起沉迷。"

梁少平，有"女武生王"之称，20世纪40年代，在旧金山与韦剑芳、紫云霞、赵惊魂、黄新雪梅等人组班演出，剧目有《洛神》《伏楚霸》《忠烈文天祥》《三娘教子》《六郎罪子》《狄青三取珍珠旗》等。黄超武，早年拜粤剧"武生王"靓荣为师，1939年年末起在美国、加拿大演出。太平洋战争爆发后滞留美国，与妻子周坤玲改拍电影，拍了几十部粤语、粤剧片。50年代后定居旧金山市。黄鹤声，工文武生及反串花旦。1939年与苏州丽、新珠等组建大明星剧团赴旧金山演出，首本戏有《火海胜字旗》《夜送京娘》《一

---

① 转引自陈超平《海外华人的粤剧》，广州市文艺创作研究所、香港天马出版有限公司2010年版，第87页。

② 同①，第199页。

语释兵戎》，后因太平洋战争滞留美国演出，战后才返回香港。黄金龙，工文武生，师承粤剧女丑自由钟，20世纪40年代已蜚声旧金山粤剧界，曾获旧金山华侨赠送金牌。雪影红，工花旦，娴熟于舞台新旧艺术，擅长文戏、武戏，大多在南洋诸国演出，1947年应旧金山大中华——大明星戏院之聘请，与伍妙芳、小兰卿组班演出，此后与母亲定居旧金山。主演过的剧目有《刘备过江招亲》《崔子弑齐君》《特别七彩大封相》《西施》等。以武打著称的伍冉明，首创艺人独驾飞机在高空打大翻，轰动了美国友人及华侨。

  战火弥漫，经济危机致百业凋敝，华侨人数剧减，旧金山粤剧演出也处于风雨飘零、萧条异域惨景。据《伶星》载："金山本属大埠，十年前，生意鼎盛，故粤剧场所，乃有大舞台，与大中华戏院两所。历年开演，营业状况甚佳。只以年来埠中各行冷淡，华侨失业者日众，直接间接，都予娱乐场所以甚大之打击。大舞台方面，因感营业锐跌，戏院几濒于破产。"[1] 二三十年代曾经是旧金山粤剧演出基地的"大舞台戏院"也被迫时演时辍，赴美演出的粤剧剧团逐渐减少。为了生存，一些艺人改拍粤剧电影，如黄超武、新珠、周坤玲、飘慧梅、苏州丽等，黄鹤声转任粤剧电影导演。另一些粤剧艺人往来于曼哈顿、波士顿、纽约等粤籍华侨聚居地巡回演出，或到加拿大的温哥华、蒙特利尔、多伦多、埃德蒙顿以及古巴、墨西哥等地区和国家演出。美洲粤剧"演出中心逐渐也由以来旧金山转移至美国的中心城市纽约"[2]。

  旧金山的侨胞很懂得欣赏粤剧艺术，喜欢唱工戏、做工戏，也喜欢看连台本戏，很少点演折子戏和现代戏。观众不喜欢当时出现的"书仔戏"，觉得太呆板，加上不熟悉剧情，更喜欢看根据演员的天聪做即兴表演的提纲戏。另外，也不喜欢家庭伦理纠纷剧，如《爱情与黄金》就不受欢迎；表演庸俗、下流的戏，观众更不屑一顾。"观众看戏很认真，演得好就奖，演得不好就起哄。"班主为了多赚钱，鼓励演员发挥才能，凡有观众"喝彩""鼓掌"一次，就各奖美金两角五分。"与国内观众重男轻女相反，在美国，观众的审美习尚是重女轻男。这不但表现在角色的扮演方面，更表现在欣赏趣味和金牌奖项的授予方面。"[3] 美国华侨将金牌多数授予女角。

---

[1] 《金山大舞台东西家闹大风波》，载于《伶星》，1935年第109期，第4页。
[2] 黄伟：《广府戏班史》，中国社会科学出版社2012年版，第369页。
[3] 黄伟：《20世纪初期海外粤剧演出习俗探微》，载于《戏剧》（中央戏剧学院学报）2014年第1期，第110页。

戏剧学家冉奈尔德·瑞多尔在《飞龙流川：旧金山中国人生活中的音乐》一文中说："19世纪中叶，当中国先驱一开始离开他们家乡的珠江三角洲，在加利福尼亚建立起华裔美国人社区的时候，他们也带去了大量的中国文化元素，其中之一，就是很快在新世界被建立起来的音乐剧场。"[①] 这里所说的具有中国文化元素的音乐剧场，正是与粤籍华工几乎同时登上北美大陆的粤剧。粤剧是最早参与中美戏剧文化交流的中国元素，正如美国雷碧玮教授在《一场未排好的戏：中美戏剧在十九世纪加州的第一次接触》一文中说："我认为在美国戏剧的发展史上，早期的粤剧应该造成了不小的冲击，进而引发前卫运动的展开，甚至戏剧界的革命。"[②] 许多粤剧演员成名于旧金山，马师曾、白驹荣等粤剧大佬就是在旧金山的粤剧舞台上改革粤剧，各自形成了独具特色的粤剧唱腔，粤剧的舞台艺术和演出作风有了较大的改进。除了传统的粤剧剧目外，还有许多反映社会现实生活和岭南民间故事的新编剧目，使粤籍侨胞倍感家乡文化的亲切。近现代一百年间，尽管遭到当地主流文化的冷落和排挤，粤剧仍然在北美各地的唐人街顽强地生存，不仅成为粤籍华工主要的文化娱乐生活，也是他们乡愁的唯一寄托。粤籍华侨极力保持着粤人的传统文化和习俗，努力使自己文化习俗不流失于侨居国的主流文化中，为传承和弘扬中华民族的优秀传统文化做出了重要的贡献。

（沈有珠：广东肇庆学院）

[①] 吴戈：《中美戏剧交流的文化解读》，云南大学出版社2006年版，第37页。
[②] 转引自李少恩、郑宁恩、戴淑茵编《香港戏曲的现状与前瞻》，香港大学出版社2005年版，第32页。

后　记

"狮城国际戏曲学术研讨会"在新加坡已经连续举办了两届。2015年11月7日至8日,"狮城国际戏曲学术研讨会"在新加坡国家图书馆如期举行。来自中国内地与中国香港、中国台湾地区、日本、韩国、加拿大以及新加坡本国的学者会聚一堂,共话戏曲,大家集思广益、群策群力,为新加坡的戏曲发展之路点燃了明灯。这个集子收录的就是这次会议的论文。

对新加坡而言,戏曲属于华族艺术,是新加坡多元文化中特异的一支。作为中华传统文化的产物,新加坡华族戏曲是一条生生不息、不断流淌的文化之河。中华戏曲流播海外历史悠久,其中东南亚是规模最大、成就最高的。而在东南亚11个国家中,新加坡是华族戏曲的重镇,至今演出不断,一个多世纪以来,戏曲演出发挥着其独特的社会文化功能。

当今社会中多元文化与多元审美观的确立,给戏曲艺术的传承带来了巨大的挑战,也提供了创新发展的契机。华族戏曲从四个多世纪以前从中国传播到南洋,作为东南亚华人社会文化主体的一个部分而繁衍不息。从早期的庙会演出到今天成为剧场艺术,可以说逐渐在变革中与时俱进。据统计,新加坡现有将近六十个业余戏曲团体和十几个戏班。在一代又一代的艺术工作者的不懈努力下,我国的戏曲传承与发展已经取得了不菲的成绩,戏曲队伍比以前更为壮大,演出数量繁多,质量也得到了显著的提高。

在新加坡开展戏曲工作,更需要政府的支持和鼓励。新加坡文化、社区及青年部,国家艺术理事会、国家文物局与人民协会都在大力支持传统艺术的发展。本次研讨会获得新加坡国家艺术理事会的重视和肯定,社会各界人士亦给予了高度的评价。会议的开幕式简单而隆重,我国总理公署兼人力部政务部部长陈振泉先生莅临主持会议开幕式并作了热情洋溢的讲话。

新加坡传统艺术中心作为民间非营利性教育机构，更是以身作责，带头开创新加坡华族戏曲传播与研究工作。从2014年年底开始，我们便着手筹备会议工作，我们的邀请也得到了海内外专家学者的积极响应，他们在研讨会开始前就纷纷提交了论文，使研讨会得以顺利举行并达到了预期的效果。受邀参加2015年"狮城国际戏曲学术研讨会"的各位学者，都是当代蜚声国际戏曲界权威和重量级专家学者，他们对传统戏曲的传承与创新所进行的深入研讨，将对我国戏曲文化水平的提升和传统文化的发展产生深远的影响。举办这样的国际性专题学术研讨会，充分体现了新加坡传统艺术中心对传统戏曲的信念和担当，对传统戏曲艺术的弘扬与发展也将产生重要的现实意义。

传承民族文化，弘扬传统艺术，是炎黄子孙的神圣使命，也是新加坡传统艺术中心的宗旨。我们致力于通过举办学术研讨会与演出活动，推动我国戏曲在学术与表演上的进一步发展。我们也致力于通过理论、实践与教学三管齐下，推动我国青少年接触、了解传统戏曲艺术；我们更致力于团结本地艺术团体，精诚合作，互相交流学习，实际有效地促进传统艺术在我国的传承与发展。我们希望通过客观探讨，研究传统戏曲在当代社会如何更有效地进行教学、传播、创作与演出，能让大家对推广戏曲活动存在的问题有更全面的认识。

这本沉甸甸的论文集，包含了众多人士的关怀与爱护！首先，我要感谢新加坡国家艺术理事会的热情赞助、新加坡国家图书馆的场地支持、海内外学者及各界人士的鼎力支持；其次，我要感谢中华人民共和国文化部中国艺术研究院康海玲博士的帮助以及毛忠博士在编辑审稿工作中付出的辛劳；我也要感谢中央戏剧学院麻国钧教授在百忙之中给予会议工作的热情指导；最后，我诚挚地感谢文化艺术出版社杨斌社长与李世跃副总编辑对本书的青睐。

[新加坡] 蔡碧霞
2016年年底于新加坡